The Honor Code:
How Moral Revolutions Happen

荣誉法则：
道德革命是如何发生的

〔美〕奎迈·安东尼·阿皮亚（Kwame Anthony Appiah）著
苗华建 译

中央编译出版社
CCTP Central Compilation & Translation Press

如果相信世界上有一种持续存在并且受到尊敬的专业或职业，其从业者可以不再诚实，不再崇尚荣誉，那么，这种想法既有悖于宗教教义，也是对人性的诋毁；与此同理，世界上任何专业或者职业，都会经常诱发人们走向诚实与荣誉的反面。

塞缪尔·泰勒·柯勒律治
《文学传记》（1817年）

编辑说明

本书的英文原书名是 *The Honor Code：How Moral Revolutions Happen*，原著中使用"honor"一词的频率非常之高，几乎正文中从头到尾每一页都涉及到该词的使用。在翻译过程中译者不断与我们及相关学者讨论"荣誉"一词的中英文相同与差异。显然在反复阅读、翻译这本重要著作的时候，译者和编辑都感到这是一个选择上的难题，"honor"或"荣誉"它们之间对应的词意有时可以与"名誉""名声"等词相互替换、兼容，有时上述对应关系的表述中显示出微妙的差别。单纯以中文的"荣誉"一词来对应英文"honor"，难以完整、准确地将该词的意思完全阐述清楚，细心的中文读者也许会在具体案例的阅读中体会到这种差异的存在。对应于英语"honor"一词，中文与该词意思相同、相近和相似的词除"荣誉"外，还有"名誉""名声""声誉"等等。但是，考虑到原著作者一再强调的主题含义的解读在于该词所具有的普遍意义及特征，为使中文译本尽量保持原著核心思想的一致性，我们在文本中大多数涉及

"honor"一词的地方，采纳"荣誉"和"名誉"两种基本译法。即使如此，中文读者还是会觉得中间存在着细微但重要的差别。因此，我们希望中国的读者在阅读翻译文本的时候，可以根据自己所掌握的知识，使用或替换更为恰当的词语来对应"honor"一词，这有助于我们真正理解原著的深刻含义。

2011 年 10 月 24 日

目录

1 / 朋友和陌生人：写给中国的读者

1 / 序言

1 / 第一章　决斗习俗的消亡
3 / 一次尴尬的遭遇
6 / 来自宪法的挑战
10 / 他是怎么想的
13 / "尊重"的形式
20 / 荣誉域
24 / 规则变迁
28 / 传统的异议
33 / 启蒙辩论
39 / 后果
46 / 决斗习俗消亡的原因
51 / 最后的决斗

55 / 第二章　解放中国人的双脚
57 / 公车上书

62 / 荣誉与社会认同

66 / 三寸金莲的起源

69 / 习俗的流传

71 / 缠足之痛

73 / 帝国的最后日子

81 / 知识分子的回应

88 / 荣誉域

89 / 义和拳叛乱及其后果

91 / 荣誉场所

93 / 一起行动

98 / 伟大的放足运动

101 / 第三章　废止大西洋地区的奴隶制

103 / 国家荣誉

105 / 英国的国家荣誉和贩奴贸易

108 / 仅有道德是不够的

115 / 自由：英国之于美国

117 / 威尔伯福斯的荣誉

120 / 对社会底层的吸引力

122 / 新兴工人阶级

128 / 民主与荣誉

134 / 劳动的尊严

139 / 第四章　针对女性的战争

141 / 诱惑与遗弃

146 / 杀人家族

149 / 萨米娅·萨尔瓦的生死遭遇

153 / 普什图族人的方式

158 / 巴基斯坦的法律

164 / 现实问题

169 / 改变荣誉的基础

173 / 作为问题及解决方法的荣誉

177 / **第五章 教训与遗产**

179 / 荣誉：基本理论

182 / 回顾

183 / 道德挑战

187 / 等级问题

192 / 嗜血成性

195 / 赞美性尊重与职业道德

200 / 荣誉与使命

211 / **资料来源与致谢**

215 / 序言

216 / 第一章 决斗习俗的消亡

222 / 第二章 解放中国人的双脚

227 / 第三章 废止大西洋地区的奴隶制

234 / 第四章 针对女性的战争

237 / 第五章 教训与遗产

241 / **注释**

朋友和陌生人：

写给中国的读者*

第二次世界大战即将结束之际，英国财政部长斯塔福德·克里普斯爵士（Sir Stafford Cripps）的夫人领导一个委员会，承担了募集经费以帮助缓解中国的饥荒的重任。这一任务被称作"英国联合援华计划"（British United Aid to China），该计划募集了大约300万英镑的经费，相当于现在的1.5亿美元。由于连年战事不断，中国正在苦难的境况中挣扎，英国人对此伸出了援手；令人感动的是，当时的英国人民依然在配给制度下生活，首都到处都是被炸毁的房屋，经历了漫长的战争之后，他们需要花费多年时间，来重建自己国家的经济；就在这样的状况下，英国人民从自己的口袋里拿出钱来，帮助相隔半个地球的中国人民。

这一计划的目标，是帮助中国人民，并非介入红军与国民政府之间的战争，因此，这笔资金被分配给对峙的双方，以缓

---

* 这是作者为本书中文版特别撰写的序言。

解当时中国的饥荒局面。1946年,中国国民政府邀请"英国联合援华计划"代表团访问中国,现场了解这笔经费的使用情况。同年,克里普斯夫人带着女儿佩吉,与为数不多的同事们一起,用了三个月的时间,在中国各地旅行;他们的旅途深入到共产党及国民政府分别管辖的区域,行程三万余英里。他们在延安见到毛泽东、周恩来、朱德和他的妻子康克清,在重庆见到蒋介石和他的夫人。他们访问了上海和北京,以及大量的小城镇与乡村地区。这次访问对这一行人构成深远的影响。在随后的三十年里,直至克里普斯夫人86岁,她一直担任中英奖学金基金会(Sino-British Fellowship Trust)的主席,这一组织资助英国学者到中国工作,同时也支持中国学者造访英国。她的女儿在以后的生活里,也经常谈起中国人民给她留下的深刻印象。①

克里普斯夫人和她的女儿,分别是我的外婆和母亲,所以我知道上面的故事。因此,在我和姐姐与妹妹成长的过程里,我们的脑海里常常浮现出中国的景象,经常会谈论中国的情况。在20世纪70年代里,我的外婆曾经到过香港,与中英奖学金基金会资助的一些学者见面,并且带回一块绣着大龙图案的丝绸,当时,这块丝绸就挂在外婆家我的卧室里,现在,它又挂在我的美国住家的大厅里。在我家的地板上,有一块地毯,上面有红军长征的图案,那是当年毛主席送给我的外婆的。我在上高中的时候,正值中国的"文化大革命"时期,我订购了一份英语杂志,杂志的名称叫作《北京周报》(*Peking Review*),这是由中国驻伦敦的大使馆送到我们学校的。我从未到过中国,但

---

① V. 伊丽莎白·莫尔(V. Elizabeth Moore):《我们和克里普斯夫人一起去中国》(伦敦:P. J. 出版社,1948年)。

是，在我的世界里，中国占据着很大的分量。

成为一名学者之后，我开始考虑全球化对道德的影响；我很自然地将注意力集中于中国知识分子与西方知识分子相互交往的历史。在 19 世纪后半段，中国开始与美国及欧洲各国政府进行正式的直接接触，中、西方知识分子的交往也自此开始。在这一历史阶段里，欧洲各国的帝国主义势力犯下很多罪行，从发动鸦片战争，到掠夺北京城，不计其数，不过，这些势力同时也催生出一小批欧洲人和美国人，其中一些人是基督教传教士，他们生活在中国的各个地区，学习过儒家的传统；儒家传统塑造了中国的知识分子和统治者，它是很多默默无闻的中国人生活经验的结晶。

西方人的暴行，以及尊重中国的西方人，这是近代中国形成过程中的两个重要因素。康有为（他在本书里占了很大篇幅）这样的知识分子开始反思，中国要想强盛起来，我们应当做些什么；只有国家强盛，才能免遭英国炮舰的欺辱，免遭正在逼近中国各个城市的西方或者日本军队的欺辱。中国知识分子对西方人的暴行作了回应。不过，他们与亲华的西方人的交流，有助于他们理解西方的思想传统，在他们作出回应的时候，会考虑得更加周全。理解了其他民族的思想之后，他们也加深了对自身传统的理解。他们没有放弃中国人的传统，他们只是希望，与欧洲人和美国人的交流，能够让他们学习更多的东西，并以此为指导，对中国人的传统进行改革。

他们作出的回应之一，我在本书里也讨论过这一回应，就是他们意识到，中国的某些习俗，比如缠足习俗，当然也包括吸食鸦片，不仅有损于中国，而且也有损于中国在外国人心里的形象，尤其是那些最了解中国、最尊重中国的西方人。越来越多的中国知识分子认识到,废除缠足习俗并不等同于废除中国人的传统;毕竟,儒家学说没有主张这样的习俗;缠足习俗对女孩和妇女的伤害,至少在宋朝就有了批评之音,也就是说,在缠足习俗兴起不久,就有了反对的声音。不过,对中国人传统的反思,确实是在中国知识分子与对中国持有尊重态度的外部人士的交流之中才得以发展起来的。

中国的道德革命,终结了长达一千余年的缠足习俗,其间中国知识分子和西方知识分子进行了有益的对话,在我看来,这种对话再次表明,身处其他社会环境里的朋友们(可以说,他们既是朋友,也是陌生人),可以帮助我们认识到,自己的国家确实需要改革;这样的对话有助于推进历史进程。过去,很多朋友谴责美国人对黑奴的残暴行径,谴责美国人拒绝承认解放了的黑奴后代所拥有的各项权利,他们其实是在帮助我们,敦促我们找回更好的自我。托马斯·杰斐逊(Thomas Jefferson)在《美国独立宣言》里写到,"对人类的舆论,要优雅地表示尊重"。美国以外的朋友们批评美国公民在关塔那摩(Guantanamo)剥夺战俘的人权,批评美国监狱里骇人听闻的环境,批评美国公民蔑视政府在死刑管理问题上表现出来的公正精神;至少有一部分美国人意识到,这些朋友因为尊重我们,所以才会提出批评;他们既是美国人的朋友,也是美国人的陌生人,如果我们背叛美国文化和传统中最优秀的部分,他们理所当然地要表明自己的态度。

与个人一样,国家所做之事,也会赢得或者失去他人的赞美和尊重。我在本书里论述过,要保持你的荣誉,就必须意识到,你的行为是否值得他人的尊重。中国的爱国者,和美国的爱国者一样,也与所有国家的爱国者一样,都珍惜自己国家的荣誉。你不必担忧一些外部人士不知道如何公正地评价中国，也不必担忧一些外部人士对中国抱有无知的歧视态度。但是，如果你关注祖国的荣誉，你必须意识到，那些陌生人——他们同时也是你的朋友，了解并且珍视中国——是否开始失去对你的尊重。有的时候，他们的批评是正确的，比如，他们批评美国士兵在关塔那摩或者阿布·格莱布（Abu Ghraub）的虐俘行为，如果你珍惜自己国家的荣誉，你就要努力工作，改变自己国家的面貌，让祖国赢得你本人的尊重，同时也赢得全世界朋友的尊重。

我认为，对全球性对话而言，对不同社会之间的必要讨论而言，荣誉是一个极其重要的因素。通过这样的对话和讨论，我们可以建设一个和平的世界；在这样的世界里，全人类可以团结起来，一致应对共同面临的问题。上面的论述，从一个方面证明了这一点。受到污染的环境，全球性诸如艾滋病之类的疾病蔓延，相互关联的经济体所面临的挑战：所有这些问题的解决，都需要一个由陌生人同时也是朋友组成的世界。

几年前，我写过一本书，论述全球化对道德的影响。我在书里为欧洲和美国的所谓大同主义作了辩护。我认为，如果我们希望安全地生活在一个由陌生人组成的世界里，作为同一星球上的居民，我们必须至少在某些时间里，做到相互包容；我们有很多共同之处，但我们也有权利去过不同于他人的生活。当年，我的外婆和很多人一同出发，去帮助中国人民，她的信念就是大同主义。我的母亲出生于英格兰，父亲出生于加纳，他们的婚姻，就是朝着大同主义方向共同迈出的一步。我父亲在即将去世之际，为子女们留下遗言，要求子女们永远记住，我们都是世界公民，他在恳求我们遵循家庭的传统。他是一位加纳的爱国者，是非洲忠实的儿子，他的自传取名《一位非洲爱国者的自传》，但是，他同时也相信，他对所有国家的人民都怀有一份责任。① 在这本书里，我试图指出，不同国家的人民已经拥有一种方式，他们相互帮助，努力找到自己的生活方式。我努力履行父亲的临终嘱咐；努力追随母亲和外婆的足迹前行。

对我来说，对中国信奉大同主义的朋友来说，中国的成功未来十分重要；听到有关中国的消息，不管是外部世界对中国的赞美，还是外部世界为中国的担心，同样都十分重要。康有为与西方知识分子的平等交流，就是一个实例，双方都在这一交流过程中获得教益。我愿意授权委托，将本书译为中文，作为对这一持续的交流过程所作的小小贡献，并且希冀从中国读者的反馈中学到有益的东西。从某种意义上说，我们彼此或许注定保持陌生人的关系，但是我也希望，在另一种意义上，我们也可以成为朋友。

奎迈·安东尼·阿皮亚
2011 年 9 月于普林斯顿

---

① 乔尔·阿皮亚（Joe Appiah）：《一位非洲爱国者的自传》（纽约：Pradger 出版社，1990）。

序　言

　　本书的论证始于一个简单的问题：对道德革命的探讨，是否有助于对道德问题的理解？论证这一问题的原因在于，历史学家和哲学家对科学革命的缜密研究，已经取得对科学问题的深刻认识。比如，托马斯·库恩（Thomas Kuhn）[①]和保罗·费耶阿本德（Paul Feyerabend）[②]探讨了17世纪的科学革命（这一时期产生了伽利略、哥白尼和牛顿），进而探讨了更近时期的科学革命（这一时期产生了令人称道的量子物理学），最终形成有关科学革命的重要论点。

　　科学知识的发展，明显推动了技术的迅速进步。但是，科学发展的动力并非源于改造世界的实践，而是源于渴望理解世界的探索。另外，如伊曼努尔·康德所说，道德最终具有现实

[①] 托马斯·库恩（1922—1996）美国科学史家，科学哲学家，代表作为《哥白尼革命》和《科学革命的结构》。

[②] 保罗·费耶阿本德（1924—1994）：当代美国著名的科学哲学家。主要论著有《微观物理学问题》（1962）、《告别理性》（1987）等。

的特征：虽然它在道德层面上影响着我们的思维与感觉，但是，就其本质而言，道德影响着我们的行为。革命是在短暂时间内发生巨变的过程，因此，道德革命必然引起道德行为的迅速变化，而不会囿于道德感觉的范围。然而，道德革命终结之时，正如科学革命终结之时，事物呈现崭新的面貌。如果我们回顾一下，哪怕只是相隔一代人，下一代的人都会问，"那时的人们思考什么问题？很多年里，我们又是如何思考的？"

基于以上考虑，我开始审视一系列道德革命，试图发现道德革命的意义所在。我很快发现，我所关注的那些毫无关联的事例，比如决斗习俗的消亡、缠足习俗的废除以及大西洋沿岸贩奴制度的废止，具有很多相似之处；这是事先没有预料到的。一个共同之处是，上述每一事例都引发了社会各界的广泛讨论，在这些习俗或者制度终结之前，这样的讨论显然产生了重要的成果。讨论成果不仅流传了下来，而且，记录讨论成果的方式，对于其他文化环境和其他历史时期的人们来说，也是可以辨认与理解的。上述不道德行径终结之际，不论出现了何种情况，在我看来，至少有一点可以肯定：目睹新的道德理念的出现，当时当地的人们并没有感到惶惑不安。决斗永远具有谋杀的性质，也是非理性行为，缠足是一种痛苦的自残行为，贩奴制度永远是对奴隶人性的践踏。

我惊讶于这样的事为什么没有被阻止。其次，更让我惊讶的是，这样的事为什么会发生：在上述情况出现变化的时候，一种被约定俗成地称作"荣誉"的因素发挥了关键的作用。对这些事例的探讨，其结果汇集在本书之中。当然，决斗肯定与荣誉相关，这个论点并无新意；决斗习俗随着新的荣誉观念的出现而终结，这也并非新论。但是，我的看法是，真正让我们惊讶的一种现象是,国家荣誉和社会阶层的荣誉在新世界的平台上淡出已久,然而,在废止缠足制度与近代奴隶制度过程中,这两种荣誉具有十分重要的作用。

由此看来,以上事例与以下问题有着直接的关联:社会认同(Identity),比如男性与女性、同性恋者与传统性取向者、美国人与加纳人、基督教徒、穆斯林信徒以及犹太人,在我们的情感形成以及行为选择中具有何种作用?我在早些时候完成的一本书里,探讨了诸种社会认同现象,比如家庭认同、民族认同、宗教认同、国家认同等,是以何种方式将我们与其他人联系起来获得对光荣与耻辱的共同认知。我特别关注荣誉与社会认同的关联问题,因为这是道德革命的核心,也是我探讨道德革命的原因所在。

我认为,这种关联值得关注。社会认同将道德革命与人类一种心理状态联系起来。长期以来,人类这一心理状态被以英语为工作语言的道德哲学家所忽视,尽管最近在道德哲学与政治哲学的领域里,它开始成为讨论的焦点。这一心理状态就是,人们对社会地位及受尊重程度给予深刻而持续的关注,我们人类需要获得一种如格奥尔格·威廉·弗里德里希·黑格尔(Georg Wilhelm Friedrich Hegel)所说的 anerkennung,也就是"承认"。我们希望,他人应当根据我们的社会认同及职业,恰如其分地对待我们。我们需要他人承认,我们是有感觉的存在,承认我们需要对他人的承认。如果看到走在大街上的其他人,我们因为相互承认而目光相遇,我们都能体验人类的这种基本需求,也会基于这一需求而相互回应,达到相互承认的目的。这一过程是即时发生的,也是一个自然的过程。黑格尔在《精神现象学》一书中探讨了主人与奴隶的关系,对人类希冀他人承认的心理做过著名的研究。我认为，废奴运动的巨大能量源于获得他人承认的人类愿望，这个结论应该不会让黑格尔感到惊讶。

我的研究把我引入一个出乎预料的方向：现在我希望说的是，在思考如何拥有成功的人类生活的过程里，荣誉是一个至关重要的因素。亚里士多德认为，最好的生活方式，就是拥有他所说的 eudaimonia（幸福）的那种生活方式。围绕 eudaimonia 展开的研究，被他称为"伦理学"。我认为，本书是对亚里士多德意义上的"伦理学"的贡献，同时，我本人也在这个意义上使用"伦理学"这一名词。

Eudaimonia 一词一直被误译为"幸福"（Happiness）。在亚里士多德看来，eudaimonia 一词的真正含意可以更好地表述为：拥有 eudaimonia 就可以兴盛（flourish），我对"兴盛"一词的理解就是"生活美满"，需要注意的是，不要将"生活美满"与否等同于是否与他人友善。我们对他人的义务，相对于指导我们生活的众多价值观念而言，只是一种次要的价值观念，我认为，有理由把这种特殊的价值观称作道德价值观。在这个意义上说，决斗习俗、缠足习俗和蓄奴制度，显然都是一些道德问题。（奴隶、缠足女人以及死去的决斗者，都被剥夺了应有的权利。）

从这一视角出发，道德显然是伦理学的重要构成：对他人尽应尽之责是美满生活的必要构成。过去几个世纪的诸多特征之一，是人们愈加理解每个人对他人应尽的责任。不过，拥有美满的生活，仅仅在道德上保持完美是远远不够的，并且，令人困惑的是，探讨人类美满生活的要素时，哲学总是趋向于将生活的多元性过于简单化。一种美满生活通常包括家庭及朋友的关系，影响这些关系的因素，不仅有对他人的责任因素，也有出自爱心而自愿给予帮助的感情因素。很多人参加社会活动，是为了让生活变得更加美好。我们参加教会或者寺庙的活动；我们一起观看或者参加各种体育活动；我们介入地方和国家的政治活动。体验诸多珍贵的人类活动，让我们受益匪浅。这些活动包括聆听音乐、欣赏文学作品、观看电影和视觉艺术作品，还包括很多自主选择的活动内容，比如，学习烹调艺术、经营一座花园、研究家族历史，等等。人类拥有多种方式追求美满生活。

理解荣誉之于伦理学的重要意义，方法之一是确认荣誉和尊重的关联。尊重与自尊显然是人类基本的德行，也是对 eudaimonia 的补充，它有助于美满生活的形成。

在我的学术生涯里，我花了大量时间说服我的哲学家同事相信，一些具有重要的理论与实践价值的因素，一直没有引起他们的认真关注。这些因素包括：人种与民族、性别与性行为、国家与宗教，等等。我们在创造自己生活的过程里，被赋予丰富的社会认同。荣誉就是一个被现代道德哲学家忽略的关键问题。我们认为荣誉是一个关键问题，原因之一在于，与社会认同一样，荣誉可以将不同人的生活联系起来。关注荣誉，如同关注社会认同，可以帮助我们恰如其分地对待他人，并且帮助我们创造自己的美满生活。以往的哲学家曾经关注过这一问题，读读孟德斯鸠或者亚当·斯密的著作，或者就此问题专门读读亚里士多德的著作，我们就能有所了解。不过，虽然"尊重"和"自尊"是当代哲学研究的两个热门课题，但是，与此相关却区别明显的"荣誉"概念，似乎基本上被人忽略。我认为，现在是将"荣誉"重新纳入哲学研究范畴的时候了。

本书探讨的几个历史事件具体而微地印证了不同时空环境里的荣誉呈现出不同的特征，为我们探讨荣誉概念创造了条件。不同的时间和空间环境，丰富了我们对荣誉的整体概念的认识。从英国到中国然后回到大西洋的漫长旅途，让我们加深了对荣誉诸多特征的理解。它们并非孤立的地区性事件，而是代表着人类发展的三个阶段。它们不仅对于新加坡、孟买或者里约热内卢的人们具有重要意义，对于洛杉矶、好望角或者柏林的人们来说，也具有同样的重要意义。我相信，在上述任何地方，尽管各地对荣誉的理解有所差异，但是我们发现，无论何时何地发生的历史事件，它们留给我们的基本教益都是相同的。

我的设想是，我们不仅需要理解其他民族、其他时代和其他空间，我们还必须洞察当代生活。特别是，我希望通过对以往事例的探讨，获得必要的教益，并以此为指导，探讨当代世界环境中由荣誉引发的一些最具挑战性的问题，比如，以荣誉的名义对女性和幼女进行的谋杀。在本书第四章里，我们将在巴基斯坦旅行。我们试图理解与面对荣誉的阴暗一面；历史事实告诉我们，在一个地方适用的教益，也适用于其他地方。虽然我关注的是巴基斯坦，不过，从一开始我们就必须清醒认识到，今天以荣誉的名义发生的杀戮行为，绝非仅仅发生在一个地方。

以荣誉的名义的杀戮行为，不是当代环境下荣誉的唯一表现方式。在本书最后一章里，我的目标是提出一些方法，运用这些方法，可以正确地理解荣誉概念，有助于我们理解当代的其他问题。"你们当时思考什么问题？"这是我们需要向祖先提出的问题，不过，我们知道，一个世纪之后，下一代人也会对我们提出同样的问题。有谁知道，下一代人认为什么才是最不可思议的现象？在美国，百分之一的人受过监禁处罚，数千人被常年关押。在沙特阿拉伯，政府禁止女性驾驶汽车。今天，在很多国家里，同性恋者不是被投入监狱，就是被处以死刑。此外，还有鲜为人知的工业化耕种体制，数亿的哺乳动物、几十亿的鸟类过着不堪而短促的生活。在发达国家之外，人们忍受着极端的贫困状态。终有一天，人们将会发现，他们不仅意识到旧制度的荒谬与新制度的合理性，而且也会意识到，旧的方式蕴含着令人耻辱的因素。在向现代过渡的阶段里，很多人将改变做事方式，他们羞于继续按照旧的方式行事。今天，如果我们为荣誉做出恰如其分的定位，世界将变得更加美好。这一期望或许并不过分。本书的主旨是对荣誉做出解释，帮助我们充分认识到，荣誉对每个人都有长远的重要意义。

在我童年的时候，有一位名叫瓦尔·杜尼肯（Val Doonican）① 的爱尔兰歌手。他演唱的"向高处走"（"Walk Tall"）成为一首非常流行的歌曲。在这首歌里，他唱到，当他只有"成年人的膝盖那么高的时候"，妈妈告诉他一个道理。妈妈说，"要向高处走"，妈妈还鼓励他，"要用自己的眼睛看世界"。虽然，当时我的个子只比成年人的膝盖略高，不过，现在我还能记得，这位妈妈的忠告对我产生了重要的影响。（歌里的这位主人公在监狱里发出感慨之言，他没有听从妈妈的忠告而入狱。）瓦尔·杜尼肯有着美妙的歌喉，这首走红歌曲十分感人，不过，歌曲感动我四十余年的原因，是它对荣誉的简洁表述。荣誉的心理因素，与向高处走以及用自己的眼睛看世界的理念，具有

---

① 瓦尔·杜尼肯（1927— ）：爱尔兰男歌手。

深刻的关联。瓦尔的妈妈还告诉他,应该"高抬着头"。一些具有荣誉感的有识之士认为,他们所以获得他人的尊重,就是因为他们高抬着头。我们看到,他们是一些拥有自尊的人,他们能够感受自己宽广的心胸和坚挺的脊梁,感受充分的自尊。

从另一个角度看,屈辱让人的脊梁弯曲,让人的目光短浅。在阿善提-特维(Asante-Twi)语(这是我父亲使用的语言)里,如果有人做了不名誉的事情,我们会对他说,"他的脸都掉了";确实,感到羞耻的脸肯定是目光向下的脸。在阿善提-特维语里,表示荣誉的单词是"animuonyam",这个单词的词根是"nim",意思是"脸"。我们知道,中文有一种说法,就是"丢脸";法语、德语与英语一样,都有丢脸和有面子的说法。东亚、西欧和非洲西部地区也有类似说法,这是三个差异很大的区域。一切都表明,人类在任何地方都有相同的基本特点。

我们如何刻意看待自己的脸色,是大胆显露,还是有意隐藏,这不是值得关注的唯一问题。我们因为羞耻而不由自主地脸红,我们因为激动而泪流满面;我们感到愤怒和骄傲的时刻,脸部表情尤为明显。与观察人体的其他部位相比,对脸部的观察可以更清楚地看出他人之感受。因此,荣誉与脸部的直接关联,似乎隐含着这种意思,即我们只有在他人的视线范围之内,荣誉才与我们的感觉发生关联。这个意思当然是错误的。羞耻是我们独自一人也能感受到的。

让我们回到17世纪。勒内·笛卡尔(René Descartes)[①] 当时写到,他"被迫承认,我过去居然称赞过那位作者,对此我

---

① 勒内·笛卡尔:(1596—1650):法国科学家、哲学家和数学家,创建了解析几何学。

因此感到羞耻,并且脸红……"可以想象,当时他坐在书房里,反思自己不当的称赞之词,意识到自己的判断多么糟糕;这种错误判断意味着,他在学术上不再值得人们完全的尊重。血一下子涌上他的脸部。维护自己的荣誉,就是希望自己值得他人的尊重。如果意识自己做了不该做的事情,不论他人是否看见,我们都会感到羞耻。

在本书的最后一部分,我向读者论证所谓的"荣誉理论"。不过我认为,理解荣誉理论的最好方法,是观察荣誉在个人生活与社会生活中的作用,从而认识构成荣誉的关键要素。在本书最后一个章节的开始部分,我将汇总讨论过的荣誉理论的所有要素。我认为,这是我对荣誉理论做出完整表述的合适场合。如果缺乏论据支持,任何理论均无太大效用;除非读者了解我的论证过程,否则无法真正理解"荣誉理论"的意思……或者说,无法确定我的结论是否正确。

我知道,当代很多人厌恶讨论"荣誉"问题,他们认为,如果没有荣誉这样的概念,我们的生活或许会变得更好。(比如,你用几年时间写完一本书,有人问你,"你在忙些什么?"我的回答是,"写作一本关于荣誉问题的书";在这样的场合,通常会听到上述说法。)但是,不管崇尚荣誉还是厌恶荣誉,我可以肯定地说,读者一定感受过一些感觉,比如笛卡尔的羞耻感和瓦尔·杜尼肯的自豪感。我们的社会生成一定的规则,它们以行为模式与感觉模式的方式延续下来,这是人类生存的基本特征之一;与荣誉问题相关的心理学的核心问题,即给予他人尊重,同时获得他人对自己的尊重,已经根植于读者心里,根植于每个普通人的内心世界;不管荣誉心理学多么精致、多么高深,其基本含义可以用相互尊重予以概括。我认为,这是我们对荣誉问题做出思考的原因之一。荣誉源于人类基本的社会心理。可以肯定，我们应当试图理解人类的特征，妥善地予以利用，而不能宁愿自称与众不同……甚至更糟糕，假装我们根本不拥有人类的特征。我们或许认为，我们已经摆脱了荣誉问题，但是，荣誉问题却不会与我们脱离关联。

奎迈·安东尼·阿皮亚
2011年9月于普林斯顿

第一章
决斗习俗的消亡

……平等是不可或缺的。

——《爱尔兰决斗的实践与荣誉要点》第 14 条规则

一次尴尬的遭遇

1829年3月21日的早晨,再过几分钟就到八点。英国首相威灵顿公爵策马来到泰晤士河南岸的一个十字路口,这里距离巴特西桥(位于伦敦西北区)约一英里之遥。不久,他的内阁同僚、战争大臣亨利·哈丁爵士(Henry Hardinge)①也骑马赶来,与他会合。又过了一会儿,公爵的医生也乘坐马车赶到。

简单的寒暄过后,医生向前行进,经过一所小型农舍,来到个名叫巴特西·菲尔兹(Battersea Fields)的开阔空地。医生的大衣兜里藏着两把手枪,他拿出手枪,藏到灌木丛里,以躲避别人的视线。巴特西·菲尔兹是绅士聚首决斗的地方,并因此闻名;当地居民看到有人光临此地,便知道接下来会发生什么。几乎所有的伦敦市民都认识公爵。20年前,公爵在西班牙境内第一次击败拿破仑的军队,从那以后,他的脸庞、他的罗马式鼻子和高高的前额,一直为伦敦市民所熟悉。所有的路人都觉得好奇,都想看看是谁到这里与公爵决斗。

不管怎么说,人们看到一位绅士带着助手和医生来到这里,他们自然推断,这位绅士的决斗对手也会带着助手赶来。这位身材笔直的公爵,是一个注重荣誉的人,也是国王和国家的模范公仆,现在竟然准备参加一场决斗,人们自然有了疑问:究

---

① 亨利·哈丁爵士:英国军人、政治家。曾任印度总督(1844—1848),英国陆军元帅。

竟是谁损害了公爵的名誉？

问题很快有了答案。温奇尔西（Winchilsea）伯爵和助手法尔茅斯（Falmouth）伯爵随后赶到决斗现场。温奇尔西伯爵的洗礼名字叫乔治·威廉·芬奇－哈顿（George William Finch-Hatton）——他的孙子丹尼斯·芬奇－哈顿（Denys Finch-Hatton）是一位相貌英俊的英国贵族，演员罗伯特·雷德福（Robert Redford）在电影《走出非洲》（Out of Africa）里扮演过他的角色。——芬奇－哈顿的名气远远不如公爵，之前的一两年里，他强烈反对取消英国天主教徒的法律义务（自从宗教改革以来，这种义务一直以不同形式存在），因而口碑不佳。作为一位富有激情的演说家，他经常在议会内外发表演说，主张保护父辈宗教信仰与生活传统的必要性。一些英国人狂热地认为，英国公民不可能既忠诚于英国，又忠诚于罗马教皇；而芬奇－哈顿正是这些人的领袖人物。芬奇－哈顿的个子很高，一头黑发，身体非常强壮。他当时三十多岁，比公爵年轻二十几岁。他和法尔茅斯策马赶来，一副咄咄逼人的样子。和他一样，法尔茅斯过去也是一名军官。

威灵顿公爵面无表情地站在一边，双方的助手法尔茅斯和哈丁激烈地交谈起来。医生从灌木丛里取出手枪，开始装填子弹（严格地说，这是哈丁的工作，但是哈丁在与拿破仑军队的作战中失去左手，无法履行这项工作），法尔茅斯爵士开始装填子弹，这次他带来了两把手枪。哈丁为公爵选定位置，随后告诉温奇尔西，他们也可以选择位置了。威灵顿拒绝了最初选择的位置，他解释说，"选址太差，离水沟太近。假如我打中他，他很可能会滚到水沟里。"[1]

最终，双方位置都已选定。哈丁递给公爵一把手枪，法尔茅斯也给温奇尔西递去一把手枪。哈丁朝后退了几步，经过一些惯常程序之后，冷静地问道："先生们，你们都准备好了吗？"公爵举起手枪，他明显地拖延了一点时间，因为他看到伯爵没有任何准备，然后他开火了。温奇尔西居然丝毫无损。伯爵也举起手枪，很明显，他的手枪对着公爵脑袋的上方，然后，他对着天空放了一枪。

威灵顿公爵的医生随后记录了两位助手的交谈结果：

> 公爵依旧站在他的位置上，法尔茅斯伯爵和温奇尔西伯爵朝着哈丁爵士快速走去，法尔茅斯伯爵对哈丁爵士说道："公爵开枪的时候，温奇尔西伯爵已经离开原先位置，现在，伯爵感到他有义务给公爵以必要的补偿。"

法尔茅斯伯爵恪守决斗的规则，即双方所有交流都通过助手进行，哈丁爵士作为公爵的助手，有责任对此作出回应。停顿了几秒钟之后，哈丁爵士说道：

> "公爵希望得到一个诚恳的道歉，一个彻底的认错，承认对他的公开指责都是错的。"法尔茅斯伯爵的回应是，"我认为，我们的道歉在任何意义上都是万分诚挚的，"他从口袋里拿出一份书面文件，上面有温奇尔西伯爵的许可，即承认自己的做法是错误的……[2]

决斗双方详细讨论了道歉方案，医生也提出一些补充，最终双方认同这份由法尔茅斯伯爵起草、经过少量修改的道歉书。公爵走了过去，向两位伯爵鞠了一躬；法尔茅斯伯爵显然不太情愿参加这种仪式，解释说，他一直认为温奇尔西伯爵在这件事情上大错特错了。哈丁清晰地表述了这样的意思，即如果法尔茅斯伯爵真的这样想，就不应该担任温奇尔西伯爵的决斗助手；法尔茅斯伯爵显然希望为自己做进一步的辩解，他又对公爵解释起来。公爵打断了他的话，说道："亲爱的法尔茅斯爵士，我和这些事情已经没有任何关联了。"他竖起两根手指，举到帽沿边，说道："早上好，亲爱的温奇尔西伯爵，早上好，法尔茅斯伯爵"。很快，他骑上马，踏上了归程。

回顾这段不太光彩的决斗事件，以及当事人各自的反应，有助于我们理解，在19世纪上半叶，英国的荣誉传统出现了变化。英国的决斗习俗，这一决定着很多绅士生命的习俗，在延续了三个多世纪之后，终于消亡了，这是我讨论的第一个道德革命的事例。威灵顿和温奇尔西在巴特西·菲尔兹的聚首，让我们目睹了决斗习俗终结之前，英国绅士们面临的社会压力。

来自宪法的挑战

这场决斗的根源在于，温奇尔西对"天主教解放法"（Catholic Relief Act）持激烈的反对态度，而威灵顿公爵则一直推动英国上议院通过这一法案。如果"天主教解放法"获得通过，意味着经过150年的漫长等待，天主教教徒终于可以在英国议会获得一席之地。一年以前，也就是1828年6月，爱尔兰的一位爱国志士，也是天主教协会（该协会成立的目的，是为了提高天主教在爱尔兰的地位）的创始人，丹尼尔·奥康奈尔

(Daniel O'Connell)① 当选为英国议员。奥康奈尔与他奉行的政策在爱尔兰受到公众的极大欢迎。选举结果显示,他已经出现在伦敦的政治舞台上,有机会进入立法机构表达天主教徒的意愿。不过,作为一名天主教徒,他只有经过宣誓的仪式,"认定罗马教会的教义和仪式,比如圣母玛丽亚和其他圣徒的祈祷与赞美、弥撒圣祭,是一种迷信和偶像崇拜的表现",才能在下议院赢得一席之地。显然,任何具有自尊心的天主教教徒都不会做这样的宣誓;同样显然的是,这种宣誓仪式就是要剥夺天主教教徒的自尊心。英国议院对天主教教徒的排斥,反映出一个现实:在自己的国度里,信奉天主教的爱尔兰男女在很多方面都遭遇排斥。天主教教徒备受歧视的现象引起爱尔兰社会各界的广泛关注,在某些地区,甚至还存在爆发国内战争的危险。

如同大部分托利党人,包括在下议院推动"天主教解放法"获得通过的罗伯特·皮尔(Robert Peel)爵士②,威灵顿也曾反对过天主教的解放,任何政治家都无法轻易改变他的观点。威灵顿公爵出生于爱尔兰,作为一位年轻的政治家,担任过爱尔兰的内阁成员。处在这样的位置上,他十分了解这个多事之岛的微妙局势。他最终改变了对天主教教徒解放问题的看法;在上议院第二次审议该法案的时候,他发表了演说,这次演说被认为是他议员生涯中最具华彩的一章。他在演说里谈到,爱尔兰正处于"国内战争的边缘"。为了获得议院的支持,国王的这位首相补充道:"我必须说,不管做出什么牺牲,只要能把国内

---

① 丹尼尔·奥康奈尔:(1775—1847),爱尔兰国家主义者,天主教活动家。
② 罗伯特·皮尔:(1788—1850),英国保守党政治家,1834年12月10日至1835年8月31日担任英国首相。

战争推迟一个月，我将在所不惜，甚至可以牺牲生命。"[3]

不幸的是，乔治·威廉·芬奇-哈顿，也就是第十代温奇尔西伯爵，却乐意看到局势朝着不好的方向发展。随着法案获得最终通过的日期临近，他经常公开散布谣言，声称威灵顿公爵酝酿着阴谋，计划对新教宪法发动攻击。1829年2月，他在一次极具煽动性的讲演里说道："新教的兄弟们！……请你们勇敢地站出来，保卫我们的新教宪法和新教教义……"因为"在背叛和暴乱的神龛前，在祖先为之奋斗与就义的宪法面前，那些堕落的议员们已经打算退缩"，他呼吁同胞们向国王与议院提出请愿。他谦逊地把自己描述为新教兄弟"一位谦卑而忠诚的仆人"，但是，他在宣传小册子的署名问题上就没有那么谦逊了："温奇尔西和诺丁汉"，因为他凑巧还是第五代诺丁汉伯爵。

在法案最终通过的一星期前，温奇尔西给《旗帜晚报》写了一封信。在这封3月16日发表的信里，温奇尔西对威灵顿公爵发起了更具针对性的抨击。他声称，国王的这位首相暗地里在伦敦国王学院的创建问题上做了文章。当时，英国政府创建伦敦国王学院，以此作为英国圣公会的教育机构，与建成不久、以世俗教育为主的伦敦大学相互呼应。威灵顿公爵为伦敦国王学院的建设提供财政支持。温奇尔西认为，公爵积极参与这个喧嚣一时的新教项目，其实是一种"遮人耳目的行为"，他的真实意图在于"表面显示对新教的热衷态度，在这个伪装之下，悄悄实施蓄谋已久的计划，即剥夺我们的自由、将教皇制度引入国家的各个方面。"[4]

没人怀疑温奇尔西对英国国教所持的忠诚态度。查尔斯·

格雷维尔（Charles Greville）① 担任过枢密院成员，当时的枢密院囊括了1821年至1859年间英国君主体系内的所有高级政治顾问。查尔斯·格雷维尔认为，温奇尔西"就其个人而言并不足道，但是，就英国国教和国家而言，他是一个强有力的支持者"。[5] 不管怎么说，诋毁一个抗击过拿破仑的战争英雄，一个"欧洲的拯救者"，一个缔造过滑铁卢战役奇迹的军事家，认定他隐藏自己的真实信仰，并且背叛宪法，这样的指责正如伦敦众多贵族俱乐部的绅士们所说，实在过分。

看来，威灵顿公爵被温奇尔西的公开指责激怒，他坚持认为，伯爵必须道歉……温奇尔西匆忙与公爵交换看法之后，决定拒绝道歉。于是，3月20日，公爵给他发去一封语气轻蔑的信，他在信里质问："难道说，任何一位绅士如果认为国王的首相做出丢脸或犯罪的行为，就可以肆意羞辱他吗？"他马上自己回答了这个问题，"我应当对这个问题作出判断。对此我毫不怀疑。只要您身为贵族，就要为由此产生的后果承担责任。"他要求温奇尔西给他"一个满意的答复。身为贵族，有权提出这样的要求，身为贵族，也绝不能拒绝这样的要求"。[6] 第二天早晨，公爵和伯爵及其各自助手都赶到巴特西·菲尔兹。

几个星期以后，"天主教解放法"获得乔治四世的批准，并且确认法案具有法律的强制特征。据说，国王签署该法案时痛哭了一场。威灵顿公爵威胁说，如果国王拒绝签署法案，他就要辞职。国王是无奈之下签署这一法案的。

---

① 查尔斯·葛瑞维尔：(1794—1865)，英国贵族。

他是怎么想的

以上就是威灵顿公爵决斗事件的背景情况。现在,让我们来思考这样的问题。公爵不是一个喜欢决斗的人。与当时的很多军官不同,尽管公爵拥有无比辉煌的军事生涯,但是,他之前没有参加过决斗,其后也没有再参加过决斗。与拿破仑军队作战的时候,他是一位身处前线的指挥官;他非常清楚,如果在军队中完全禁止决斗行为,英国军队的名誉将消失殆尽。不过,到了1843年,也就是发生那次不光彩的决斗事件14年之后,他仍然担任总司令的职务;在很多著名人士——包括维多利亚女王心爱的丈夫艾伯特(Albert)王子——的游说之下,"战争条款"得到修订,军队所有部门如果发生决斗事件,都将遭受最为严厉的处罚。步入晚年的公爵成为"反决斗协会"的重要成员。

更值得关注的是,决斗成为一种违法行为。威廉·布拉克史东(William Blackstone)①爵士于18世纪60年代发表《英格兰法律述评》,他在文中谈到,英格兰习惯法"公正地判处决斗者及其助手有罪并且按照谋杀定罪",认为他们既"随意处置自己的生命,也随意处置他人的生命"。[7]教会法与基督教教义也反对决斗行为。

---

① 威廉·布拉克史东爵士:(1723—1780),英国杰出的法学家,主要著述为《大英法律注释》。

此外，还有政治方面的考量。如果公爵被杀，这就意味着，在出现宪法危机的关键时刻，英国和国王将失去一位首相，而且首相是在宪法危机引发的非法活动中丧生的。对于动荡不安的英国来说，没有任何事情比这更糟糕了。从另一个角度来看，如果公爵杀了温奇尔西，那么公爵将因为犯有谋杀罪而在上议院接受审判。(1841年，卡迪甘［Cardigan］爵士在决斗中击伤塔克特［Tuckett］上尉，因此受到审判：两人都被剥夺爵位。)[8] 至少，他将不得不从内阁辞职。这方面是有先例的。20年前，两位英裔爱尔兰政治家卡宁（Canning）和卡斯尔雷（Castlereagh）进行决斗，结果分别被解除外交大臣和战争大臣的职务。现在不管发生哪种情况，人们都有理由怀疑，上议院能否最终通过"天主教解放法"。

如果真要开庭审判，上议院将面临着困难的抉择。法国革命中，路易十六及其王后在1793年被处死刑，为欧洲树起共和政体的旗帜。雅各宾俱乐部，一个推动法国革命的激进组织，在整个法国传播自由与平等的新思想，并且迅速在英国得到呼应。在19世纪即将来临之际，英国政府推出多种措施，应对雅各宾主义的威胁，他们担心，公众的不满情绪不仅针对贵族阶层，也会针对贵族世袭的各种特权。

威灵顿公爵在滑铁卢击败拿破仑之后，英国经历了一段高失业率的时期；由于英国政府推行所谓的"谷物法"，旨在避免低价出口谷物，使英国的就业情况更加糟糕。这一法律保护了英国种植小麦及类似农产品的庄园主的经济利益，却使英国穷人购买食品的成本急剧上升。统治阶级对于贫困阶层的冷漠态度令人发指，最终导致公众的激进行动。1819年，五万多名男女聚集在曼彻斯特的圣彼得广场，要求议院进行改革。他们抗拒市政当局要求他们解散的命令,威灵顿指挥的军队也派出人马,在大街上滥杀普通市民。十几个男女市民被杀,其中一半的人先被大刀砍杀,后遭践踏身亡。这次屠杀行为被人称为"彼得卢"。这个称谓容易让人产生联想,让人想起威灵顿公爵在滑铁卢与拿破仑军队激战时的杀戮场景。

到了1829年,"天主教解放法"引发激烈的争议。随着改革内容的深化,很多议院成员和市民对改革进程感到震怒;改革受到缺乏代表性的议院的抵制,在这个议院里,绝大部分成员都未经选举而世袭当选。对于英国政府来说,他们一方面要应对来自社会底层以暴力方式表达的诉求,另一方面,他们也很难冷静看待一位贵族对和平环境的严重侵害。一种不太可能发生的结局是,假如内阁成员拒绝原谅威灵顿公爵,那么他们将把这个不得人心的麻烦事交给国王,因为处死威灵顿公爵这件事实际上是不可能完成的。

归纳起来,决斗行为有悖于威灵顿公爵本人的意愿,也有悖于民法和基督教教义,此外,更有悖于政治上的审慎原则。那么,国王的这位首相、身为英国国教的领袖,为什么会在那个春天晴朗的早晨八点来到巴特西·菲尔兹,他到底想干什么?他究竟是怎么想的?就像当时为数不多的旁观者告诉你的那样,阿瑟·韦尔斯利、巴斯骑士、威灵顿杜罗河男爵、塔拉维拉威灵顿子爵、威灵顿伯爵、威灵顿及杜罗河侯爵、威灵顿公爵(以上是这位公爵拥有的全部头衔),是为了捍卫绅士荣誉才不顾一切地参加决斗的。

"尊重"的形式

按照威灵顿公爵的社会环境与所处阶层的规则,作为一位绅士,威灵顿公爵有权受到其他绅士的尊重,但是,这一权利因为温奇尔西的公开指责而受到损害。当时,荣誉的核心含义可以用一个简单的思想表述,即拥有荣誉意味着有资格获得他人的尊重。

问题是,尊重(respect)的含义是什么?哲学家斯蒂芬·达沃尔(Stephen Darwall)最近表述了在尊重他人方面存在两种不同的方式。他把第一种方式称作"赞美性尊重",意思是按照某种标准对他人作出积极的评价。按照某种标准衡量,某人能把事情做得很漂亮,意味着某人在某件事情上强于绝大多数人。正是在这个意义上,我们赞美拉斐尔·纳达尔(Rafael Nadal)①,因为他拥有精湛的网球技能,我们赞美梅丽尔·斯特里普(Meryl Streep)②,因为她拥有完美的演技。(我经常用"esteem"这个词来表述这类尊重)威灵顿公爵不可能对这种尊重无动于衷。作为一名军人,他达到了军事业绩的顶峰。辉煌的

---

① 拉斐尔·纳达尔:(1986—)西班牙职业网球运动员。出生于西班牙马略卡,在2010年法网男单决赛中,第五次在罗兰·加洛斯加冕。

② 梅丽尔·斯特里普:(1949—)美国杰出女演员。出生在新泽西州的萨米特。迄今为止获得过16项奥斯卡提名;分别获得第51届(1979年度)奥斯卡最佳女配角奖与第54届(1982年度)奥斯卡最佳女主角奖。

军事生涯给他带来的荣誉,具有很强的竞争性特征:因为比其他人做得更好他才获得这样的荣誉。他获得的大部分头衔,都是基于他人对其辉煌业绩的尊重与承认。

不过,还有另一类尊重,即"承认性尊重"。我们用比较抽象的方式表述,就是基于某些特定事实而以相应方式对待他人。我们尊重有权有势的大人物;比如,法庭上的法官,或者,驾车外出遇到的警官,我们会非常谨慎地对待他们,因为他们有权强迫我们去做一些事情。这一类尊重承认权势的存在。不过,我们也可以尊重某个敏感的人,我们会放低声音与他交谈,我们也会尊重一个残疾人,在他提出请求时尽力去帮助他。这个意义上的尊重他人,并不要求你对他人有很高的评价。

我们可以基于特定的事实而承认他人,对他人做出相应的回应,因此,对他人的"承认性尊重"具有不同的情感色彩,体现的意义也有积极与消极之分。罗马帝国的皇帝卡利古拉(Caligula)① 曾经说过,"Oderint dum metuant",意思是"只要他们怕我,就让他们恨去吧"。这句话表达了一个意愿,即得到他人的某种尊重,也能给自己带来某种邪恶的愉悦心情,不过,这并不是与荣誉并行的那种积极意义的尊重。

因此,作为荣誉重要构件的"承认性尊重",绝非根据某人的特定事实"而相应地对待他人"这么简单。尤其在当今的社会环境里,"承认性尊重"还应当具备某种积极的意义。事实上我认为,这种积极意义就是我们赞美性尊重(esteem)他人所体现的意义。从现在开始,在我讨论"承认性尊重"概念的时候,我指的是基于某种特定事实而对他人采取积极态度的那类

---

① 卡利古拉:古罗马帝国第三位皇帝。

尊重。虽然这种积极态度也存在于另一类尊重（Esteem）中，但是，我们将看到，在对不同种类的"尊重"作出判断的过程里，如果我们要对这些判断的依据作出区分，这种积极态度具有十分重要的作用。

两种不同的"尊重"，一种是赞美性尊重（esteem），另一种是积极的承认性尊重（positive recognition respect），对应于两种不同的荣誉。一种荣誉具有竞争的特征，它分为多个层次，此外，我们所说的"伙伴之间的荣誉"（peer honor），它适用于同等社会阶层的人士。（当然，这只是概念的区分，我的意思不是说，在实际生活中两种荣誉永远是泾渭分明的。）"伙伴之间的荣誉"不分层次，你要么拥有这种荣誉，要么就根本没有。

英格兰的亨利五世，也就是莎士比亚笔下的海尔王子（Prince Hal），生于皇室，荣誉对他而言是一个与生俱来的存在，然而，最让他感到骄傲的，是由其卓越的军事才能而获得的竞争性荣誉，比如，他在阿金库尔战役中有过出色表现，他率领的军队击败了法国国王率领的庞大军队（他在第三幕第三场里说道："凭着我是个军人——这称呼在我的思想中跟我最相配。"）15 世纪的这位勇武的国王不仅统治着自己的领地，还直接统帅着一支军队。除了皇室世袭的荣誉，还需要凭借自己的本事，才能获得军事荣誉，才能成为一代明君。

骑士文学作品经常塑造一些军事领域的英雄人物。比如，有关亚瑟王圆桌骑士的故事盛赞了骑士的业绩，成为英国上流社会教育男孩的蓝本，这一传统一直延续到 20 世纪。有关圆桌骑士的最早版本，是一本名为《亚瑟王之死》（*Morte D' Arthur*）

的书，这本书可能是托马斯·马洛礼（Thomas Malory）爵士①在15世纪50年代创作的，当时他是一名囚犯，被关押在伦敦塔里。那时，亨利五世的儿子是一位王储，也就是亨利六世，当时也被关押在这里。特里斯特拉姆（Tristram）爵士认为，他的艰苦奋战出自"对叔叔国王马克的爱戴、对康韦尔（Cornwall）所在国家的爱戴，也是为了增强自己的荣誉"。[9] 在莎士比亚的笔下，亨利五世在阿金库尔战役拉开序幕之际，发表了著名的演说：

> ……如果企求荣誉是一种罪过
> 那我就是所有生物中最令人讨厌的一个灵魂

竞争性荣誉，也就是特里斯特拉姆爵士、海尔王子以及威灵顿公爵通过战争获得的那种荣誉，并非决斗习俗所要捍卫的那种荣誉。威灵顿公爵对温奇尔西的决斗挑战，是因为公爵认为对方也是一位绅士。公爵的态度，表明他给予对方以承认性尊重，也就是说，公爵对于温奇尔西的态度，是基于对方是一位绅士而给予对方相应（按照他们所处阶层的标准）的礼遇。与之对应，尽管公爵作为一位当时最为成功的军事指挥官（同时也是一位最伟大的政治家），理应得到"赞美性尊重"。但是，他向温奇尔西要求的，只是任何绅士都应给予他的承认性尊重。这是一种社会地位相同的人士之间的尊重。

"同伴之间的荣誉"具有这样的特征：如果相同社会地位的人遵守荣誉法则，那么，他们都可以享受这种荣誉；如果相同

---

① 托马斯·马洛礼爵士：（1405—1471），英国作家，《亚瑟王之死》的作者或编者。

社会地位的人士不遵守荣誉法则,那么,他们就都无法享受这种荣誉。在18世纪和19世纪初期的英格兰,绅士之间应当表示的尊重态度,是一种社会地位相同的人士之间的尊重,它并不基于赞美性尊重,而是基于承认性尊重。如果你对一位绅士表示尊重的态度,意味着你应当对所有绅士都表示出尊重的态度。假如你处于特定的社会地位,你就有资格获得绅士应当获得的尊重。你作为一名绅士而得到的荣誉,都是平等的,也就是说,不管你是一位像威灵顿公爵那样功勋卓著的大军事家,还是一位寻常的乡村绅士,都有权利获得其他绅士给予的同等尊重。

重要的是要理解这样的理念:荣誉是获得尊重的必要资格,丧失这一资格,便会感到耻辱,一个拥有荣誉感的人,最为关注的问题并非获得他人的尊重,而是是否值得被尊重。一些仅仅希望获得他人尊重的人,并不在乎自己的行为是否符合荣誉法则,只是希望被人认为符合荣誉法则。他会尽力经营自己的名声,而不是努力维护自己的荣誉。而一个拥有荣誉的人,他既要理解荣誉法则,又要遵守荣誉法则。这是人类学家弗兰克·亨德森·斯图尔特(Frank Henderson Stewart)对"荣誉感"所作的定义。[10]对具有荣誉感的人而言,荣誉本身便具价值,他们不会在意荣誉带来的奖赏。如果没有达到荣誉法则的标准,他们会感到耻辱;不论是否有人知道,他们都会产生耻辱的感觉(笛卡尔就是这样)。

耻辱与某人自身的不名誉行为相对应。(由于名誉与耻辱的这种关联,在指责做出极端不名誉行为的人之时,我们会说,他们是一些不知羞耻的家伙)。如果有人违背荣誉法则,他人对此的相应反应是,首先停止对此人表示尊重,其次主动以蔑视态度对待此人。一些人做出令人耻辱的事情,我们对他们采取蔑视的态度。在这本书里,我将有机会利用一个略显老派的动词"蔑视"(Contemn),它的意思是"以蔑视的态度去看待和对待他人",正如"荣誉"一词的意思是"以尊重的态度去看待和对待他人"。

拥有荣誉(或者做出符合荣誉法则的事情)的时候,我们将有什么感受,这是一个更加复杂的问题。骄傲是耻辱的对立面,也许我们会认为,骄傲是人们的行为符合荣誉法则时应有的感觉。但是,最容易让人感到骄傲的原因,是完成了常人难以完成的工作。一个拥有荣誉的人,会经常考虑这样的问题,即他做的任何事情,都是应该做的事情。一位真正拥有荣誉感的人,习惯于按照荣誉法则处世为人,就像习惯于呼吸那般自然。荣誉包含着自觉遵守荣誉法则的意思。

解释骄傲的难点在于,谦虚或许也是荣誉法则的构成部分。在本书第二章里,我将讨论另外一个原因,即至少在基督教世界里,骄傲与荣誉的关联要比骄傲与耻辱的关联更为复杂;换句话说,在道德上敌视骄傲的传统(如果不同意这种说法,也可以换一种说法,即在道德上敌视虚荣心的传统),可以追溯到斯多葛派盛行的年代。[11]亨利五世收到阿金库尔战役大捷的战报时,清晰地描述过这个问题,"谁要是把胜仗夸耀,或者是剥夺了那原只应该属于上帝的荣耀,就要受死刑的处分。"(第四幕第八场)。

不过,在其他社会里,比如十分遥远的古希腊社会,或者说,非洲的阿善提地区(Asante),那是我成长的地方,那里的公众历来认为,骄傲和自信是荣誉的自然衍生物。[12]在我父亲的语言里,有一种说法,"一个人的荣誉就像鸡蛋,如果不好好捧着,就会摔到地上,摔个四分五裂。"好好保护自己的名声,从某种意义上说，就是提醒他人，你知道自己的价值所在。在《伊利亚特》里，阿基里斯毫无感情地说出以下这段话，他完全没有伤害自己的荣誉：

> 那么请看一看，你看到我是多么英俊多有权势？
> 一位伟人的儿子，给予我生命的母亲
> 一位永生的女神。[13]

不过，在威灵顿公爵的世界里，如果有人如此夸口，会被视为不符合绅士的行为准则。你应当用行动体现价值，不能凭借自我吹嘘。对他而言，对自己享有的荣誉的恰当反应不是骄傲，而是自我尊重。

我说过，一个拥有荣誉的人只关注荣誉本身，不会关注荣誉带来的社会奖赏。确实，如果有人关注我，尤其是，如果一些重要人物关注我，诸如耻辱（还有骄傲）的情绪会得到强化。但是，荣誉要求人们遵守荣誉法则本身，而非仅仅关注荣誉带来的名望和奖赏。一个只是希望获得名声的人，实际上是用一种不名誉的方式在走捷径。

诚实是荣誉的核心，以上论述陈述了其中的原因。（在拉丁语里，"honestus"这个词既表示"诚实"，也表示"拥有荣誉。"）指责对方撒谎是导致决斗的主要原因之一。良好名声可以带来丰厚的奖赏，因此，希望不劳而获地得到奖赏，这方面的诱惑也非常强烈。失去尊重（具体表现为蔑视乃至排斥）的损失将十分惨重，原因或许就在于此。

温奇尔西对威灵顿公爵提出指控，认为他不诚实，因为他向公众掩盖了一个事实，即他认为威灵顿公爵表面上为新教运动募集经费，暗地里在支持天主教教徒。这在很大程度上说明了温奇尔西的指控动机，即指责公爵具有不诚实的行为。事实上，如果公爵真的做了被指控的那些事情，就意味着蒙受了耻辱。一旦有关不诚实行为的指控成立，那么，按照荣誉法则的要求，被指控者就必须为自己正名，也就是说，他必须证明这些指控内容都不真实。在这方面，首先要做的事情是，要求并且最终接受对方的公开道歉。如果这样的要求遭到拒绝，按照共同遵守的荣誉法则，被指控者就应当向指控者发出决斗挑战；这就意味着，被指控者宁愿牺牲自己的生命，也不愿意蒙受不名誉的耻辱（当然，还有其他方式可以证明自己的清白）。

决斗习俗呈现一个比较微妙的问题：在接受他人尊重的同时，需要证明自己确实值得他人尊重。引发决斗的原因基本出于同理：一方对另一方表示不尊重。问题在于，如果你是值得尊重的，那么，因为有人对你表示不尊重，你就要去决斗吗？难道只有证明不尊重是合理的，才不应该去决斗吗？在我们讨论的事例里，温奇尔西的不尊重态度显然是不合理的。在威灵顿公爵的世界里，答案是这样的：绅士的荣誉法则规定，为了值得他人尊重，必须勇于面对这样的不尊重。一个拥有良好声誉的人必须随时捍卫自己的荣誉，甚至在必要时以生命为代价保护理应获得的那份尊重。威灵顿和温奇尔西两人都认为，他们的决斗就是为了捍卫各自的荣誉。

荣誉域

受到尊重当然是受到某些人的尊重。因为荣誉与受到尊重之间存在着概念的关联,所以,我们永远都可以这样提问:我们会失去什么人的尊重?通常,这不是一种泛泛的尊重,而是特定社会群体的尊重,我把这样的群体称为"荣誉域"。这样的群体承认共同的社会规则。莎士比亚笔下的亨利五世,就像历史上的原型那样,不太在意农夫的看法:他希望农夫们温顺听话,农夫也崇拜这位国王。他确实希望农夫尊重他,希望农夫以尊重的方式对待他。从另一方面看,他不担心陌生人对他的不尊重,比如遥远的萨尔森人(Saracens)①。原因只有一个:陌生人未曾认同这位国王的荣誉法则。

认为一个人拥有荣誉,等于是说,按照其荣誉域的法则,这个人有资格获得尊重。但是,如果自己并不接受某种荣誉法则,却认为他人遵循这一法则而拥有荣誉,这样的说法是有偏差的。更准确的说法是,他或者她按照特定荣誉域的法则而获得荣誉。不过,如果你和我共同认可特定的法则,就不必采取这种相对的方式。如果在一个共同认可的荣誉域里,"我们给予他以荣誉"这一说法与"他拥有荣誉"这一说法,具有相同的实际效用。

在讨论威灵顿公爵的荣誉域及其法则方面,我们应当记住这样的事实:在威灵顿公爵之前担任英国首相的十位政治人物中,有三位都进行过决斗,他们是谢尔本(Shelburne)爵士、小威廉·皮特(William Pitt, the Younger)和卡宁(Canning)。查尔斯·福克斯(Charles Fox)和巴斯(Bath)伯爵曾经也参与过决斗。查尔斯·福克斯和巴斯伯爵当时都有机会成为英国

---

① 古罗马人的常用词语,指生活在古罗马阿拉伯省内及周边地沙漠地区里的民族。

的首相。接替威灵顿公爵担任英国首相的皮尔（Peel）也曾表示，他愿意接受他人的决斗挑战。[14]在这些最不光彩的决斗事件中，最值得一提的是卡宁与卡斯尔雷之间的决斗。卡宁在1809年的某一天走到野外，与卡斯尔雷子爵展开对决。决斗双方都是内阁的成员。决斗事件发生之后，两人都从内阁辞职。不过，他们的政治生涯远未结束：从1809年开始，卡斯尔雷担任外交大臣一职长达十年之久，领导英国联军击败拿破仑的军队；卡宁随后接替卡斯尔雷的外交大臣职务，在1827年还担任过几个月的英国首相。

参加威灵顿公爵与温奇尔西决斗过程的人，后来都没有遭受处罚。温奇尔西和法尔茅斯似乎一直没有成为伟大的政治人物，我们掌握的这两个人的所有信息是，他们后来没有受到起诉。威灵顿依旧担任英国首相的职务，哈丁以后担任过印度总督，1852年回到英国，接替威灵顿公爵担任英国军队总司令一职；几年后爆发克里米亚战争，哈丁作为总司令发挥了重要作用。

当时，美国作为一个新建的共和国，决斗习俗对其政治精英们同样具有吸引力。美国文化沿袭了英国文化的传统。二十几年前，也就是1804年7月，美国早期两位最著名的政治家，亚历山大·汉密尔顿（Alexander Hamilton）①和阿伦·伯尔（Aaron Burr）②，他们在位于新泽西州的韦豪肯高地（Heights of Weehauken）聚首，展开一次致命决斗。这次决斗所以致命，是

---

① 亚历山大·汉密尔顿：（1757—1804），美国的开国元勋之一，宪法的起草人之一，财经专家，是美国的第一任财政部长；因决斗丧生。
② 阿伦·伯尔：（1756—1836），美国早期重要的政治家。1801年至1805年担任美国第三任副总统。

针对汉密尔顿而言的。汉密尔顿是《联邦党人文集》(1788年)的起草人之一，这部文献进一步明确了美国宪法的意义，同时，他也是美国前财政部长。伯尔是在任的美国副总统。汉密尔顿的过早身亡（那年他还不到50岁）是当年最著名的丑闻之一。不过，尽管伯尔在新泽西和纽约均被指控犯有谋杀罪，但实际上他从未受过审判，直至副总统职务的任期届满。当时，很多人完全无法理解伯尔的决斗行为。

伯尔的决斗行为，不论在美国新泽西州还是在英国，都是一种犯罪行为，但是他却可以免于法律责任，对于这一点，英国人不会感到奇怪。在发生威灵顿公爵与温奇尔西于巴特西·菲尔兹展开决斗的上个世纪里，一位遵守名誉规则的绅士在决斗中杀死对手，如果因此而遭起诉，这种事情公众根本就没听说过。[15]如果决斗一方被杀死，当时标准的做法是，另一方会逃亡国外，观察是否有人起诉。如果无人起诉，他会悄悄回国，继续从事原来的职业。如果受到起诉，他就必须做出适当的行动，必须向陪审团提交相关的事实证据，法官可能同情他，陪审团通常也会做出无罪判决，尽管当事人或许并非无罪。假如他真的被判有罪，并且被判死刑（当然这种情况极少发生），那么，法庭里神通广大的人很可能设法让他获得宽恕。决斗实际上是一种摆脱谋杀罪名的杀人方式。

这并非因为执政当局对死刑过于敏感。在18世纪一个寻常年份里，英格兰和威尔士处死了一百多名犯人；在18世纪中叶，仅仅在伦敦泰伯恩刑场（Tyburn）就处死了三十多个犯人。对绅士处以死刑，甚至对上议院议员处以死刑，都绝非仅仅是一种法律上的可能性。1760年，上议院的一位议员费勒斯（Ferrers）伯爵就因为犯有谋杀罪而在泰伯恩刑场被处以绞刑。

决斗者免于法律责任的原因在于，官方法律与英国贵族精英的社会观念是相互对立的。

的确，从威灵顿公爵的青年时代开始，决斗事件的发生频率不断提高，部分原因是，19世纪初期是战争状态延伸的一个历史时期。1793年法国国王路易十六被处死刑至滑铁卢战役的这段时期，将近50万英国人参加了英法战争。[16]英国军官们刚从欧洲战场回来，他们受到军队荣誉文化的深刻影响。

规则变迁

威灵顿决斗事件反映了源于16世纪初期意大利的一个传统。这一传统随后在一些文献中以文字形式被固定了下来。这些文献包括 *Irish Duello*，这部文献也被称作《决斗规则》，它"1777年在克朗梅尔夏季巡回法庭（Clonmel Summer Assizes）得到确认，来自蒂泊雷里（Tipperary）、戈尔韦（Galway）、梅奥（Mayo）、斯莱戈（Sligo）和罗斯康芒（Roscommon）的绅士代表表示认可，并且明确了该规则适用于整个爱尔兰地区"，这一规则被称为"26条戒律"。[17]威灵顿发出的决斗挑战书，由助手亨利·哈丁爵士转交给对方；哈丁是一位在葡萄牙和西班牙有过战争经历的老兵，这两场战争也让威灵顿公爵成为英国的国家英雄。这份挑战书只是提出一个要求，即希望对方给予一个满意的解释，便于公众理解整个事件。哈丁爵士提供一辆马车，把威灵顿公爵的医生约翰·罗伯特·休姆（John Robert Hume）接到决斗现场，但是没有告诉他将代表哪一方。（这是一种传统做法，因为决斗是非法行为，如果告诉真相，当决斗出现最坏的结果，他可能会作为同谋犯而受到指控。）这位医生到达现场之后，感到极度的震惊，他后来告诉威灵顿公爵夫人，在现场他发现自己的病人正在准备射杀别人和或者被别人射杀。威灵顿公爵一边大笑着一边对休姆说道："嗯，我敢说，你绝对不会想到，是我让你来到决斗现场的。"医生的回答是，"确实，我的爵爷，我也绝对没有想到，您会出现在决斗现场。"[18]

当时，哈丁对着决斗双方喊到，"先生们，都准备好了吗？开火！"对于之后发生的事情，人们有着很多不同的解释。我们看到的是，威灵顿首先开火，根据一些文献的记载，他射击的时候故意不对准目标，但是，现在我们也很难断定，他是否故意不瞄准对方，因为当时的决斗用的手枪性能并不太可靠，而且，虽然他是一位战功卓著的将军，但是，他的射击技术并不纯熟。

那一时期的英国淑女的通信，用皇家文体描述了贵族们在狩猎过程中的种种趣闻，笔触间充满同情色彩。1823年1月16日，帕默斯顿夫人在密德尔顿地区写道（那里也是泽西伯爵和伯爵夫人的故乡）："公爵在沃尔斯特德地区很不走运，他胡乱地对着格兰维尔爵士的脸上连开九枪，不幸的是，他的枪法实在太糟糕，这让他感到很痛苦……"[19]（你或许认为，不走运的其实是格兰维尔爵士）弗朗西斯，也就是谢利贵妇记述到，有一天，威灵顿开枪打伤了一条狗，并且击中护林员的长统雨靴，最终又击中了一位老妇人，当时她很不明智地站在打开的窗户面前洗着东西。这位老妇人尖叫起来，"我受伤了，我的夫人"。谢利贵妇的回答是——"可怜的女人，这是你一生最骄傲的时刻。你居然有幸被伟大的威灵顿公爵击中了！"[20]

不过，对于威灵顿公爵开枪之后的事情，人们没有太多争议。正如我们看到的，温奇尔西把手枪指向对方脑袋的上方，射出了一发子弹。没人认为这发子弹是瞄着首相而射的。这种做法也就是所谓的"放空枪"（deloping），它表明，温奇尔西并不打算继续决斗。

"放空枪"是一种引起很大争议的做法。"爱尔兰决斗规则"第13条陈述得非常清晰，"不许放空枪，也不许朝着天空放枪，在任何情况下都不允许这样做。"它还以同样清晰的方式解释了原因。"挑战者只有在受到攻击后方可发出挑战；被挑战者如果的确攻击过对方，应该在决斗之前作出道歉。因此，无论决斗哪一方，把决斗视为儿戏都是不名誉的行为，都应当被禁止。"[21]不过，爱尔兰绅士对此过于武断。"放空枪"的意思十分明确。一位绅士出现在决斗现场，表明他愿意用生命维护荣誉，足以证明他符合荣誉之士的标准。甘愿冒着生命危险，表现出你对荣誉的珍视，但是，用杀戮方式捍卫你的荣誉，只能表明你是一个优秀射手，或者说，最多算一个幸运射手。一个让自己踏进危险境地，又不采取保护措施的人，可以更为突出地显示自己的勇气。

实际上，在决斗前一天晚上，温奇尔西写信给助手法尔茅斯爵士，他在信里说，他将采取放空枪的方式。确实，法尔茅斯爵士是在温奇尔西作出这一承诺的前提下，才答应担当助手的，因为他本人也认为（绝大多数也是这么认为的），温奇尔西应当向公爵作出道歉。温奇尔西在信里写道："第一声枪响过后，我会作出后悔的表情，我很乐意这样做。"尽管他以同样的口气承诺，他不应该公开这封信件，但是，他坚持认为，他不能按照亨利·哈丁爵士提议的方式道歉，因为这样会让他名誉受损，让他变成一个没有价值的人。[22]

"名誉受损"的意思是什么？哈丁爵士可以为我们提供一些线索。有一次，哈丁爵士代表威灵顿公爵给温奇尔西写信，这一举动显然表明，他是公爵未来的决斗助手。一旦温奇尔西作出道歉，人们可能以为，他只是为了避免决斗而道歉。决斗事件后，法尔茅斯爵士给了休姆医生一个不同的解释。他谈到，温奇尔西认为，"作为一个拥有荣誉的绅士，要为自己的冒犯行为道歉，如果不首先挨上公爵一枪，道歉就是不充分的、与绅士荣誉不相称的。"[23]基于这一认识，温奇尔西认为，即便自己错了，道歉本身也是一种不名誉行为；逼迫公爵参加决斗，让自己挨上公爵一枪，然后自己对公爵放一空枪，最终再道歉，反而符合荣誉法则。简单地说，就是既然指控公爵被证明是错误的，他就应该给公爵一次机会，让他有机会对自己打上一枪。

与他同时代的一些人认为，如果他真是这么想的，那么，这种想法多少有些不妥。拜伦爵士的朋友，也是一位激进的国会议员，约翰·卡姆·霍布豪斯（John Cam Hobhouse）在回忆录里写道："我认为，如果一个人在挨上第二枪之前就想结束决斗，这不是一种考虑周全的做法；决斗发生的第二天，我和斯皮克先生在书房里谈论过这件事情，他的看法是，温奇尔西爵士没有权利对着天空放空枪，应当接受公爵的第二次射击……实际的结果是，决斗事件没有给任何一方带来好名声。"[24]这次决斗事件的有趣之处在于，甚至温奇尔西和法尔茅斯对于他们所做的事情，都没有一个统一的说法，另外，他们那一社会阶层的其他人士，对这一事件也意见不一。荣誉法则没有如预想地那样发挥效用。

传统的异议

英国社会对决斗习俗的看法显然是矛盾的,因此,有必要探讨这样的问题,即法律及基督教道义反对决斗习俗的原因究竟是什么。近代欧洲决斗习俗的来源之一,是所谓的"司法决斗"(judicial combat),就是说,军队中的军官阶层、乡绅以上阶层的贵族可以以武力方式解决法律纠纷,前提是交战双方必须拥有土地,土地通常由足够等级的封建君王"封授",比如,可以是勃艮第公爵,也可以是一位帝王。

在更早的时候,教皇们已经表明,他们反对司法决斗的做法,在9世纪中期,教皇尼古拉一世给秃头查理国王(Charles the Bald)① 写过一封信,信里谴责了决斗习俗;[25]1563年也就是宗教改革的末期,在罗马天主教天特会议(Catholic Council of Trent)② 的最后一次会议上,人们激烈抨击了"决斗这一令人憎恶的习俗;魔鬼使用妖法导入这一习俗,让身体在血腥中失去生命,让灵魂成为一片废墟……"[26]决斗习俗的潜在含义是,

---

① 秃头查理国王:(823—877),即查理国王二世。加洛林王朝的西法兰克国王(843—877年在位),法兰克帝国皇帝(875年起称查理二世)。

② 罗马天主教天特会议:天特会议指1545—1563年期间,罗马教廷于北意大利的天特城召开的大公会议。这次会议是罗马教廷的内部觉醒运动之一,也是天主教反改教运动中的重要工具,用以抗衡马丁·路德的宗教改革所带来的冲击。

上帝将胜利归诸于那些从事正义事业的骑士。

教会最初反对的就是这种司法决斗。教会反对决斗习俗的原因之一，是因为它违背《圣经》的教义。在"路加福音"的第九至十二段里，撒旦把耶稣放在耶路撒冷"神殿的顶端"，并且对他说，如果你是上帝的儿子，就从这里跳下去：

  正如记载下来的那样，因他要为你吩咐他的使者，在你行的一切道路上保护你……
  耶稣对他说，经上说，不可试探主你的神

耶稣引用了《圣经》中申命记第六章第十六节里的一段文字，文字记述了一个事件，古代以色列人威胁说，如果摩西不能让上帝为沙漠途中的他们造出水来，他们就把摩西变成石头，从而达到借助上帝之力的目的。在这里，诱惑上帝的意思即试图借助上帝之力。在司法决斗的过程里，君主及其封授土地的所有贵族，都以相同的方式诱惑上帝。

不过，教会反对决斗习俗最明显的原因，莫过于它违背了摩西十戒中的第六戒律（如果你是一位天主教徒或者路德教派教徒，那就是第五条戒律）：你不能杀戮。为了维护荣誉而进行决斗，你会刻意杀死一个羞辱你的人，或者一个有冒犯行为的人。从基督教的观点来看，不论哪一种情况，都没有充足的理由可以剥夺一个人的生命。

反对司法决斗的原因，同样适用于反对近代社会的决斗习俗。就其理性的本质而言，决斗由 A 对 B 的名誉抨击而导致，不过，在没有上帝介入的情况下，其结果完全不取决于究竟是 A 错还是 B 错。指责对方撒谎而引起决斗，尤其说明问题。莎士比亚在剧本《皆大欢喜》（大约写作于1600年）里，刻画了一个丑角试金石（Touchstone），他嘲笑了决斗规则的繁文缛节。剧中，试金石与"某位朝臣"有过一次争吵。一开始，试金石拿这位朝臣的胡子开玩笑，到了决斗过程的第七步骤，朝臣才开始指责这位丑角撒谎（第五幕第四场）。确实，决斗完全无助于确认真相：愿意发出挑战，对"撒谎的人"表明态度，只能证明你愿意用刀剑支撑你的言语，并不能证明你的言语一定真实。

决斗只是表明，你有勇气或者说能够鲁莽地与人一决雌雄，以此抗拒他人对一位绅士的羞辱。换一句话说，通过决斗可以证明对方是懦夫。但是，不论杀死对手，还是被对手所杀，都无法证明你比对方更加勇敢。谋杀有悖于任何道德规范，被人谋杀，又有悖于自我保护的理性原则：这两种风险都是决斗习俗的副产品。问题在于，决斗的表面目的是为了捍卫名誉，但是，捍卫名誉是否一定要付出如此高昂的代价吗？

很早的时候，有人对决斗习俗产生过质疑。在威灵顿与温奇尔西决斗的两个世纪前，弗兰西斯·培根（Francis Bacon）在《指控决斗习俗》（*Charge Touching Duels*）一文（写作于1614年）里抱怨道："一些积极向上而充满希望的年轻人，也就是所谓的朝阳一代……就这样以毫无意义的方式死去、毁灭，这是多么悲惨的一幕啊，然而，更让人悔恨的是，如此多的贵族与血统高贵的人也都这样愚蠢地消失了……"[27]

一旦决斗习俗从司法决斗范畴里独立出来——当然这需要国王的恩准，随之成为一种私人并且是非法的行为，成为贵族的一种权利，这便构成一个新的问题：它成为一种欺君之罪（lèse majesté）。决斗习俗最强劲的反对者，如弗兰西斯·培根和年轻一些的同时代法国人红衣主教黎塞留（Cardinal Richelieu），他们主张国家权力必须得到扩展，其做法之一，是将贵族阶层及其对名誉的独立诉求归诸于权力不断扩展的君王制。

这位红衣主教曾经担任过法王路易十三的首相。当时，皇室颁布新的法令，重申现行禁止决斗的法令仍然有效；1627年，布特维尔伯爵（the Comte de Bouteville）违抗皇室新的决斗禁令，红衣主教下令处决当事人，一时名声大噪。（在这之前，这位伯爵经历二十余次决斗，他有理由感到震惊，因为政府这次动了真格。）路易十三本人崇尚骑士精神，他只是勉强同意实施搁置许久的决斗禁令，因为黎塞留告诉他，由于决斗的缘故，贵族付出了高昂的生命代价。（在路易十三父亲执政期间，八千余名贵族在决斗中丧生）舍伯里（Cherbury）的赫伯特（Herbert）爵士是英国驻法国朝廷的大使，他在《自传》里写道："那个年代的法国，所有男子都有一个挥之不去的恐惧，他们担心会在决斗中杀死对方"。[28]法国历史学家及传记作家阿梅洛·德·乌塞（Amelot de Houssaye）① 说道："普通人早晨见面的时候，会这样打招呼：'知道昨天谁去决斗了吗？'晚餐之后，普通人打招呼的方式是，'知道今天早上谁去决斗了吗？'"[29]

近代国家与决斗习俗是同时发展起来的。从近代国家的角度来看，正如弗兰西斯·培根准确地表述的那样，决斗习俗是一种"源于傲慢的攻击行为"。决斗习俗：

> 公开冒犯法律，也就是说，似乎有两种法律，一种是官方的法律，另一种是荣誉的法律。就像人们所说的，圣

---

① 阿梅洛·德·乌塞：(1634—1706)，法国历史学家和政论家。

保罗教堂和威斯敏斯特教堂，讲坛和法庭，必须给普通人的法律以及尊贵的议院留出空间……年鉴与法规典籍必须为法国和意大利的某些小册子让出空间……[30]

培根写道："大人物之间的私人之争"[31]成为詹姆士朝廷的普遍现象，这一现象令人沮丧，因此，国王颁布诏令，不仅严令惩处在国内或国外发生的"单挑决斗事件"，并且还要惩处那些安排决斗事宜及传布决斗消息的人，比如充当助手，为决斗提供场地的人。发表《指控决斗习俗》一文时，培根担任大律师已经有一年左右的时间，在此期间，他曾经在星室法院（Court of the Star Chember）做过辩护，部分辩护内容收录于《指控决斗习俗》。

培根挑选这个特殊案例进行辩护，借此体现国王的旨意；他提出两项指控："第一项指控针对威廉·普里斯特（William Priest），因为他撰写并发送一封决斗挑战信，此外，他还持有一根手杖，长度足以用作武器；另一项指控针对理查德·莱特（Richard Wright）骑士，因为他携带和传递上述信件与手杖，把它们交到接受挑战的一方。"这两人都符合决斗的最低条件：他们都是绅士。培根向法官们承认，他"希望有机会面见几位更大的人物，他们才是法官的审判对象"。[32]当然，因为案件紧急，最终草草结案。另外，"有的时候，政府对决斗案件往往不了了之，较低级别之人所犯的案例，最多只能让位高权重的大人物略有警觉而已，小狗往往要替大狮子顶罪挨打。"17世纪初期，决斗习俗是一种双方平等的了断方式，培根在反对决斗习俗的过程中，第一次提出绅士阶层也有级别之分。

启蒙辩论

对今天的人们而言,支持决斗习俗最有力的论据或许是,决斗是参与者自由选择的结果。据我所知,第一位提出这个观点的人,是英国的散文家与批评家威廉·哈兹里特(William Hazlitt)①;他大约是在威灵顿公爵决斗事件发生的一两年之前提出这个观点的。他认为,决斗习俗合乎法律,因为按照近代的社会观念,决斗是具有某种共识的成年人之间的行为。[33]不过,在19世纪初期,因为决斗可能对自愿参与者造成伤害,就要取消惩处决斗行为的法令,这种观念或许是过于激进了。

在理性框架内对决斗习俗最好的辩护理论,与实用主义有关惩罚理论是并行发展起来的。伟大的实用主义哲学家,也是一位改革者杰里米·边沁(Jeremy Bentham)② 在1823年写道:"所有的惩罚,就其本身而言都是邪恶的。"[34]表面上看来,在我们惩罚他人的时候,我们是在他人已有的邪恶之上增加新的邪恶。但是,正如边沁随后所论证的,一个拥有惩罚机制的世界,如果加以适当的宣传与管理,将是一个没有邪恶的世界;如果没有惩罚机制,就无法拥有这样的世界。假如惩罚导致的邪恶抵不上惩罚能够制止的邪恶,出于理性的考虑,我们就有理由

---

① 威廉·哈兹里特:(1778—1830),英国文学批评家、散文作家。
② 杰里米·边沁:(1748—1832),英国的法理学家、功利主义哲学家、经济学家和社会改革者。

支持对邪恶的惩处。

现在,我们来探讨决斗问题。如果在一个社会里,人们相互尊重,谎言不曾玷污名誉,用一句术语来说,就是绅士们关注自己的举止,那么,人们肯定不愿采用决斗的方式。决斗习俗以强制的方式激励绅士关注自己的举止,但是,决斗与惩罚存在一个重要的差异。可以认为惩罚是一种缓冲机制,是公共机构为了社会利益而实施的行为。决斗则不同。决斗是一种私人行为,参加决斗的人肯定相信,决斗有助于自己获得某种利益;如果决斗为了鼓励第三方拥有荣誉,那么,大多数人都不会为了拥有荣誉而付出生命的代价。我为什么介入道德之争,只是为了让别人更加文明?因此,荣誉感可以解释男人参与决斗的多种个人原因。从决斗习俗的内部原因看,发起和回应挑战的理由都很明显:如果不发起挑战或者回应挑战,就会丧失获得同伴尊重的资格。另外,从荣誉域的外部来看,决斗可以阻止无礼行为,也证明了决斗习俗的合理性。

在18世纪,类似观点俯拾即是,不过,提出这种观点的人,通常认为决斗要么不道德,要么不理性,或者既不道德也不理性。苏格兰历史学家、爱丁堡大学校长威廉·罗伯逊(William Robertson)神学博士在其《查理五世执政史》(*History of the Reign of the Emperor Charles V*)一书中写到,决斗习俗是"用任何理性原则都无法解释的现象",不过,他还论述道:

> 必须承认的是,对于这个荒谬习俗的形成,我们应当在一定程度上归诸近代行为规范的极度优雅与繁复礼节,及男子之间的相互敬重。现在,这样的行为规范使社会交往变得更加和谐典雅,远远胜于古代文明程度最高的

国家。³⁵

启蒙主义的一些老生常谈，比如决斗习俗违背基督教教义，也是一种非理性行为等等，确实改进了人们的行为方式，但是，这些论点显然激怒了苏格兰启蒙主义的权威哲学家大卫·休谟（David Hume）①。1742 年，休谟把对决斗习俗的讨论结果增添到论文《论艺术与科学的兴起与发展》里。在这篇文章里，休谟反驳了一种论点，即决斗习俗有助于"重新界定行为规范"。

休谟在反驳决斗习俗的文章里讲道："即便是最粗野的村野之夫的交谈，通常都不会粗鲁到需要凭借决斗才能解决问题的程度。"为了区别拥有荣誉之人和具有美德之人，他承认存在有别于道德的正式荣誉体系，他不赞同这样的观点，荣誉法则允许人们"肆意放纵"和"骄奢淫逸"，从而在一个原本应当拒绝他们的社会里获取拥有荣誉的地位。³⁶

同一年里，弗朗西斯·哈奇森（Francis Hutcheson），传统上人们公认他是苏格兰启蒙运动之父，在其编写的教科书《道德哲学简要入门》（*Philosophiae Moralis Institutio Compendiaria*，1745 年被译为英语，书名是 *A Short Introduction to Moral Philosophy*）里，他谴责了决斗行为。与说谎和诽谤相比，决斗是一种格外残酷的对应方式，"对应无礼的话语，死亡是一种过于严酷的惩处方式"。在任何情况下，"决斗中的幸运成分，既盲目又多变。"³⁷

---

① 大卫·休谟（1711—1776）：苏格兰哲学家，著有《人性论》（1739—1740）、《人类理解研究》（1748）、《道德原则研究》（1752）和《宗教的自然史》（1757）等。

确实，18世纪用于决斗的手枪，性能极不稳定。在常规的12至15码距离内双方互射，其结果在很大程度上取决于运气。约瑟夫·汉密尔顿（Joseph Hamilton）撰写了一部《决斗手册》(*Duelling Handbook*)，在威灵顿公爵决斗事件之后不久出版。他在书里引用"一位著名作家"的话，这位作家用入木三分的笔触表述了以下尖刻的观点：

> 如果抓住谋杀我妻子的人，我会把他带入法庭以求正义；假定法官判决罪犯与我一起掷骰子，以确定谁该处以绞刑，我们会怎么看这位法官？[38]

亚当·斯密（Adam Smith）在《法理学讲演集》里做出论证，决斗习俗的长期存在，证明名誉受到侵犯之际，法律没有提供足够的保护，迫使受害者发出决斗挑战。也就是说，他认为决斗习俗的存在证明了法律的缺失。"伤害他人名誉，就是故意让他人出丑，让他显得滑稽可笑，因此，最恰当的回击方式，就是以牙还牙，让伤害他人的人出丑，也让他显得滑稽可笑，具体的方法是，可以给他戴上枷锁亮相、囚禁或者罚款、强制性将其置于羞辱的环境之中。"[39]斯密在这里赞同哈奇森表述过的观点，即政府有责任作出努力，确保法律为受害者提供足够的补救措施，绅士阶层希望得到满足的，正是这种诉求。在哈奇森看来，如果一个"民选的政府"未能做到这一点，那么，决斗"之罪的很大部分"应该归之于政府。与休谟一样，斯密也没有花费很大精力论证决斗本身的邪恶性质。我本人的看法是，有关决斗本身是否邪恶的问题，是入门性哲学教科书应当解释的问题。

18世纪的哲学分析家威廉·戈德温（William Godwin）在《政治正义论》（1793年出版）的附录里谈到决斗问题。他没有论述决斗行为是否理性或错误（他当然认为决斗是一种非理性及错误的行为），他关注的主要是：拒绝决斗挑战要比接受决斗挑战具备更大的勇气。他问道："虽然理性不让我们去做，但是我们还要去做，因为我们无法承受遵循理性而导致的结果，或者，去做一件我们认为正确的事情，愿意承受所有的结果，使之成为一种美德之举；哪种行为才是对勇气的真正考验？"[40]实际上，他从荣誉的角度论证了决斗习俗的不合理性。约翰逊（Johnson）博士很难说是启蒙运动的热情支持者，即便是这样的人物，也承认詹姆斯·博斯韦尔（James Boswell）①的观点。有一次，他们在赫布里底群岛讨论决斗习俗的问题，约翰逊博士认为，他"无法解释决斗习俗的理性因素"[41]。伏尔泰在《哲学词典》里谈到，决斗习俗"无论从理性的角度、宗教的角度、任何法律的角度来看，都应当受到禁止"，他的观点实际上代表了知识界对决斗习俗的共识。[42]

问题在于，如果不能确认，绅士在多大程度上受到荣誉的驱动，我们就会错误地理解这一共识。休谟在《英格兰史》一书里写到，决斗习俗"在两个多世纪里让基督教世界流失了太多的高贵血液"，但是他发现，其实自己也承认这个"荒谬"的公理，即决斗行为是一种"大度"（也就是高贵）的行为；他指出，"尽管法律很严峻，理性很权威，但是，习俗具有压倒一切的力量，是无法完全探究明白的"。[43]斯密认为，决斗是对故意

---

① 詹姆斯·博斯韦尔：（1740—1795），苏格兰律师、作家，以写作《塞缪尔·约翰逊传》而闻名。

羞辱行为的回应。哈奇森并不否认，参与决斗可以获得重要的奖赏，他只是强调说，决斗不是获得重要奖赏的理性方式。

没有证据可以证明，上述观点在绅士阶层引起过较大反响。詹姆斯·博斯韦尔不仅是约翰逊的传记作家，也是苏格兰一位相当等级的绅士（他是奥金莱克［Auchinleck］的第九代庄园主）。他曾经考虑过是否接受很多次决斗挑战，尽管之前他让约翰逊相信，决斗挑战是非理性的行为；他的儿子，亚历山大·博斯韦尔（Alexander Boswell）①，是苏格兰决斗习俗的最后一批牺牲品之一，他在法夫郡（Fife）奥克特图尔地区（Auchtertool）的一次决斗中身亡，时间是1822年3月。

作为父亲的博斯韦尔，和很多人一样，清晰地察觉基督教义务与荣誉法则之间的冲突。他在《约翰逊传》一书里写下很多有趣的脚注，下面是其中的一段：

> 必须承认的是，由于荣誉观念的流行，如果一位绅士接受挑战，就只能作出一个生死攸关的选择。值得一提的例子是，卫队已故托马斯上校在1783年9月3日，也就是决斗前一天晚上写下的文字："首先，我把灵魂托付给万能的上帝，我违背了宗教教义（却符合这个邪恶世界里荒谬习俗的要求），不得不取他人性命，为此，我祈求他的赐福和原谅。"[44]

如此严谨的理性和道德陈述，如果还不能弱化决斗习俗，还有什么方式能够做到呢？威灵顿和温奇尔西决斗事件导致的

---

① 亚历山大·博斯韦尔：(1706—1782)，苏格兰法官。

结果，给予我们很多的启示。

后　果

温奇尔西决斗时把手枪对向天空，合乎他古怪的行事规矩。他在决斗前起草的悔罪信，已经由助手提交给威灵顿公爵。威灵顿公爵的回应是——"没用。这根本就不是道歉。"哈丁坚持认为，除非温奇尔西对悔罪信作出修改，明确表示道歉之意，否则决斗就应照常进行。在这个问题上，休姆医生颇具创意地提出一个看法，即在恰当地方加上"道歉"这个词。温奇尔西与法尔茅斯对此作出回应。休姆医生看到修改后的悔罪信。在这封经过修改的悔罪信里，温奇尔西作出承诺：在《旗帜晚报》上刊登一段道歉文字，其位置就是当初刊登指控威灵顿公爵的文字那个版面。大家知道，就是这次指控导致温奇尔西与威灵顿公爵的决斗事件。

这些事件自然成为伦敦热议的话题。很多人承认，他们非常震惊的是，首相居然都参加决斗。《泰晤士报》指责这次决斗完全没有必要。《先驱晨报》（*Morning Herald*）发表简洁的评论："难怪很多人都在做违法的事情，因为法律制定者，那些大人物、有权势的人以及社会贤达，都公开相互敌视。"[45] 不过，很多人对威灵顿公爵这种大人物参加决斗的行为感到奇怪，并不完全因为这是一种非法行为，更主要的原因是，这一事件让威灵顿公爵显得十分滑稽。一位匿名的漫画家创作了一部卡通作品，里面有五个人物，温奇尔西在一份天主教请愿书上跳舞，公爵则甩掉大衣的下摆。在公爵的形象下面还有一行诗歌：

  公－公爵被领到支着帐篷的野外
  面对了无斗志的对手不屑动手
  遭受贵族的诽谤之时
  他会屈服于这种屈辱吗？不，绝不会。

  温奇尔西的下面有一行字，"基督教的基本教义已经崩溃。"[46]画面的背景里，法尔茅斯递给哈丁一份文件，上面只写了一个单词："道歉"。确实，这幅漫画的整体效果富于喜剧色彩。
  报章的评论和类似的漫画，在改变公众看待决斗习俗的态度方面，具有重要作用。随着大众媒体的崛起，以及工薪阶层文化程度的提高，公众发现一个越来越明显的事实：绅士生活于法律管辖之外；伴随公众民主意识的增强，他们愈加无法接受这样的事实。决斗是贵族特有的行为方式，只有有资格决斗的人，才能了解决斗是怎样一件事情，普通百姓对荣誉域的情形一无所知。现代媒体让所有英国公民都进入了一个单一世界，在这个世界里，所有的人都可以了解决斗习俗的细节并作出判断。[47]
  威灵顿公爵尽管受到温和的嘲讽，但是，决斗事件发生后，他显然处于更有利的位置。温奇尔西在这件事情上完全做错，却拒绝道歉，对此，哈丁表示了十分轻蔑的态度。威灵顿公爵一方掌握着主动权，他们提出抗议，实质就是要求对方道歉。在决斗前后与法尔茅斯的多次交流过程里，哈丁每一次都在强调，在他看来，迫使威灵顿公爵与对手交火的做法非常不妥。法尔茅斯爵士竭尽全力地向哈丁、威灵顿公爵甚至休姆医生解

国王学院（King's Colledge，原文如此）的幽默：一篇实用论文。作者：阿诺恩（Anon）。（或许是托马斯·豪厄尔·琼斯［Thomas Howell Jones］）S. W. Fores 出版社出版，皮卡迪利广场 41 号，1829年。英国卡通档案，肯特大学，网址：www.cartoons.ac.uk。（认定作者为琼斯的依据是：伦敦国王学院网址：http://www.kcl.ac.uk/depsta/iss/archives/wellington/duel17.htm）

释，自己愿意充当温奇尔西助手的理由。这一现象表明，法尔茅斯爵士已经意识到，他们认为自己完全没有必要充当这样的角色。

哈丁在决斗之前发表的演说，可以说是一次精彩的嘲讽演说。他不断地告诉温奇尔西和法尔茅斯，双方的争执导致目前的极端结果，责任完全在于他们。他告诉这两位先生，他们应当承担起这份责任。哈丁最后说道："我在决斗过程里对你们感到极度厌恶，如果说，现在我还没有对你们的绅士身份表示厌恶态度，那只是因为我希望模仿威灵顿公爵温文尔雅的风格。"（当然，明确告诉对方，自己忍住不说对方行为令人厌恶，是表达厌恶之情的委婉方式。根据休姆医生的记录，温奇尔西当时嘟囔了一句，回应了这些"相当尖刻的语言"。）法尔茅斯再次解释温奇尔西坚持决斗的原因，哈丁用更加轻蔑的语言了打断他的话："我的法尔茅斯爵士，我确实不会妒忌您的感受。"我们几乎可以感受到哈丁在努力克制自己的轻蔑表情。

按照休姆医生的记录，法尔茅斯开始恼羞成怒，哈丁却十分淡定，两者形成鲜明的反差。休姆医生非常肯定地说，到了决斗的最后阶段，法尔茅斯的眼眶里充满泪水。哈丁的态度非常明确：作为一个拥有荣誉的男人，威灵顿公爵别无选择，只能发出决斗挑战，但是，把这一难堪局面强加于他，是一种带有蔑视性的做法。

温奇尔西拒绝用道歉的方式来取消决斗，这一态度引起很多人的愤怒。查尔斯·格雷维尔（Charles Greville）对此作出精炼的归纳（至少对上流社会的反应作出归纳）："没有任何事情比这更令人震惊了。当然，每个人都有不同的看法，不过，所有的人都在责难温奇尔西，其中的区别在于，一些人认为公爵应该决斗，另一些人认为公爵不应该决斗。"也许格雷维尔最突出的贡献，就是把温奇尔西描述为一个"疯子"。[48]

事情还是有了变化。一代人之前，人们肯定会认为，公爵在做他必须要做的事情；时隔一代人之后，当时有一篇文章，其中的一个段落揭示了荣誉文化与新世界的紧张对峙关系；对于威灵顿公爵发出决斗挑战一事，查尔斯·格雷维尔曾经作过坦率的评价，不过，就其清晰程度而言，他的评价远不及那篇文章。应当指出，查尔斯·格雷维尔的评价文字，在他去世之后才有机会出版。

> 我认为公爵不应该发出决斗挑战：这是一种很不成熟的做法，他拥有很高的社会地位，他的生命属于公众，他理应蔑视温奇尔西本人及其诽谤文字，因为温奇尔西及其文字不懂得如何尊重他人；公爵的判断存在着重大的失误，不过，这个失误是可以原谅的。我们必须赞美他的高贵品质，他不屑于将高贵品质置于伟大性格和崇高地位的庇护之下，此外，质朴与谦逊的美德，令他超越温奇尔西爵士的水准。在不损害荣誉的前提之下，他原本可以采用一种更为高贵的态度，不屑于理睬对方的恶意挑衅。不管怎么说，发出决斗挑战，贬低了他的尊严，让他的身份下降，让他的形象有些滑稽。[49]

格雷维尔真的了解决斗观念吗？公爵忽视了一个明显的事实，这就是，对自己生命的伤害就是对公众利益的伤害。在格雷维尔看来，这次决斗是一种"不成熟"的行为，一种"滑稽的"行为，同时，他也强调，这个错误是"可以原谅的"，尽管在荣誉域里，让自己的形象滑稽可笑，降低尊严行事，是一种致命的错误。格雷维尔根据旧的决斗文化所作的辩护，明白无误地显示一个事实，即他不了解决斗的原则，这就是，所有绅士都是平等的。按照《皇室规则》第三十八条的规定，也就是威廉·汉密尔顿早些时候在《决斗手册》里所写到的，决斗的原则非常明确："有关各方……通过会面的方式，承认双方都是平等的……"虽然《皇室规则》当时是一份刚刚问世的文献，但是，它作为 19 世纪初期又一次试图调和决斗习俗之极端性质的尝试,其中的这一规定完全符合传统的要求。如果说,即便绅士内部也分成等级,也就是说,上议院每一位成员都有席位先后之分,那么,正如我坚持认为的那样,贵族阶层也有一个重要的概念,即他们都属于同一个社会范畴,这就是为什么贵族之为贵族的原因。在荣誉域里,决斗过程中绅士之间的平等性表明,对于普通公众而言,贵族仍然具有共同的优越地位。否认一位绅士的平等地位,便会引起整个贵族制度的崩溃。

格雷维尔认为,威灵顿公爵不应该要求温奇尔西给予说法;这个态度反映了绅士行为规则的某种矛盾。一方面,"级别较低"的贵族确实在贵族等级制度中明显处于次要位置,另一方面,贵族等级制度又确实存在着平等主义。格雷维尔认为,伯爵与公爵不在一个层次,公爵将对方视为一个平等的对象,是在"自降身段",不论格雷维尔所说的"层次"是什么含义,他依据的是一个不恰当的标准体系。的确,拒绝一种最好的平等方式,这一方式将地位最高的公爵与一个地位低下的乡绅视为同等,就是拒绝一个行将消亡的规则里一个具有进步意义的因素。在决斗文化里,任何绅士(任何人都无法否认温奇尔西也是一位绅士)都值得关注。格雷维尔根据有别于绅士荣誉法则的另一套标准,判断公爵的决斗行为是一种不成熟的做法,是不恰当的,正是绅士荣誉法则的存在,才维持了决斗习俗的长期存在。

应当指出,乔治国王对决斗习俗的看法十分明确。他继续奉行欧洲悠久的传统,皇室对贵族的违法行为采取宽容态度,尽管法律被认为反映最高君王的意志。威灵顿在中午时分抵达温莎,向朝廷报告决斗事件的经过。格雷维尔告诉我们,国王"对温奇尔西决斗事件感到非常高兴"。[50] 根据《文学杂志》(*Literary*

Gazette）编辑的说法，国王陛下认为，鉴于威灵顿公爵的敏感地位，"作为一名军人……他只能采取这样的行动"。[51]国王很清楚，从军的绅士在荣誉域里占据举足轻重的位置。或许，出于这个原因，很多男女公众对待威灵顿公爵的态度也出现摇摆，威灵顿公爵夫人告诉过她儿子的，"过去公众……谩骂你的父亲，现在，他们又在为他欢呼。"[52]

这几乎就是她丈夫预料的结果。在宪法争论的狂热气氛中，公众的不满情绪不仅在英格兰蔓延，而且开始向爱尔兰扩散。威灵顿公爵一改成见，主张天主教的解放，让很多保守的英国同胞担心。针对公爵的诽谤谣言已经出现。选择性情古怪的伯爵和他的荒谬指责作为攻击对象，威灵顿公爵作出一个精明的选择。决斗事件发生一个月之后，威灵顿公爵给伯明翰公爵写了一封信，在信里他声称，当温奇尔西"言辞激烈"的信公布之后，"我马上意识到，我的机会来了"。威灵顿公爵的这封信一方面承认自己参与决斗的初衷，一方面也有夸耀的因素。

这次决斗，无论对威灵顿公爵或者温奇尔西而言，都是一次争取公众舆论的机会，尽管公爵面临的风险更大一些。按他自己的说法，他面临政敌的影射与谣言，试图唤起公众的同情之心。另外，在他看来，他的确获得了完全的成功。温奇尔西也有自己的算盘。他故意制造不实的指控，挑衅般地不愿撤销指控，迫使公爵冒着生命危险参加决斗。通过这次决斗事件，威灵顿公爵试图让大家相信，他做的事情只是职责使然。"我曾经陷入诽谤的氛围之中……现在，我已经清除这个氛围。让我满意的是，目前公众对我的要求，就是要我去做我刚刚做过的事情。"[53]

表面上看，或许，威灵顿公爵自己的叙述才能最有力地消除诽谤。我们从公爵的这封信里看到，对个人名誉的被动性保护，是用冷酷的技术语言表述的，它变成政治权衡术，甚至可以说，公爵操纵着政治。荣誉法则最为纯粹的体现方式演化为一种寻常的政治工具。

决斗习俗消亡的原因

决斗习俗如何最终演变为蔑视性行为的？一整套名誉规则的衰败，如何达到足够的程度，以至于查尔斯·卡文迪什·富尔克·格雷维尔（Charles Cavendish Fulke Greville）① 这样的贵族，都认为公爵参加决斗是一种"不成熟"的行为？我们看到了其中的一些原因。随着管理型国家的崛起，政府开始关注秩序和法律的问题。大众媒体将特定社会群体内的习俗变成外部群体的娱乐对象。绅士行为规范的弱化，促进了特权阶层内平等态势的形成。不过，这会是更大变迁的一种信号吗？

V. G. 基尔南（V. G. Kiernan）② 是研究欧洲决斗习俗的著名历史学家。他在其著述里提出一个非常有说服力的观点，即贵族阶层的行为规范逐渐在英国公众生活中失去核心位置。19世纪早期，作为统治阶层的贵族渐渐被新的社会阶层所取代，马克思对此作出著名的论述；像皮尔这样的人，其家族财产来

---

① 查尔斯·卡文迪什·富尔克·格雷维尔：（1794—1865），即前文所说的查尔斯·格雷维尔。他也是一位日记作家。
② V. G. 基尔南：（1913—2009），爱丁堡大学现代史教授。

源于被贵族轻蔑地称作"贩卖"的商业活动。新的国家官僚机构处于发展之中，这种国家运用新的工具，也就是统计数据的方法，由不断成熟、专业性程度不断加强的官员负责管理。

商人相信在商言商的道理，官僚则愿意让社会变得有序，这是人所共知的道理。社会新阶层中的很多人希望议会改革：他们希望取消乡绅自动获得下议院席位的传统权利，希望停止贿赂选举的行为，扩大和发展选举制度。"天主教解放法案"只是他们的一次战术行动，竟然引起社会的纷乱。这部法案一方面允许天主教徒进入议会，一方面又提高对财产标准的要求；在爱尔兰竞选一个议院席位，财产方面的标准提高了五倍，即从过去的 40 先令（这一标准在英格兰实施了将近 400 年）提高到现在的 10 英镑，由此构成竞选制度改革的巨大压力，导致社会出现骚乱；鉴于这种情况，仅仅过了三年，也就是 1832 年，国会就通过了"大改革法案"。

在威灵顿公爵看来，荣誉与法律之间的对峙关系尤为明显；他不仅是一位职业军人，也是一个长期任职的公务人员。他出生于一个公职人员家庭。他的大哥韦尔斯利（Wellesley）侯爵，是当时一位地位显赫的公务人员，担任过印度总督，在半岛战争期间担任过驻西班牙大使，后来还担任过外交大臣。他们父亲的第二个儿子威廉，即摩林顿（Mornington）伯爵，担任过爱尔兰的国务秘书，随后在利物浦（Liverpool）爵士的领导之下，担任过造币厂厂长。1821 年，和他的兄弟们一样，他步入爵士之列，成为马里伯勒（Maryborough）爵士。他最小的弟弟亨利担任过驻法国大使，之后在 1828 年进入英国上议院，成为考利（Cowley）爵士。

公爵本人除了拥有非凡的军事生涯，还担任过驻法国大使、第一任驻维也纳议院特命全权大使,1807年以来一直是枢密院的成员,当然,他还担任过爱尔兰的首席部长;他在21岁时就以议员身份进入爱尔兰议会。作为与军界有广泛联系的贵族世家,韦尔斯利家族支持那次决斗事件;作为公职人员,他们与培根及黎塞留有着相同的理由,对那次决斗持反对的态度。

近代决斗习俗刚刚出现之际,弗兰西斯·培根对导致决斗习俗灭亡的机制作出猜测;他在《指控决斗习俗》里写道:

> 我应该想到,当这一决斗习俗……变得如庸医或者屠夫那样低贱,(我的爵爷)那些出身高贵、性情高雅的人就将摆脱这一习俗;他们不该成为鲁莽行事的下等人。[54]

决斗是一件事关名誉的事情。它的延续有赖于特定权势阶层的存在。这个权势阶层的成员可以用法律以外的方式维护自己的地位,其他阶层是无法采用这种方式的。在19世纪的第一个十年里,决斗在特定社会阶层的群体中频繁发生,如果说这些人配得上绅士的称号,他们是凭借行业的领先地位或者商业的成功而获得社会承认的;这进一步表明,贵族阶层开始走向没落。一旦"鲁莽行事的下等人"也能采取决斗的方式,那就说明,有无资格参与决斗已经无法区分贵族与普通公众,它在这方面的功能已经丧失。

培根的观点具有前瞻性,因为决斗习俗在18世纪达到顶峰,要了解与决斗习俗相关的回溯性观点,我们应当聆听一下理查·科布登（Richard Cobden）① 的声音，这是一位伟大的自由党议员。1859 年他在洛奇代尔（Rochdale）地区发表了讲演，他回忆了决斗作为一种"回应某种羞辱的正常模式"。科布登告诉洛奇代尔地区的选民们：

> 我记得，一个星期天的早晨，一些亚麻布商助手开始争吵……他们随后开始决斗；亚麻布商助手们居然都参与决斗了，这在上流社会看来简直不成体统……现在看来，任何贵族和绅士如果不甘羞辱便外出决斗，没有什么事情比这更滑稽了。55

科布登的观点是，培根的预言已经得到证实，尽管证实的时间有些晚了。这个预言就是，如果"下等人"也开始采用决斗的方式，贵族阶层放弃这一方式的日子就快到了。科布登的嘲讽态度，让我们想起，在一个日益民主化的社会里，决斗习俗成为一种不受待见的贵族特权象征。奥斯卡·王尔德说过一段很著名的话：只要战争仍然被视为邪恶，就永远有其精彩之处。他还说道："一旦战争被视为粗俗而遭到鄙视，就会失去公众的喜爱。"决斗习俗在很大程度上也适用于这样的说法。我们还可以补充说，决斗习俗愈加粗俗，使其邪恶更加彰显。决斗习俗如果只是受到谴责，不论它是否悲惨是否邪恶，都会兴盛下去，只有决斗习俗遭到蔑视之时，才会逐步衰亡。

威灵顿公爵决斗事件发生三年之后，也就是 1832 年的"5

---

① 理查·科布登：(1804—1865)，英国制造商，激进政治家，被称为国际事务方面最伟大的古典自由派思想家。

月之日"（5月7日至15日），公爵无力再为新国王威廉四世组建一届新的政府。公爵抵制选举制度的改革，或者说，上议院里很多像他这样的保守党人抵制选举制度的改革，将英格兰推到爆发革命的临界点。随着骚乱席卷整个英国，旧贵族不得不向大改革法案让步。大改革法案构成改革的最初步骤，标志着上议院特权地位的结束、下议院地位的崛起；下议院由商业人士及专业人士构成，具有更为广泛的代表性。正如约翰·斯图亚特·穆勒在1840年所写的，"英格兰政府正在进步，正在从一个代表少数人的政府，转变为一个不能说是代表全体公众至少是代表多数人的政府，从一个向公众施加影响的贵族政府，转变为一个中产阶级的政府。"[56]

新兴阶层的很多人赞同威廉·威尔伯福斯（William Wilberforce）① 信福音主义的观念。威廉·威尔福斯在长达几十年的时间里，不仅反对蓄奴制度，推广公共道德，包括发起废止决斗习俗的运动，还主张议院应当进行改革。在格雷（Grey）及其内阁的不断施压之下，国王发出威胁，威灵顿及其许多同僚不得反对议院改革法案，不得任命更多的贵族进入国会，以防止贵族在议院压倒新兴阶层的代表。新的议院开会之后，公爵感慨地说到，他"一生之中从未见过如此之多的烂帽子"。这些尖刻的势利语言，如同与温奇尔西的决斗，反映了他的感受已经与时代精神产生了隔阂。拜伦的一位朋友约翰·卡姆·霍布豪斯（John Cam Hobhouse）② 在生命即将终结之际，也就是1865

---

① 威廉·威尔伯福斯：（1759—1833），英国政治家、慈善家，废止蓄奴运动的领袖。
② 约翰·卡姆·霍布豪斯：（1786—1869），英国政治家及传记作家。

年,谈到对威灵顿公爵所作决定的看法:"有关决斗的问题,经过多年的舆论改变、多年的形式变化,现在要对这一决斗事件作出公正判断,依然十分困难。"不过,他也谈到,似乎在谈论一种异文化习俗,"就像斗牛、拳击、斗鸡和其他野蛮习俗那样,决斗也有自己的规则;如果没有一定程度的共识,规则是不能随意违背的……"57

最后的决斗

我在上面讨论的变迁,都发生在英伦三岛。在其他地方,比如美国、俄国、德国、西班牙,正如大家看到的,由于各国社会和政治背景不同,决斗习俗的终结方式各不相同。当然,不论在英国还是其他地方,荣誉感没有随着决斗习俗的消亡而消亡。经过几个世纪的尝试,政府官僚们(我们在培根的《指控决斗习俗》里听过他们的抱怨)找到了自己的方式。"绅士"一词的含义在不断变迁,也许,红衣主教纽曼(Cardinal Newman)① 在1852年说过一段并非无聊的话,可以视为对"绅士"一词更为准确的解释:"几乎可以如此定义绅士的概念:绅士是从不施害于他人的人。"58 如果这是绅士的定义,那么,决斗就是一种最不符合绅士标准的行为。

在19世纪中期,在英伦三岛的范围内,个人名誉不再以决

---

① 红衣主教纽曼:(1801—1890),19世纪英国宗教史上的重要人物。

斗方式予以保护。詹姆斯·凯利（James Kelly）是研究爱尔兰决斗史的一位作者，他确认一位史密斯上尉，1833 年在费尔默伊（Fermoy）地区被击中，随后死亡，当时，这位史密斯上尉"与人在作哪个团队更为优秀的'激烈争辩'"。另外，伦敦德里（Londonderry）爵士、都柏林市市长与他们的各自对手在 19 世纪 30 年代进行决斗，不过双方都毫发无伤。[59]从这以后，便没有决斗的记录。

1826 年 8 月，苏格兰一位绅士被起诉，这是苏格兰最后一位因为决斗而遭起诉的绅士。他是一位很不情愿的决斗者，也是科卡尔迪（Kirkcaldy）地区的一位亚麻布商人（威灵顿公爵或许会称他为"生意人"）；向他发出决斗挑战的，是一位有生意往来的银行家，一位过去的军官。决斗的结果是，银行家中弹身亡，这位商人最终被法庭宣判无罪释放。[60]

在英格兰，绅士因为名誉问题引发的最后一次决斗，发生在 1852 年，当时乔治·斯迈思（George Smythe，他是迪斯雷利［Disraeli］的朋友，也是科宁斯比［Coningsby］的形象代表）与罗密利上校（Colonel Romilly）展开决斗。他们两人都是坎特伯雷地区的议会成员，因为选举问题引起争吵，最终导致决斗。人们常说，这是英格兰的最后一次决斗事件。[61]基尔南告诉我们，这是一次"不恰当的模仿之举，决斗双方及各自助手不得不在韦布里奇（Weybridge）车站一起搭车前行"。两位绅士和各自助手从火车上走出，同坐一辆出租马车，来到决斗现场，商量如何相互对射；这的确是一幕十分滑稽的场景。一位当代人记录了观察结果："《泰晤士报》刊登了一篇诙谐的文章，叙述了这一事件。这场决斗如此滑稽，以致最终取消了决斗；由此看来，这幕滑稽场面显得比道德更有力量。"[62]这场决斗最终在人们的嘲笑声中结束。

在英格兰的最后几次决斗事件里，我本人最喜欢的是下面的一场决斗。威廉·格里高利（William Gregory）爵士，也就是格里高利夫人的丈夫，是爱尔兰一位重要的历史人物。1851年的一天，他在奥斯特利公园与"赛马俱乐部"的一位成员相约决斗，起因是两人对一匹赛马的归属问题激烈争辩起来。威廉爵士记录了这一事件，过了很久，他准备为这份记录作一篇序言。他在序言里谈到，他希望儿子能够理解，为什么父亲会介入一件"如此愚蠢、如此错误、如此有悖于公众舆论的事情"。[63] 他对那次决斗的记录（他过了几天才做这份记录，因为他要腾出时间领取赛马奖品），注定让当代读者感到震惊，因为记录带给他们出乎意料的乐趣。这个时候，格里高利的助手罗伯特·皮尔（Robert Peel）爵士，他是不久前去世的首相的公子，不由大声问道，就一匹马的归属问题撒谎，是否有必要用死亡的方式惩处？在稍早些时候，他注意到，"当然，……如果我们希望逃脱被绞死的命运，我们就只能到国外度过余生"；而且，格里高利告诉我们，他们"讨论了未来在哪里生活的问题"。有人希望，威廉爵士的儿子罗伯特·乔治（Robert George）爵士（他在第一次世界大战中丧生，这一事件被诗人叶芝写入"一位爱尔兰空中飞人预见了自己的死亡"一诗），就是受到父亲这一想法的影响。

伊夫林·沃（Evelyn Waugh）[①] 在以第二次世界大战为题材的小说《军官与绅士》（*Officers and Gentlemen*）里，刻画了一个名叫盖伊·克劳奇巴克（Guy Crouchback）的人物，他被问到，

---

① 伊夫林·沃：（1903—1966），英国小说家、新闻记者、评价家。

如果有人对他发出决斗挑战,他该如何应对。他简洁地回答道:"笑话!"[64]由此看来,决斗习俗的确已经走到尽头;不过,当威灵顿公爵向那个"疯子",也就是诺丁汉的温奇尔西伯爵,发出决斗挑战的时候,他遭到人们的嘲讽,从那个时候起,人们已经把决斗习俗当作笑话看待了。

第二章

解放中国人的双脚

而最骇笑取辱者,莫如妇女裹足一事,臣窃深耻之。

——康有为[1]《请禁妇女裹足折》

公车上书

　　1898年，中国一位名叫康有为的知识分子，向北京紫禁城上书，内容与国人缠足有关。事情本身并无特别之处。几个世纪以来，中国历代皇朝均由受过良好教育的知识分子管理，他们必须通过严格的考试，才能进入政坛。他们通常在中国县级政府担任行政长官，也就是英语里所说的满大人（mandarin）。在阶梯式考试中取得最好成绩的人称为"进士"，他们会应招赶赴北京，进入政府工作，成绩特别优秀者可以进入翰林院任职；他们在翰林院里的工作，是研究儒家经典，将所学知识用于解决当代诸多事务。知识分子通常以文书形式与皇帝沟通，康有为递交的就是那样的文书（传统上，这种文书被称作奏折）。奏折用优雅的古典文体写成，以缓慢的速度逐级向上一级政府呈报。如果奏折具有足够的重要性，可以最终呈交皇帝；呈交方式有两种，其一是直接呈交皇帝，其二是修改为建言书后呈交皇帝，经皇帝批复作为诏令下达，用于帝国体系的管理。

　　19世纪初期，中国的一些知识分子虽然浸淫于儒家典籍，但是也坚定地相信，中国需要现代化。康有为就是这批知识分子的领军人物。与管理全国官僚机构的保守派人士不同，这些知识分子认为，国家步入新的时代，需要向西方学习很多东西。康有为本人是清王朝的坚定支持者，不过，他也相信，国家需要进行宪法改革。

　　当时，尽管帝国的制度异常复杂，但是，一个基本事实是不容忽视的：这座迷宫的中心人物是慈禧，也就是皇太后。无论从哪方面看，她都是一位精明能干的女性。她在1852年进入紫禁城（这是一片处于京城中心地带的皇家飞地），成为新皇帝众多妃子中的一位，那年刚刚16岁。两百多年来，满族人建立的异族皇朝统治着中国，咸丰皇帝是这个王朝的第八位统治者。两年前，上一代皇帝驾崩，经过一段礼仪繁复的悼念期，现在轮到这位21岁的新皇帝构筑后院阵营。

那年，帝国从全国各地挑选了几千名女子，从中精选出60名满族女子。几千名女子的名单均需经过地方官员审核，然后再送到京城。这些名单记录了每位女子的祖先谱系，根据女子的出生日期作出星象分析，对她们的性格、教育程度及相貌也有详细描述。

已故皇帝的寡妇（当时是一位守寡的皇后）[①] 的职责，是审查新的妃子们，对她们作出甄别。看来，她对这位新入宫的小女孩并无很深印象，慈禧属于排名靠后的妃子。三年以后，她才被招入皇帝寝室，第一次为咸丰皇帝履行应尽义务。

与太后不同，皇帝显然很快被这个年轻女人迷住。从那时起，无论在地位还是影响力方面，这个女人的上升速度令人目眩。1856年，她为皇帝生了第一个也是唯一的儿子；一年之后，在儿子一岁之际，她在宫中的地位再次提升，仅次于皇后慈安。

慈禧的丈夫于1861年去世，当时她的儿子才5岁。帝国进入一个分掌权力的阶段。朝廷的权力由两部分人执掌：一方是慈禧和守寡皇后慈安，另一方是一批男性亲王。（两位女性被称作东宫娘娘和西宫娘娘，她们分别住在紫禁城的东西两头。）

---

① 即太后。

在随后复杂的政治斗争中,慈禧凭借着敏锐的政治嗅觉以及收放自如的交际手腕,逐步占据有利的位置。因为儿子得了天花过早去世,慈禧把4岁的外甥扶上皇帝宝座,他就是光绪皇帝。有些讽刺意味的是,"光绪"这个词在汉语里的意思是"光荣地继承"。由于新皇帝与前一代皇帝属于同一代人,实际上他的即位破坏了满族的传统。的确,这个男孩之所以成为皇帝,似乎是在宫廷复杂的权力斗争中,他的父亲一直支持慈禧的结果。

慈禧相貌漂亮,魅力十足,头脑聪明,非常讨人喜欢。赫德(Robert Hart)爵士[①]1863年至1911年担任中国海关的总税务司,这位北爱尔兰人曾经说过,她"说话的声音非常好听,很有女人味"。[2]慈禧本人在晚年也说过,年轻的时候,很多人都嫉妒她,"因为当时我是一个公认的美女"[3]。慈禧穿着绚丽的黄色旗袍,这种服饰表明在宫廷里的级别,旗袍上还绣出黑色、红色、绿色和蓝色的图案,确实是一位给人印象深刻的女性,尽管她的身高还不到五英尺(如同维多利亚女王那样,她统治着另一个王朝,从地球另一端向清王朝发出挑战)。

从丈夫去世到她本人离世,其间几乎相隔半个世纪。在这段漫长的时期里,除去其中的一百天,按照中国人的说法,她一直以"垂帘听政"的方式统治中国。每到关键时刻,宫廷里一些满族亲王会向她出谋划策,最终由她做出决策。如果说,政府的执政方针有所改变,那是因为她改变了支持对象,从支持一个派别转为支持另一个派别。随着外部势力对中国内政干

---

① 赫德爵士:(1835—1911),1863年至1911年担任大清帝国海关总税务司。

预的日益加剧，中国政府开始考虑如何应对这一局面。这位身材瘦弱的女人施展各种手腕，瓦解了来自内部的每次挑战，但是，她对外部世界的判断却不甚清晰。

1889 年，光绪皇帝（慈禧以他的名义统治中国）年满 18 岁，开始执掌大权，或者说，他至少成为名义上的皇帝。（这样的安排同样体现慈禧太后的权势，因为按照传统，年满 16 岁就可以亲政。）但是，慈禧太后仍然处于权力的中心。1895 年 4 月，中国在甲午海战中被日本击败，于 4 月 17 日签署屈辱的《马关条约》。那年，康有为与一些年轻有为的学者来到北京，参加进士考试。当时，康有为 37 岁。参加考试之前，他起草了一份万言请愿书，向皇上请愿。几百名来自其他省份的举人也在请愿书上签名。和康有为一样，这些举人来到北京，也是为了参加更为苛刻的进士考试。

请愿者敦促朝廷下令抗击日本军队，实行广泛的社会、经济与政治改革。多年来，他们的爱国热情一直受到某些高级官僚的压制。虽然皇帝似乎明白，国家即将面临剧烈的变革，不过，他显然缺乏足够的权力，或者说，他还没有在政治上完全独立于太后。还有一种可能是，太后支持较为保守的满人贵族，他们可能会否决请愿者的建议。

在大约一百天的时间里，也就是从 1898 年 6 月 11 日至 9 月 21 日，皇帝发动了一系列真正的改革，这些改革在很大程度上受到康有为一系列文章的启发。[4] 在这一百天里，皇帝颁布了四十余部法令，太后则在一边静观其变。皇帝废止了著名的"八股文"，这是一种传统科举考试制度采用的、流传很长时间的、高度格式化的文体。[5] 他还推广西方科学的公开教育方式，推广对现代商业和工程、采矿等技术的研究。他主张对旧式预算制度实施改革；主张加强海军的建设。他解除了违抗圣旨的高级官员的职务。当时居住在北京的英国传教士朴素而直白地叙述到，他试图"废除京城及各省所有无用的机构"。[6]

皇帝甚至还接见过康有为。当时，康有为只是商会的一名低级官员；这样的殊荣几乎没有先例。在感恩心情的驱动之下，康有为在"百日维新"期间向朝廷递交了大量奏折，有些奏折通过高级官员转达，也有一些奏折通过秘密和非正式渠道到达皇帝手中。（康有为与翁同龢的私交很好，后者是皇帝的私人教师，这一因素对于康有为与皇帝之间的沟通具有重要的作用。）[7]

在这一系列具有历史意义的事件中，康有为抽出时间撰写了一篇论述缠足问题的奏折，他在文中谈到，改变女性地位是中国改革的核心问题之一。[8] 显然，这个问题对于他来说，具有重要的意义。他用几页篇幅归纳了这样的结论：皇帝应当把禁止女性缠足作为改革大业的切入点。

康有为在这篇奏折里，将中国人的劣势与外国人做了比较。他写道："试观欧、美之人，体直气壮，为其母不裹足，传种易强也；今当举国征兵之世，与万国竞，尔留此弱种，尤可忧危矣。"[9] 不过，这篇奏折的中心议题是，缠足对国家形象构成伤害。他谈到，"方今万国交通，政俗互校，稍有失败，辄生讥轻"。他继续论述道：

> 非复一统闭关之时矣。吾中国蓬荜比户，蓝缕相望，加复鸦片熏缠，乞丐接道，外人拍影传笑，讥为野蛮久矣，而最为骇笑取辱者，莫如妇女裹足一事，臣窃深耻之。[10]

又过四年，慈禧最终下令，敦促中止缠足习俗。在此期间，中国发生了很多事件。我们即将看到，康有为的奏折并未对慈禧的决定产生任何影响。不过，虽然康有为的奏折没有发挥效用，但是，他的论点，即缠足习俗是国家形象的污点，却得到广泛的认同。这一论点得到广泛认同的原因，是他对国家荣誉的关切之情，在知识分子中引起极大的共鸣，正是由于这些知识分子的努力，推动了中国的改革事业，使之从帝国转变为现代国家。

中国的前辈知识分子在两千多年里构筑了这个帝国，无论在消除千年传统方面，还是在构筑传统方面，都发挥了至关重要的作用。我希望探讨的问题是，康有为与他的同事们经历了怎样的过程才最终确信，为了维护国家荣誉，必须终止缠足这一古已有之的传统。他们发动的革命，旨在终结缠足习俗，这一习俗在一千多年里成为中国精英的生活方式。这是我要探讨的第二个道德革命。

荣誉与社会认同

我们对荣誉问题的探讨，始于对决斗习俗的探讨。决斗与个人名誉相关。在通常情况下，绅士为了维护自己的名誉而走向决斗场。不过，绅士也会为了维护女性名誉而发出决斗挑战，比如母亲、姐妹、女儿、情人、妻子，有时候还包括（当然是在较早时期）属下爵士拥有的女性。他们用自身名誉保护女性名誉；他们指责作为挑战对象的那些绅士有辱名誉，因为后者羞辱了女性，破坏了荣誉的法则；他们会让无礼的绅士丢脸，以达到拯救女性名誉的目的。因此，荣誉法则向你提出要求，即便你没有做错事情，别人也没有做错事情。荣誉以其简单的方式表明，荣誉不仅与个人相关。

确实，你的名誉最终会以各种方式与你的社会认同发生关联，社会认同又源于你在社会群体中的位置。我们在上一章里谈到，作为一位绅士，为了个人名誉与他人决斗。只有绅士才有资格发出决斗挑战，只有绅士才有资格接受决斗挑战。一般来说，一位绅士是否有资格获得其他绅士的尊重，取决于他是否遵守荣誉法则，而荣誉法则会向绅士提出十分具体的要求。如果违反规则，就会失去受到尊重的权利。集体性的社会认同构成个体的荣誉，因为对具体个人的尊重和蔑视，取决于我们认为他们属于哪一个社会群体。

社会认同的重要特点之一，是规定了什么荣誉法则适用于你。（在有些情况下，我把荣誉要求或者允许做的事情称为"荣誉实践"。）最为明显的例子与性别有关。确定何种荣誉法则适用于你，何种行为能够赢得（或者失去）他人的尊重，你是一个男人，或是一个女人，往往具有至关重要的区别。阶级因素也具有重要的作用。在18世纪的英格兰，荣誉法则要求上流社会的绅士必须接受另一个绅士的决斗挑战。在19世纪的中国，荣誉法则要求上流社会的女性必须缠足。在每一种荣誉法则之下，你的行为模式应该根据你的社会阶层与性别确定；他人的社会认同决定了你应该如何对待他。一位拥有荣誉的男士应当与一位缠足女子结婚；一位缠足女子不应该嫁给一个没有名誉的男子。一位绅士应当接受另一位绅士的决斗挑战，而不能接受"等级更低"的人的决斗挑战，更不用说女子的决斗挑战了。在每一种情况之下，违反荣誉法则的后果就是失去名誉，如我们看到的，失去名誉就意味着失去受到尊重的资格。

有一种荣誉体系基于赞美性尊重（而非仅仅基于承认性尊重），赞美性尊重的分布具有相对的性质。最明显的例子，是以军事才能作为标准的赞美性尊重，威灵顿公爵因为其卓越的军事才能而获得赞美性尊重。但是，对赞美性尊重的判断，不论采用何种衡量标准，几乎都可以与哲学家杰弗里·布伦南（Geoffrey Brennan）① 和菲利普·佩蒂特（Philip Pettit）② 所指的"对照组"进行比较。[11]假定说，我赞美地承认你，因为你作为一名护士，表现出充分的热情。一名护士获得赞美性尊重应当付出的热情，其程度要低于充满爱心、无私奉献的家长的热情，却高于一个乐于助人的普通人的热情。按照所属社会群体的标准，你的行为是否得当，取决于特定社会群体对其成员行为的一般期待。

社会认同决定你必须遵守什么规则，另外，它还规定着与你争夺荣誉的那些人的行为方式。实际上，对那些受到特定社会群体极大尊重的人士来说，荣誉就是他们获得的奖赏。荣誉还奖励那些比应尽义务做得更多的人士，因此，荣誉是在鼓励人们去做"超乎职责要求以及分外之事"。

不过，社会认同还以另一种同样重要（尽管完全不同）的方式，与荣誉发生关联，这就是，我们与相同社会认同的人共同承担荣誉与耻辱。莎士比亚笔下的亨利五世，在1415年率领大军包围了法国港口城市勒阿弗尔；亨利五世要求随从们"一

---

① 杰弗里·布伦南（1944— ）：澳大利亚哲学家。目前是美国北卡罗莱纳大学 Chapel Hill 分校的哲学教授、美国杜克大学的政治学教授。

② 菲利普·佩蒂特：（1945— ），爱尔兰哲学家与政治理论家；Laurence Rockefeller 大学政治学教授。

边冲,一边喊'上帝保佑亨利、英格兰和圣乔治'",随从们知道,他们的领袖走入战场,不仅为了保卫自身名誉,也是为了保卫国家荣誉。

  冲呀,冲呀,你们最高贵的英国人,
  在你们的血管里,流着久经沙场的祖先的热血!(第三幕第一场)

  亨利五世提醒随从们,他们和自己一样,不仅关心自身名誉,更加关心国家荣誉。不同军衔的普通英国人,农夫出身的士兵们,他们根本不算贵族,但是,作为士兵,他们都参加了攻击设有围墙的勒阿弗尔城的行动而分享共同的荣誉。几个月后,在阿金库尔战役里,这位国王明确表达了以下看法:

  我们,是少数几个人
  幸运的少数几个人,
  我们,是一支兄弟的队伍——因为,今天他跟我一起流着血,
  他就是我的好兄弟
  不论他怎样低微卑贱,
  今天这个日子将会带给他绅士的身份。(第四幕第三场)

  与亨利一起参加阿金库尔战役,可以改善你的处境,让你变为绅士,给予你新的社会身份。(尽管国王的话有些言过其实,但一点都没有影响话语的激励作用!)因为你具有某种特定的社会认同,所以,你可以获得相应的荣誉;在确定可以给予

你什么荣誉之前，我们需要知道，你是一个什么样的人。

简单地说，那些与我们具有相同社会认同的人，他们的成败导致我们获得或者失去荣誉。英国人听到阿金库尔战役胜利的消息，他们因为英国获得荣誉而骄傲；法国人听说自己的国家被击败，他们因为自己的国家蒙受耻辱而难过。我们国家的士兵们保护着无辜的公民，使他们免遭来自遥远国度的大规模屠杀，我为此感到骄傲，因为我分享着国家荣誉。我们看到，不同的社会群体有着类似的体验，包括宗教、阶层，其中以家庭体验尤为强烈。（美国很多汽车上都粘贴这些字样，"荣誉学生的骄傲家长"。）处于危难之中的中国人共享着国家荣誉，康有为因此而感动，希望其他人也为之感动。在这一章里，我将要探讨人类道德史上的第二次革命，尽管，这一变革并非源于个人荣誉的场景改变，而与国家荣誉的概念转变相关。

三寸金莲的起源

缠足习俗的确切起源时间，至今尚无定论，人们对此各有不同的见解。中国历史上与缠足习俗相关的很多传统，都与诗人皇帝李煜有着很大关联。李煜是南唐的末代皇帝，他抗拒宋朝的统治，直至975年南唐灭亡。（如果这一说法没有错误，那么，缠足习俗差不多是在孔子去世1500年后开始形成的。）霍华德·利维（Howard Levy）是第一批研究缠足习俗史的作家，他记录了12世纪一位评论家作品里的一段文字，这段已经失传的文字描述了李煜"最喜欢的一位妃子"，一位被称为"佳人"

的女子,"这是一位有着纤纤细腰的美女,也是一位颇具才华的舞者。李煜下令用黄金为这位美女铸造一朵六英尺高的莲花……佳人奉旨用绸布把自己的双脚缠裹起来,让脚趾就像镰刀的尖头,然后她在莲花的中心部分跳舞,不停地旋转,宛如一片升腾的云彩。"[12]不论这段文字是否可以视作真正的历史记录,中国女性的缠足开始被人称为金莲或者百合花。

在一个等级制度森严的社会里,缠足是高尚社会地位的象征。利维写到,在13世纪的后期,"自称有贵族血统的家庭感到,他们必须对女子进行缠足……以此作为上流社会特征的明显标志。"缠足之所以成为贵族的标志,是因为上流社会的女性,不论她们是朝廷贵妇还是乡绅眷属,都不必像农妇那样,到田间去劳作,也不必走长路到集市做买卖。事实上,由于双脚被缠,她们只能在住宅附近活动,14世纪有一篇文章谈到(其论点在随后几个世纪里被多次引用),这确保了她们恪守妇道。[13]

从一开始起,金莲就与女性的名声密切关联。因为好名声是体面婚姻的基本条件,而婚姻当时是两个家庭之间的安排,而非婚姻双方的个人选择。中国女性要嫁给体面而有社会地位的男子,必须缠足。男子也逐渐喜欢缠足女子。缠足过程对于女子来说,是很痛苦的(她们自己要忍受缠足之痛,也要亲眼看到女儿、甥侄女乃至孙女缠足的痛苦情形),不过,这也是她们乐意接受的,她们坚信,小脚就是美丽的象征。

如果看一下卸掉缠布的赤裸小脚,人们似乎很难接受小脚美丽的观念,这也是反缠足运动兴起的原因;但是,我们必须记住,大部分人并没有机会看到女性赤裸的小脚。一旦完成缠足,女性的双脚几乎不会被人看到,她们会穿上优雅多彩、绣着花样的鞋子。

事实上，中国良家女性的本领之一，就是能够自己做鞋并在鞋面绣出图案。不同的场合需要穿着不同的鞋子，比如，参加葬礼的鞋子、居家的鞋子，还有晚上的鞋子，等等。缝制整套鞋子，把它们带到丈夫家里，是准备嫁妆的一个重要内容。婆婆也会检查鞋子的质量，作为判断媳妇贤惠与否的标准之一。男子只有在私密场合才能看到妻子赤裸的双脚。英国妇女阿绮波德·立德①（Archibald Little）是反缠足运动的积极推动者，我们在后面还会谈到她。立德夫人曾经这样写道："每个中国男子赏玩新娘双脚的时候，容易产生这样的想象，即新娘的双脚象征新娘的一切：小巧、裹着缎子，有着漂亮的图案。"[14]

女性只有在少数情况下才能看到自己的三寸金莲：解开长长缠布让脚放松的时候，洗脚的时候，用明矾抹脚的时候，再次裹上缠布的时候，睡觉前穿上红色睡鞋的时候……或者，穿着优雅服饰作为日装的时候，别人可能从裙子下面看到一双小脚。不过，我们千万不要认为，赤裸的双脚是令人厌恶的东西。实际情况正好相反。进入20世纪后，我们看到很多照片，照片里的女性骄傲地展示着三寸金莲；在长达几个世纪的时间里，中国文学作品的一个恒定主题，就是绅士在私下场合里，解开女性双脚的缠布，对小巧而残缺的双脚表示赞美。

---

① 阿绮波德·立德：（1845—1926），英国在华著名商人立德之妻，习称立德夫人。主要著述：《熟悉的中国》（1899）；《北京指南》（1904）。

习俗的流传

满族人改朝换代之前,帝国的皇族由汉人构成。中国皇帝处于社会顶端,他们拥有数以千计的候选女性,专供皇帝做爱享用。皇帝起居的宫殿紫禁城,一到晚上便全城关闭,只有皇帝、太监和皇帝的女人们可以出入。政治学学者格里·麦凯(Gerry Mackie)[①]认为,在这样的生活环境里,缠足习俗很容易产生并且蔓延开来。

处于众多女人簇拥之中的皇帝,他关心的问题是,这些女人生下的孩子是否与他确有血缘相承的关系。另一方面,皇帝的女人由于数量庞大,不可能都有机会生育,她们有理由在皇帝之外的"男子中间寻求隐秘的性爱对象"。因此,皇帝与这些女性存在着长期的矛盾:一方面,皇帝要确保这些女性的贞洁,另一方面,这些女性有理由摆脱皇帝的控制。在紫禁城内城工作的所有男性都被阉割,就是上述矛盾导致的结果。还有一个不容忽视的现象是,由于缠足的原因,女性的活动范围非常有限。

麦凯的主要观点是,以上机制一经建立,就会从宫内向外蔓延:

> 次一等的贵族阶层,争先恐后地希望自己的女儿被选

---

① 格里·麦凯:加利福尼亚大学政治理论教授。

为皇后和妃子，他们效仿并强化宫内控制女性贞洁的措施，在经济、社会关系以及生育方面与宫内建立联系。次一等贵族阶层留下的女性空缺，由再次一等的贵族阶层负责提供，后者采取相同的措施以控制女性的贞洁，以此往下类推。[15]

蒙古人统治的元朝期间（1271—1368），缠足习俗在南方地区蔓延，至少在贵族阶层受到青睐。到了明朝，缠足习俗在上流社会中更加盛行，其景况在明朝伟大的情色小说《金瓶梅》里得到详细的描述。这部小说于 16 世纪末期问世，书名在英语版里被译为 The Golden Lotus 或者 The Plum in the Golden Vase。当时，一位有钱商人西门庆想纳一房新的小妾：

> 媒人趁空儿轻轻用手掀起妇人裙子来，正露出一对刚三寸恰半叉、尖尖蹻蹻金莲脚来，穿着双大红遍地金云头白绫高底鞋儿。西门庆看了，满心欢喜。[16]

满族人在 1644 年推翻了明朝统治，建立了最后一个帝国，也就是清王朝（1644—1912）。清王朝对缠足习俗的看法暧昧不清，不过，他们一直试图消除这一习俗，尽管政策时紧时松。

满族人一旦打进京城，马上颁布第一部禁止缠足的法令。但是，事与愿违，缠足习俗在中国人中间进一步蔓延开来。甚至一些满人贵族也不顾朝廷有关禁止缠足的法令。这些法令形同虚设，最终便自然失效。在 19 世纪，一些居住在帝国版图内的少数民族对缠足现象有过记载，这些少数民族包括：居住在湖南省的犹太人，居住在甘肃省外围地区的穆斯林信徒。大部分蒙古人、西藏人和中国南方的客家人，都免于缠足之苦。总体而言，缠足习俗在穷人中间的蔓延有限，尤其是在中国南方，在密集性的农业区域，贫穷的妇女必须参加田间劳作。不过有记载称，即便在湖南的城镇，以及北方的很多乡村地区，一些乞丐与挑水的水夫也有缠足的。[17]

到19世纪末期，中国女性，尤其是上流社会的女性，在将近一千年的时间里，一直要求下一代女性缠足。尽管在两百多年里，帝国发出禁止缠足的法令，但是，法令的实施时紧时松，效果并不明显。天足女性受人嘲笑。小脚女性，尤其是那些拥有一双最小金莲也就是长度在三寸以内的小脚女性，受到人们赞扬和奖赏，她们的双脚最容易引起男人的性联想。中国的小说和情色手册常常描述这样的场景，一些男子为缠足女子缓步行走的姿态所吸引，或者抚摸女性的赤裸小脚而引起性冲动。这些作品还描述了一些性爱姿势，男子一边抚摸情人的赤裸小脚一边做爱。古代中国举行过小脚的公开比赛，一些有鉴赏能力的男子会观察用丝绸裹住的三寸金莲，对其"尺寸的大小与比例的适度"发表看法和评论。[18]

缠足之痛

缠足的对象是女孩，一些女孩三四岁便已缠足。缠足为了形成尽可能小的金莲，其间必然经受剧烈的痛苦煎熬。缠足需要打碎四个较小的脚趾，并且把踝骨后部尽量向脚掌方向挤压，强制把脚骨弯成拱状，比天足的脚背高出许多，并生成某种缝隙。缠足过程通常需要清除血块和脓块，有的时候，还会出现脚掌腐烂的现象，导致脚趾脱落；经过几个月乃至几年，疼痛感最终消失，因为触觉神经已经永久性损坏。对于缠足的女性来说，行走非常困难。19世纪末期的传教士医生们，无疑以某种种族优越感报告，根据他们接触的病理，缠足曾导致溃疡、坏疽、一只或两只脚的切除，最严重的会导致死亡。[19]

一个明显的事实是，三寸金莲的理想长度很难达到，对于上流社会以外的女性而言，做到这一点尤为不易。农妇和其他劳动女性缠足的尺度通常较为宽松，开始缠足的年龄相对较大，这部分缠足女性的行动能力限制较小，痛苦程度也会减弱。从丈夫的角度来看，娶回一个缠足的成年女性，如果她是一位劳动妇女，有着一双受伤程度较轻的五寸小脚，她在行走与携带重物方面就没有太大问题，而三寸小脚无法让女性走长路。有着三寸小脚的女性如果外出，通常需要搭乘轿子，必须走路的时候，常常需要仆人一旁伺候。不过，绝大部分缠足女性不需要走长路，也不需要仆人的伺候。[20]

小脚日夜都用脚布裹住，脚部容易发出奇特气味，一些人觉得，这种气味恶臭冲天，难以忍受；另外一些人认为，这一气味容易激发男性的性冲动。18世纪一位匿名的缠足支持者，自称是"金莲博士"①，他写了一本书，书名为《金园杂纂》（*A Golden Garden Miscellany*），书中记载对缠足过程的不连续观察，其中一段精彩文字如下：

不可过——鸡眼痛。解缠，猝闻足气。[21]

---

① "金莲博士"，清代人，本名方绚。

所有的人都知道，缠足不仅限制女性的行动，让她们隶属于家庭和男人，并且，它也给女性带来极大痛苦。

就在缠足习俗刚刚形成的时候，一些知识分子表示了反对的态度。宋朝（960—1279）一位名叫车若水①的作家写道："妇女缠脚，不知起于何时，小儿未四五岁，无罪无辜，而使之受无限之苦，缠得小来，不知何用？"② 有一句俗语是这样说的："一双小脚，两汪泪池"。甚至是那些赞成缠足习俗的人也不得不承认，它给女孩带来痛苦。"金莲博士"对此有过以下的描述：

> 恶不久——慈母为爱女行缠。
> 不忍闻——初缠娇女，病足呻吟。22

和决斗习俗的终结一样，缠足习俗的终结原因同样不能归诸对其荒谬性的论证。论证的结论非常清楚：三寸金莲的起源之初，人们已经洞悉缠足习俗的荒谬性。

帝国的最后日子

缠足习俗在20世纪初期终结。为了理解其中的原因，我们

---

① 车若水：（约1209—1275），字清臣，号玉峰，讴韶人。撰考据名著《脚气集》，还著《玉峰冗稿》10卷、《宇宙纪略》、《世运录》等。
② 见［宋］车若水《脚气集》记载。

需要了解19世纪末期中国社会的历史背景。在这一历史阶段，中国发生了很多重大变化，清王朝走向最终的没落。清王朝是一个满人统治的朝代。这个组织精良的满族国家，由努尔哈赤在17世纪初期创建，最终实现了向往已久的目标，即征服中原王国。一旦恢复了社会秩序，剿灭占据中国北方的土匪，击败了一度攻占京城的李自成军队，满人将势力范围扩展至清王朝的全部版图。

虽然满人建立了清王朝，但是，他们保留了汉人政府的组织结构，尤其保留了文官考试制度，这一制度培养和保留了受过儒家典籍训练的知识阶层。[23]乾隆皇帝在1736年至1799年统治中国期间，征集了350多名学者和4000名左右的抄写员，责令他们在1773年至1798年间将中国文化典籍进行系统编目，最终完成了230万页的《四库全书》（他同时下令焚毁几千卷书籍，他认定这些书籍在不同方面具有反朝廷的思想）。朝廷设立一个重要职务，即满族皇帝的私人教师，其职责之一，便是指导皇帝学习中国传统哲学。

一些知识分子通过文官考试取得官职，为家庭带来荣耀，可以免于各种劳役，有资格穿上特制官袍，成为知识分子中的佼佼者。[24]几个世纪以来，退休的知识分子荣归故里，形成一个遍布帝国的乡绅阶层。[25]这些乡绅通晓典籍，精于琴棋书画，拥有这些技艺，是这一阶层成员的特征。如果说，在18世纪里，刀光剑影培养了英国绅士，那么，形成中国乡绅的媒介就是笔，准确地说，是用于书写的毛笔。在18世纪，英国绅士大部分时间居住在乡村，只在战争期间为国王舍命相搏。中国绅士的理想，是居住在城镇，不论在地方、朝廷还是省会城市，在那里的衙门里做官，为皇帝服务。

清朝社会在文化上日趋保守，崇尚清心寡欲。在清朝朝廷看来，明代的崩溃，部分原因在于没有恪守儒家各守其职的学说，导致普遍的道德水准堕落。因此愈加严格地恪守被严格定义的儒家学说，在多个方面都会显示效用。比如，从18世纪到19世纪，越来越多的上流社会女性拒绝再婚，正如历史学家帕特里夏·埃伯利（Patricia Ebrey）①所说，为忠贞寡妇建造贞节牌坊的现象"愈演愈烈，以至于政府最终下令，只为忠贞寡妇建造贞节牌坊，到了1843年，只有那些采取极端的自杀行为的寡妇才有资格获建贞节牌坊。"[26]

文化上的保守主义，以及中央政府的建国大略，形成一个政治稳定、技术达到国际水平的社会，与之对应的却是严格的等级制度和极端的专制统治。从1662年至1795年，经过清朝三位皇帝的努力，清朝扩展了帝国疆域，确保了对国家的统治力，与此同时，外部世界的威胁也在逼近这个国家。几个世纪以来，中国与日本及欧洲的主要海洋国家，比如葡萄牙、荷兰和英国保持贸易往来。不过，清朝历来认为外国人是明显的低劣人种。乾隆皇帝接受汉人的意识形态，他在1793年接受英国使团呈送的礼品时，发表了以下的看法，似乎他是在接受来自劣等国家的又一份进贡而已：

> 咨尔国王远在重洋，倾心向化，特遣使恭赍表章，航海来廷，叩祝万寿，并备进方物，用将忱悃。

---

① 帕特里夏·埃伯利：美国华盛顿大学教授，主要研究方向为中国宋朝社会及文化史。

尽管优雅地接受了乔治三世的"贡品",不过,乾隆皇帝解释说,他之所以接受贡品,只是因为想对贡品发表看法:"天朝……种种贵重之物,梯航必集,无所不有。尔之正使等所亲见。然从不贵奇巧,并更无需尔国置办物件。"[27]姑且不论皇帝的真实态度,这样的误解确实富有喜剧色彩。

半个世纪后,拥有先进军事与航海技术的英国,已经有能力跨越半个地球,对中国构成威胁。美国采用新型蒸汽船,上面装载火炮,在太平洋上炫耀武力。1854年,佩里舰长强迫日本终结长达两个世纪的锁国政策。又过了几十年,由于实行明治维新,日本成为一个重要的近代经济和军事强国。工业化改变了整个世界,中国没有跟上世界发展的步伐,进一步降低了它的国际地位。

19世纪40年代,第一次鸦片战争爆发。中国第一次感受到,现代化进程中的外国已经对中国构成威胁。英国商业集团开发出一个利润极其丰厚的行当,即在印度种植鸦片,并将其销售到中国。在18世纪晚期,过去在孟加拉地区种植毒品的英国东印度公司,在违背中国皇帝意愿的情况下,建立了一个复杂的走私网络,加大对中国的毒品供应量。英国政府需要向中国提供某种商品,从而获得利润,以支付购买茶叶的费用。当时的英国,茶叶正在成为一种时尚的消费品。1839年,清朝统治者意识到,鸦片的危害性甚大,不仅有害于国人健康,也损害了国库的充盈,由于鸦片贸易,中国每年流失几百万两白银。鉴于这种情况,清朝统治者无法继续容忍。皇帝派遣一位名叫林则徐的高级官员到港口城市广州,这也是中国唯一一座允许欧洲人居住和做生意的城市。几十年的禁烟运动均遭失败之后,林则徐这次下定了决心,要终止鸦片的输入。

1839年5月，英国商务总监查理·义律爵士（Charles Elliot）[①]被迫交出库存鸦片，由中国政府销毁。两个月之后，英国一些水手发动暴乱，在九龙地区摧毁一座庙宇，并且杀死一位中国人。中国政府要求英国人交出杀人水手，将之诉诸法律，但是，义律拒绝了中国政府的要求。中国政府坚持认为，英国政府不仅要停止鸦片交易，而且必须承认中国法庭的权威性。义律没有转达中国政府的要求，而是要求英国人离开广州，完全停止与中国人的贸易往来。

1840年夏天，一支庞大的英国舰队从新加坡出发。这次行动的目标，是要以武力的方式，恢复英国与中国的贸易往来，恢复以往的贸易协定。舰队包括四艘以蒸汽机为动力的炮舰，以及另外的四十余艘船只。舰队搭载4000名英国士兵和印度水兵。舰队在6月停靠澳门，林则徐向中国政府通报了这支舰队的抵达情况，他认为情况并无异常。林则徐告诉皇帝，舰队看来只做鸦片生意，不会造成更大麻烦，"揣其狡狯伎俩，无非挟制通商，势不得不示以兵威，难容之滞。"[28]

林则徐犯下致命的错误。在以后的两年里，双方发生数次海战，英国舰队最终攻占上海，随后包围了南京。中国人投降了。根据南京条约，中国人被迫同意屈辱的贸易协议。中国政府必须支付数额惊人的白银作为赔款，必须开放五座"通商口岸"，必须降低贸易关税，必须割让香港，必须同意居住在中国的英国人只受英国法律管辖。中国政府还必须确保英国的"最

[①] 查理·义律：（1801—1875）英国军人和殖民地官员，1836年至1841年担任英国驻华商务总监，后因鸦片贸易问题，使得英国对清廷宣战，引发第一次鸦片战争。

惠国待遇",这就意味着,中国政府给予其他强国的任何利益,都必须同时给予英国政府。

在随后的几十年里,欧洲人对在华贸易协议提出更为苛刻的要求,比如,强迫中国政府开放更多的港口、重新开放鸦片贸易等。他们在陆上与海上确立了军事优势地位,借助武力的威胁,他们实现了以上目标。到了1846年,法国政府提出,基督教传教士应当获准进入中国所有地区,这一情况对中国的缠足问题产生了重大影响。[29]

南京条约的屈辱条款,以及似乎永无休止的退让,导致在随后的几十年里(直至半个世纪之后,中日签署马关条约,这个条约让康有为和他的同伴们为之愤怒),中国国内的一些势力开始蔑视皇帝的权威。在那段时期里,中国国内发生了一系列暴乱事件,时局更加混乱。一系列暴乱事件最终酿成1850年至1864年的太平天国暴乱,这次暴乱的领导人是洪秀全,这是出身广东地区一个农民家庭的客家人,受过一定程度的教育,参加过科举考试,不过没有通过考试。(客家是中国南方的一个汉族分支)

洪秀全接触过基督教的教义。他曾经梦见一位中年白人,之后洪秀全声称,自己就是耶稣的弟弟。他把自己创建的世俗王国(首都设在南京)称作"太平天国",这也是这次暴乱的名称来源。清朝把太平军视作"长毛土匪",因为太平军士兵按照传统的汉人方式梳理头发,没有将其梳成辫子,因为辫子是满人强迫汉人采纳的发式。

洪秀全从传教士那里学到基督教的仪礼,他参加祈祷和咏唱圣歌。他还建立一种清教徒式的社会制度,比如,杜绝酒精、鸦片和妓女,主张终结中国各种传统,包括废除祖宗牌坊和庙宇（他认为庙宇是盲目崇拜的产物），此外，还主张禁止缠足。洪秀全反对中国的诸多传统，带有十分强烈的反满情绪。太平军于1853年攻占南京，他们对俘虏的满人，无论男女老幼，一律格杀勿论，很多人死状凄惨。

洪秀全反对缠足习俗，为随后欧洲及美洲正统传教士的传教运动创造了条件。洪秀全或许只是表达了传统客家人对缠足习俗的看法。[30]太平天国暴乱的愿景，是实现男女平等，这并不是基督教福音派教义的主要议题。我们很难说清楚，在洪秀全的脑子里，反对缠足习俗的做法，在多大程度上事关基督教教徒的道德问题，在多大程度上是女性解放思潮的结果。我已经说过，缠足习俗可以让女性"安分守己"，这一思想在1850年前的几个世纪里，一直是中国人的普遍想法。

当然，洪秀全是一个离经叛道的异教徒。他最初梦见耶稣责令他消灭恶魔。来自欧洲的基督教徒，已经在中国沿海城市，比如上海，牢固地扎下根来，他们不认为洪秀全和他们是一路人。19世纪60年代早期，太平军逼近上海，遭到欧洲军队的顽强抵抗。最终，一位出身湖南，信奉儒家学说的知识分子曾国藩，组织了一支十万人马的庞大军队，击败了太平军。与其他汉人一样，对于洪秀全颠覆儒家学说的做法，曾国藩十分震怒。曾国藩击败太平军的时候，洪秀全已经死去，那时，太平军的一些人早已意识到太平天国暴乱的种种弱点。曾国藩不得不继续指挥军队，在各处剿灭太平军的残余力量。

对外丧权辱国，对内面临事关政府存亡的暴乱，京城里的一些人得出结论，中国必须向其他国家学习。他们组织了所谓的"自强运动",由一些朝廷大员担任领袖,比如恭亲王奕䜣①。在省一级层面上,这些政策得到曾国藩等人及其学生的支持与实施。曾国藩本人在击败太平天国暴乱之后,被授予更大的权力。[31]他的年轻同僚李鸿章在1864年给朝廷上过一道奏折,在其中他阐述到,中国面临着公元前221年中国第一次统一以来最严重的危机。[32]李鸿章的解决方案是,中国必须着手借鉴西方技术,培训中国国民,让他们懂得如何制造和运用这些技术。中国政府批准兴办报社、创办译馆,建造船坞和工厂,兴建煤矿与纺织厂,订购现代化武器和船只。中国政府还兴建了第一条铁路和第一座电报所,在世界各国的主要城市设立大使馆,从东京到华盛顿,无处不有。

中国的青年男女开始到国外留学,足迹到达日本,甚至远及欧洲和美国。但是,皇太后从未完全站在改革派的一边,相反,她利用儒家守旧派的力量钳制改革派的运动。自强运动的观点,遭到很多对此无法理解的知识分子的反对;他们认为,如果接受所谓的"自强精神",就意味着用西方的方式实现现代化,正是日本当时正在走的道路。与其这样,他们宁愿不要现代化。

他们不仅厌恶地方上主张现代化的人士,还认为外国基督教是对自身地位的威胁,在他们看来,他们才是中华文明的知识分子代表。新教传教士,尤其是女性传教士,顽强反对守旧

---

① 奕䜣在任期间,支持曾国藩、左宗棠、李鸿章等大搞洋务运动,以兴办军事工业为重点,也兴办民办工业,近代工业从此起步。为了洋务事业,兴办新式学校,派出留学生,促进了近代教育事业发展。

并且他是晚清新式外交的开拓者,建议并创办了中国第一个正式外交机关,使清朝外交开始步入正轨并打开新局面。

派的很多做法，其中包括反对缠足习俗。

知识分子的回应

　　基督教徒在中国早已有之，其著名人物有利玛窦及其门徒。他本人在 1582 年来到中国。中国政府决定接受他们。他们身穿中国人服装，如果他们住在京城，就必须承诺永不回家。19 世纪后期，基督教福音派第一次获得几乎完全的自由。来自欧洲和北美洲的天主教徒和新教的教徒在中国建造教堂和学校，说服一些中国人信奉基督教。基督教传播史上发生过无数次这样的现象，很多穷人转而信奉基督教，当时的中国也不例外。与天主教不同，新教鼓励教徒去做信仰的传播工作，男女均可，女性传教士们得以自信地迈开大脚，昂首走路，这对于教育女性、提升女性地位，具有特殊的示范意义。

　　一代人之前，哥伦比亚大学的一位毕业生，名叫弗吉尼亚·乔（Virginia Chau），他记述了基督教徒进入中国之前，中国知识分子就缠足问题进行过激烈争辩。他谈到 17 世纪的一位明朝诗人，格外喜欢满族妇女肥胖的大脚。在 18 世纪末期，诗人、艺术家袁枚热衷女性诗歌，也招收过女性作为学生。他给一位朋友写了一封信，这位朋友想娶一位有着三寸金莲的小妾。袁枚在信里说，如果想仿效李煜的趣味（读者应该记得，这位皇帝的小妾就是一位所谓的佳人，三寸金莲的概念即来源于此），那是找错了仿效对象，因为他是一个"前朝的末代皇帝。"[33]诗人钱泳和他同处一个时代，不过比他年轻一些。这位诗人指出（他引用儒家学说的经典例子，很多守寡妇女都记着这些例子），儒家典籍并未提及缠足问题，他还认为，缠足习俗的蔓延与王朝的衰败之间，存在某种必然的关联。钱泳继续论证到（弗兰西斯·培根如果有知，也会赞同这一推理），缠足习俗历来为较低社会阶层所采纳，绅士应该避免采用。[34]

乔还谈到李汝珍。李汝珍创作了一部书名为《镜花缘》的小说（这部小说出版于1828年，写作日期大约早于出版日期二十余年），被认为是中文版的《格列佛游记》。李汝珍用讽刺性的文笔描述了一个"女人国"，表达他对女性的普遍同情。他在小说里描述一位林姓商人，不幸被选为女人国国王的"王妃"，并且遭受了缠足的痛苦与屈辱。几天痛苦过后，林之洋"口口声声只教保母去奏国王，情愿立刻处死，若要缠足，至死不能。一面说著，摔脱花鞋，将白绫用手乱扯。"[35]

除了这些早期的批评家之外，真正有组织的反对缠足运动，始于传教士进入中国之后。19世纪60年代，中国很多地区设立了女子基督教学校。在长江三角洲地区的杭州，基督教教会在1867年开设一所女子学校，正如阿绮波德·立德夫人所说，"学校建立之初，就要求女子放足，强调女子不应在违背自己意志的情况下与男子结婚……"同样，卫理公会在北京开设一所女性学校，也要求所有女子都要放足。[36]

伦敦布教协会（London Mission Society）的约翰·麦考恩（John Macgowan）教士①，在长达15年的时间里，一直推动反对缠足的运动。1874年，他和妻子在福建省漳州一带的沿海地

---

① 约翰·麦考恩（？—1922）：英国教士，1860年来华，著有《厦门方言英汉词典》等。

区奔走，积极在厦门（当时，厦门在英语里被称作 Amoy）筹备召开基督教女信徒大会。"在这次会议结束时，9 位女性'签署'了一份倡议书，呼吁家庭内外消除缠足这一异教习俗。她们在一位中国籍牧师为她们写好的名字之下，划上了十字。"[37]最终，其他女性，其中大部分都是劳动女性，也加入这一行列，呼吁不要再为自己的下一代女性缠足，她们自己也开始放足的痛苦过程。[38]尽管如此，反对缠足的进展依然十分缓慢。在几十年的时间里，麦考恩教士到处奔走，为其"戒缠足会"招募成员，这一组织的命名是为了对应"戒吸食鸦片"组织的名称，后者由一些反对酗酒的戒酒组织于一个多世纪前成立。[39]"戒缠足会"是中国第一个反对缠足的协会。

从 19 世纪 80 年代开始，反对缠足的运动得到中国一部分年轻男女的支持，他们都有海外学习的经历；其中一些人是上流社会或者新兴商人阶层的年轻女性，她们曾被派往日本，回国之后，她们决心从身体和心智两个方面教育新一代中国女性，让她们做好充分准备，迎接一个开放的世界。这是中国的第一批女权主义者，她们决心要为女性的平等地位奋斗。她们在一些学校里开设体育课程，比如开展运动与做体操，体育课程构成学校课程的核心内容之一。这些活动预示着，女性的双脚不应再被裹缠。[40]

对传教士而言，他们不厌其烦地向中国知识分子宣传反对缠足的问题。他们设立报社和杂志社，其中包括《万国公报》（英文名称为 *The Review of the Times*），这份报纸由美国南方卫理公会主教教区的林乐知（Young John Allen）教士①创办，并担任编辑工作，直至1907年去世。《万国公报》以中国古文为语言媒介，向知识分子打开一扇窗户，使他们得以了解中国之外的思潮与事件，了解应对社会危机的新方法。同样重要的是，在1890年，浸礼会传教士协会的李提摩太（Timothy Richard）教士②在天津编辑一份《中国时报》（英文名叫 Eastern Times），这份报纸是应优秀知识分子李鸿章之邀创办的。[41]

李提摩太比大部分新教传教士都清楚地认识到，改变中国的关键力量是知识分子。他平时穿着中国知识分子的服饰，花费大量的时间、精力和钱财，写作、翻译并出版基督教文献，包括基督教教科书、训诫和新约；此外，他还刻苦钻研作为科举考试核心内容的文本。19世纪70年代，山东与陕西境内发生严重的饥荒，满族政府无能为力，各省官员又各行其是，李提摩太目睹了这一切，感到非常震惊。他得出的结论是，中国最需要做的事情，是获得现代科学知识，其中包括基督教知识，这是西方文明最伟大的成果之一。他在《西方文明的思考》里写道：

> 我认为，西方文明较之中国文明，其优越性在于，它试图发现自然中上帝的运行机制，并将自然规律应用于人类的福祉……我相信，如果我有机会向官员和学者做一传

---

① 林乐知：字荣章，生于美国佐治亚州。清代进士，基督教美国监理会传教士。咸丰十年（1860年），偕夫人来上海传教。译述《欧罗巴史》、《万国史》、《格致启蒙化学》、《格致启蒙天文》、《列国陆国制》等十余本有关外国历史、地理及自然科学的著作。

② 李提摩太：（1845—1919），英国浸礼会传教士。

授,让他们对科学的奇迹产生兴趣,我就可以告诉他们,可以采用何种方式,利用自然中上帝的力量,为同胞谋取福祉。如此,我就可以影响他们,鼓动他们建造铁路、开采矿产、避免饥荒的重演,将人民从极度贫困中解救出来。[42]

与时俱进的基督教教义,即利用科学技术的力量为人民谋取福祉,在同样与时俱进的知识分子中引起极大反响。我们在本章开始部分谈到康有为,这位撰写奏折反对缠足习俗的进士,有一次声称:"我信仰维新,主要归功于两位传教士,李提摩太牧师和林乐知牧师的著作……"[43]不过,我们必须清醒地认识到,他认同的是改革,而非基督教。

实际的情况是,基督教传教士最薄弱的工作环节,就是没有真正发展基督教的教徒队伍。费正清和谷梅(Merle Goldman)写道:"到了1894年,新教的传教活动支持着1300余名传教士,他们主要来自英国、美国和加拿大,新教还维系着大约500个教会机构的运行,每个教会机构都拥有一些附属设施,比如教堂、居所、街边小型教堂和规模较小的学校,此外,教会还设立医院或医疗所,它们分布在大约350个城镇里"。但是,在这个拥有四亿人口的国家里,只有六万名中国人信奉基督教。[44]对于大部分处境凄凉的中国人来说,传教士给他们带来的好处,只是一些现代化设施,而不是基督教对他们的救赎。

当然,新式报纸杂志向康有为等知识分子打开了全球视野。在这些读者中,产生了第二个反对缠足习俗的社会阶层。康有为在其自传中写到,从1883年开始,《万国公报》使他有机会了解到西方思想,他开始思考缠足习俗的问题。[45]按照他的说法,他目睹同胞姐妹缠足过程的痛苦，令他万分悲伤。之后，他禁止亲生女儿缠足。他的家人敦促他改变主意，不过，他在 1894 年与另一位知识分子合作，在广州创建"不裹足会"。与他共同创建"不裹足会"的这位知识分子，曾经去过美国，他和康有为一样，也不希望自己的女儿缠足。之后，康有为将这一组织迁到上海，最终发展了一万余名成员。[46] 1898 年，他向皇帝上了一道奏折，即我们在本章开始部分谈到的那份文献：《请禁妇女裹足折》。

麦考恩代表传教士的计划，康有为代表要求改革的新型知识分子。在提倡天足运动的最后阶段，出现了第三种重要的声音，这就是侨居中国的海外精英女性，一些活跃于商业港口城市的外国商人及官员的妻子们。19 世纪 90 年代，麦考恩在上海与阿绮波德·立德夫人会面。受到麦考恩的激励，立德夫人聚集了上海的侨民精英，邀请麦考恩发表演说，并且成立一个新的全国性反对缠足的组织"天足会"，立德夫人将其名称翻译为"Natural Foot Society"（麦考恩偏爱"Heavenly Foot Society"这个译名，毫无疑问，他希望强调的是，放弃非基督教的传统习俗具有的宗教意义。）[47] 李提摩太帮助他们制作和出版反对缠足的小册子。

立德夫人在 1887 年来到中国；当时，她刚刚与阿绮波德·立德结婚。她的丈夫是一个英国人，30 年前来到中国，结婚的时候，他还是一位在四川省重庆市做生意的成功商人。立德夫人在结婚之前有过成功的职业生涯，那时，她用少女时代的名字，艾丽西亚·比伊克（Alicia Bewicke），创作过几部讽刺小说，小说描述了富人阶层空虚的社会生活，以及婚姻市场上的种种愚蠢行径。[48] 作为一位年轻女性，她过着独立的生活，在丈夫的支持下,她在中国发起一场反对缠足的运动。

或许是因为立德夫人不是传教士,她意识到,在中国这个儒家思想占据主流的社会里,将反缠足运动与基督教联系在一起,并不是一个好策略。她在中国各地的游说不止针对知识分子,也指向其他人。1900年,她成功地争取到了时任两广总督李鸿章的支持。

不过,一些著名知识分子殊途同归,在反对缠足的问题上具有相同看法。1897年,湖广总督张之洞发表文章,支持反缠足运动,成为天足会的一件利器。[49]立德夫人在湖北省会城市武汉举办过数次会议,在其中一次会议上,她在大厅里挂了几幅"巨大条幅",上面写着张之洞"富于鼓动性"的题词,"一位军官仔细察看了条幅,显然没有兴趣再去聆听我的明智之言,不过,他最后还是签了名,成为天足会的一名成员……"[50]1907年,立德夫人和生病的丈夫返回英国,天足会的领导权交到中国人的手里。[51]过了不久,天足会就渐渐消亡了;它的消亡不是因为失去社会各界的支持,而是因为至少在上流社会,放足的理念早已深入人心。

19世纪末期,为了应对中国社会面临的诸多问题,处于现代化过程里的中国知识分子,如同反对现代化的中国知识分子一样,对自己的国家和深厚的文化传统具有强烈的忠诚,并本着这份忠诚处理中国的社会问题。很多现代化的知识分子坚持认为,"体"(实体)与"用"(应用)之间存在差异;正如他们所说,他们认为,"中学为体,西学为用。"[52]为了抨击缠足习俗,他们指出,孔子生活的年代并不存在这一习俗,而且,在他去世的一千多年里,也不存在缠足习俗。不过,也有一些人说,传教士的言论与出版物,以及天足会的活动,对中国知识分子的思想产生了深远影响，也就是说，它在很大范围内揭示了，缠足习俗招致西方社会对中国及其文明采取蔑视的态度。

荣誉域

我已经说过，荣誉存在于荣誉域中：一个特定群体承认相同的规则，并且寻求相互之间的尊重。不过，重要的是必须认识到，荣誉域不必局限于个人自身所处的社会环境。亨利五世当然相信，他有权得到外国王子的尊重。你的荣誉域包括这样一些人，他们理解并且接受特定的荣誉法则，比如英国农夫，即便他们需要遵守的荣誉法则并非很多（如果还有一些的话），亦是如此。在19世纪初期，中国知识分子的荣誉域，没有涵盖其他国家的人士。不过，康有为的奏折表明，到了19世纪末期，至少一部分中国知识分子，已经将自己视为一个更为广阔的世界里的一分子，可以对其中每个社会作出评价。现在，他们的荣誉域包括日本人、欧洲人、美国人，这些人对中国的尖锐批判，有损于中国获得他国尊重的权利。

在一个荣誉域里，一些人被定义为你的荣誉伙伴，因为荣誉法则对你和这些人提出同样的要求。对于海尔王子（Prince Hal）来说，就其军事荣誉而言，他的所有荣誉伙伴都是绅士……不仅是英国绅士，而是所有的绅士。英国淑女是所有淑女的荣誉伙伴，即便她们处于不同政体的管辖。人们未必意识到，荣誉法则是特定社会和特定区域的产物，他们容易将另一些人误认作荣誉伙伴，实际上这些人却不是。荣誉域包含比荣誉伙伴更多的东西：如同我们看到的那样，很多荣誉法则对女性的要求，有别于对男性的要求（对女性贞洁的要求尤为苛刻），但是，不论男女都同属一个拥有这些法则的荣誉域。传教士传播影响力的方法之一，是他们将中国知识分子视为其荣誉域里的一分子。像李提摩太教士这样的人，他们对儒家传统十分尊重，他们穿着中国知识分子的服饰，极力宣传这样的思想，即西方人和中国人不仅可以尊崇同样的荣誉标准，而且彼此可以成为荣誉伙伴。

义和拳叛乱及其后果

　　1898年的百日维新，给予康有为施展其影响力的绝好机会，但是，它突然就中止了，正如它的突然开始一样。皇帝提议的激烈变革，使宫廷里与京城内的官僚分为两派。造就官僚的是传统考试制度，新兴科学是他们无法理解的知识，他们不担心会被废黜。保守派势力静观其变，一直等到获得皇太后的支持，最终发动政变。康有为侥幸地逃到日本，其他六位改革运动的领袖，包括康有为的兄弟，被处以死刑。皇太后又回到权力的中心，即便皇帝依然在位，她还是以"垂帘听政"的方式执掌大权。[53] 1900年那个漫长而炎热的夏季里，清王朝爆发了最后一次大规模叛乱，也就是所谓的义和拳叛乱，那时皇太后已经把国家大权牢牢地攥在手中。[54]

　　义和拳（西方人把他们视为义和团的成员）相信，社会面临的很多问题，都源自外国人在中国的存在，认为这是一种非自然现象。外国人的存在扰乱了能量的自然流动，他们建造的铁路和电报线路破坏了人类住所与自然环境的和谐关系，也就是破坏了所谓的"风水"，激怒了他们的祖先。义和拳显然获得宫廷内一部分人也就是满族铁帽子王的支持；保守派满族铁帽子王认为，他们可以利用义和拳的力量，使中国永久摆脱外国人的邪恶影响。宫廷里的另一个派别，主要盘踞在总理衙门，主管外交事务。他们似乎意识到，激怒欧洲和日本势力是极不明智的行为。最熟悉外国人的那一派别被证明是正确的。西方各国以武力方式在北京重建秩序，他们轻易击败了中国的抵抗力量，对京城与宫廷进行大肆掠夺。

曾经发动"自强运动"的李鸿章，负责与外国人的谈判。长期以来，中国与西方势力的战争屡屡告负，这次谈判也不例外，协议条款对中国政府提出苛刻的要求。不过慈禧仍然深居宫内，清王朝还有十年光景可以维持。[55]

1902年，皇太后亲自颁布了一份禁止缠足的法令，其关注的主要问题是，缠足是一种不健康的习俗，她敦促而不是命令缠足习俗的终结。皇帝"要求""嗣后搢绅之家，务当婉切劝导，使之家喻户晓，以期渐除积习……"皇太后"断不准官吏胥役藉词禁令，扰累民间……"[56]很难说，这是皇朝发出了禁止缠足的号召，但是，这的确是禁止缠足习俗的开端，这也反映了外国势力对中国皇族施加的压力，当时，外国势力在皇太后统治的国度里几乎可以为所欲为。1908年11月14日，皇帝去世，在不到一天的时间里，皇太后也去世了。末代皇帝当时未满三岁，1912年2月，这位皇帝在7岁的时候正式退位。

随着清王朝的终结，新的共和国（共和国由现代派领导，他们中的很多人在西方和日本接受过教育）发出强硬的声音。1911年3月，孙中山先生发布命令，禁止缠足，将其视为一种残酷而有害身心的习俗。[57] 旧的封建王朝拥有很多象征，比如男子蓄辫和女子缠足，新的共和国所要消除的，正是这样一些习俗。除了短命的复辟派总统袁世凯外（这位总统试图将儒家学说定为官方哲学，之后又成为中国的统治者），共产党和国民党都是现代派，他们都反对缠足习俗，主张男女平等，鼓励女性从事体育以强身健体。[58] 不过，他们接管下的中国，早已不再固守缠足的习俗。

荣誉场所

我们看到，反对缠足的各种组织根植于基督教传教士和西方商业精英之中，同时，康有为这样的知识分子也对缠足习俗深恶痛绝，他们看到，如果中国希望在现代世界的舞台上占据一席之地，就必须在一定程度上实现西方化。知识分子关注的焦点，首先是中国的国家利益：如果终止缠足习俗对女性发展有利，无疑应当尽快采取行动。因此，他们撰写的文献具有一定的国家主义色彩。他们的某些论点颇具实用价值，比如，他们认为，外国的入侵造成中国的混乱，中国女性没有奔跑能力，使形势变得更加糟糕。他们认为，如果女性拥有一双天足，就可以参加体育活动，她们强健的体魄有助于生育健康的孩子。不过，他们同时还认为，终结缠足习俗的必要性在于，这一习俗已经成为国家的耻辱之源。我们已经读到，康有为在反对缠足的奏折里，以国耻作为中心论点，展开对缠足习俗的猛烈抨击。

确实，正如弗吉尼亚·乔描述的那样，这篇奏折一开始就声称，"吾中国……外人拍影传笑，讥为野蛮久矣"，而结束语又是这样写的：

> 以国之政法论，则滥无辜之非刑；以家之慈恩论，则伤父母之仁爱；以人之卫生论，则伤骨无用之致疾；以兵之竞强论，则弱种辗转之谬传；以俗之美观论，则野蛮贻诮于邻国。是可忍也，孰不可忍？[59]

康有为在奏折的开始和结尾部分都谈到国家荣誉的问题，更准确地说，都谈到国家的耻辱问题。受他保护的梁启超，是20世纪另一位享有盛名的中国知识分子，他在1896年写道，缠足"……日盛一日，内违圣明之制，外遗异族之笑。"[60]

对国家荣誉的关注一直延续到新的世纪，缠足习俗在此很久之前就已急剧衰落。20世纪30年代的一位作家问到，如果让这一习俗逐渐消亡，是否会更好一些，实际的情况是，穷人会仿效富人的习俗，缠足习俗形成过程里就出现过这样的情况，"为什么要打破平静，进行干预？如果说，外国人嘲笑我们，我们就要取消缠足习俗，那么，我们必须承认，他们还会在别的方面嘲笑我们。"中国人在世界各地旅行，把缠足习俗也带到世界各地。利维讲述了一个中国女性的故事：在20世纪30年代里，这位女性在巴黎以卖淫为生，嫖客想看一眼她的三寸金莲，就必须付钱。他写道："巴黎的华侨对此感到愤怒，向中国领事馆提出抗议，他们认为这个女性的行为有辱于国家荣誉。"日本学者后藤麻路（Gotō Asaro）在 1939 年言简意赅地总结道，禁止缠足的运动，就是旨在"拯救中国的'国家面子'"。[61]

一起行动

　　大部分现代人理所当然地认为，关注国家荣誉，可以激发一些人采取积极行动，因此，本章的论述或许容易理解。但是，如果仔细思考一下就会发现，潜伏其中的思想颇有意思。从个人的角度而言，我们可以看到荣誉的意义。每个人都希望拥有价值并因此受人尊重。受到人们由衷的尊重，是我们内在价值的体现，通常，它也表示按照你的标准是如何评价自己的。（毕竟，这是一套得到特定群体共同承认的标准，荣誉域即根据这套标准而形成。）因此，就个人层面而言，他人给予你的荣誉，使你有理由相信，你达到了自己设立的生活目标。但是，为什么个人价值会与我以国家名义所做之事的价值相联系呢？实际的情况是，如果我们归属于一个受人尊重的社会群体，人们就会尊重我们，如果我们属于一个不受人尊重的社会群体，人们便会蔑视我们。然而，难道我们不应当问一下，为什么会这样呢？某些人为我们国家做出很大贡献，但是，我很难找到尊重他们的理由。（与此形成对照的是，我有足够的理由尊重我们的同胞。）

　　面对这个令人困惑的难题，人们的反应之一是，如果国家不值得尊重，并非我们真正的耻辱。也许，我们真实的感受是，如果我们关爱之人做了不宜之事被人发现，我们会感到耻辱，当然，我们不是为自己感到耻辱，而是为他们感到耻辱。如果一位朋友在切洋葱时，切到自己的手指，我们也会害怕，同理，当朋友做了不名誉的事情，我们也会为他脸红。

这种形式的认同感（我们在严格的辞源意义上使用这一涉及人际关系的字眼），当然可以解释在某些场合下，我们会有莫名的感觉，或者，按照通常的标准，我们会有莫名的感觉。但是，在谈到国家荣誉及耻辱问题时，这种认同感不能说明什么问题，因为通常没人基于这一同感做出回应。如果国会表决通过一项愚蠢的决议，我不知道应该对哪位议员感到羞耻；我不知道是哪位议员表决时赞同了这一决议。我或许只是知道，我反对这一决议，因为我最清楚自己的感觉。假如，我们的一些军人滥用暴力，即便我们能够确认他们，我们还是可以分辨两种不同的感受，我们既为那些施暴的军人感到耻辱，也感受到国家的耻辱，这在很大程度上是因为，如果施暴的军人背叛我们的信念，我们就不会对国家的所有军人抱有认同感。

我认为，可以用一种更好的方法理解国家荣誉。这种方法源于第一手观察，很多社会群体具有集体性行事的特征。比如，在有的情况下，并非仅限于民主国家，国家会作为主体采取某种行动。如果一个国家发动战争，或者实行某种贸易禁运政策，或者提供一种人道主义援助，或者在安理会表决中支持某项决议，那么，该国公民就不是以个人身份而是以集体身份参与上述行动。国家以人民的名义行事，但是国家的行动还有更为深刻的含义。以国家名义行事的个人，由公民共同生成的文化培养，他们根据政府的指令行事，政府又是公民选举的，他们作出的反应，依据一定的价值观，价值观由文明社会传播与维持，文明社会又由这一国家的公民构成。如果说，讨论国家目标和世界前景，对于实现这些目标和前景具有重要意义，那么，将国家行动视为公民的集体性行动，同样具有重要意义。

如何理解集体行动的作用，是应该把它理解为一种实际的效用，还是一种象征的效用？此外，哪些集体性行动有必要予以讨论，这两个问题最近在哲学界引起了激烈的争论。在这里，我无意对这个问题做出表态，只是希望在开始阶段就说明，我们该以何种方式讨论这两个问题，另外，如果没有反证，我们有理由继续遵循这一方式。

不过，我们还有更好的论证。J. M. 库切（J. M. Coetzee）①最近创作了一部小说《糟糕年份里的日记》（*A Diary of a Bad Year*），小说里的主人公写了一篇文章，对《纽约客》杂志的一份报告作出回应。那份报告谈到，美国政府默许刑讯手段，颠覆了禁止刑讯的传统习俗：

> 德摩斯梯尼②：奴隶们害怕的是痛苦，自由人害怕的是受辱。如果我们假定，《纽约客》所说属实，那么每个美国人面临的问题就是一个道德问题，也就是说，在必定蒙受耻辱之际，该采取怎样的行动？该如何保护我的荣誉？

这提醒我们，有必要保留对国家荣誉的感受。和个人名誉一样，国家荣誉可以激发我们共同关注，检验我们所做的一切

---

① J. M. 库切：(1940—)，出生于南非的作家、学者，现为澳大利亚公民。2003 年获得诺贝尔文学奖。
② 古希腊雄辩家。

是否正确。尽管问题具有道德性质，但是，与每个美国人相关的，不仅是道德问题，也事关荣誉问题。在威灵顿公爵的决斗事件中，诚实是一个有待辩明的问题，但是，激发决斗动机的却是名誉问题；在康有为发动的运动中，女孩和少妇蒙受的痛苦是一个有待探讨的问题，但是，驱动运动发展的也是名誉问题。库切的叙说正确地强调了一个事实，即身处集体性感觉之中，我们几乎没有选择的余地，如同在个人的赞美性尊重方面，我们同样几乎没有选择的余地。

库切还对西贝柳斯第五交响乐作出回应，并作出相应的思考：作曲家希望听众感受到一种"巨大的、汹涌的情绪"。

> 我在想，差不多一个世纪之前，赫尔辛基第一次上演这部交响乐之际，如果我是一个芬兰人，身处听众之中，会是一种什么样的情景，我会感受到这股汹涌的情绪正在淹没听众吗？回答是，听众感到骄傲，因为我们每个人都把这些音乐组合在一起，因为我们人类在一无所有的情况下，创造了这般奇迹。与此形成对照，让人们感到耻辱的是，我们的人民也制造了关塔摩纳监狱丑闻。人类一方面是音乐的创造者，一方面又是制造痛苦和耻辱的机器：人类可以做出最优秀的业绩，也可以做出最糟糕的事情。[62]

基于国家或同胞的所做之事，人们感到骄傲或者耻辱，由这样的人士组成的荣誉域，就是我们的人类世界。拥有这样的感受，我们必须理解美国《独立宣言》的精神，必须理解托马斯·杰斐逊的优美构想，这是"对人类舆论的优雅尊重"。康有为对国民荣誉十分关注，他把赢得国外人士的尊重视为一件重要事情。他没有沿袭中国文化长久以来形成的态度，将国境之外视作野蛮人群的居所。（有关中国文化的这一态度，可以回顾乾隆皇帝接待乔治三世特使时的表现。）将自己的祖国看作是由很多国家构成的、范围更加广阔的世界的一部分，是现代国家主义最为核心的心理支柱，也是国家荣誉用以激发公民情绪的原因所在。[63]

去做国家需要我们做的事情，部分原因还在于，我们为祖国感到骄傲，这种骄傲情绪来源于"我们"完成伟大的事情。换一句话说，来源于我们有资格获得国家"赞美性"承认：事实上，我们是一个拥有荣誉的国家。法国伟大的历史学家和国家主义者欧内斯特·勒南（Ernest Renan）1882年在一篇弥足珍贵的论文"什么是国家"里，谈到这一点。他在文章里写道：

> 与个人一样，国家历经长期的努力、牺牲与忠诚而形成。祖先崇拜是最重要的一个因素：祖先造就了我们。一部英雄辈出的历史，一些伟大的人物，荣耀（我是指真正的荣耀），就是国家概念赖以存在的社会基础。[64]

有的时候，爱国主义被视为偶像崇拜，因为它涉及对国家的信任，事实上，它也确实具有宗教信仰的部分心理特征。不过，你至少要高度赞赏国家的某些成就，否则很难对国家产生信任之感。爱国主义并不要求你相信自己的祖国比别的国家更好，更不必说是一个最好的国家了，但是我认为，只有认为自己的祖国在某些方面独树一帜，值得为之感到格外的骄傲，比如，康有为就坚信中国儒家传统具有独特的价值，才会真正地热爱自己的祖国。

伟大的放足运动

缠足习俗废止的速度，至今想来依然令人震惊。格里·麦凯研究了我们掌握的统计数据，得出的结论是，"中国缠足习俗的终结过程，发生在1900年义和团运动至1911年辛亥革命这段时期内，当然，首先发生在大城市的上流社会里。尽管各地终结缠足习俗的时间不尽相同，但是，相关的证据表明，缠足习俗一经中断，便很快销声匿迹。"进入20世纪之后，缠足习俗依然在中国各处存在，但是，一千年流传下来的这一习俗，只用了一代人的时间，就在中国绝大部分地方基本灭绝。麦凯认为，"如果用社会学家的数据来衡量，距离北京125公里的定县，是一个民风保守的乡村地区，1889年有99%的女性缠足，到了1899年有94%的女性缠足，到了1919年，缠足的女性数量为零。"[65]

迫使缠足习俗很快终结的原因究竟是什么？在一个大部分婚姻均为包办婚姻的社会里，除非男人愿意娶回一位天足女性，否则女性没有理由放弃缠足习俗。很多反缠足组织采取了聪明的策略，准确地捕捉到终结缠足习俗的症结所在。它们创造了很多天足的未婚女子，同时，又创造了很多愿意迎娶天足女子的男子。很多反缠足组织从两个方面着手，一方面，禁止为女儿缠足，另一方面，禁止儿子迎娶缠足女子，这正好符合终结缠足习俗的必要条件。在将中国与其他国家进行比较的过程里，人们发现一个明显的事实：我们可以创建一些社会，就像日本以及基督教团体那样，在这样的社会环境里，女子不必缠足依然可以保持忠贞。

缠足习俗吸引了社会下层人士，原因在于，这首先是上流社会人士采纳的一种习俗。一旦知识分子希望迎娶天足女子，不可避免地，放足的潮流便自上而下地奔泻起来，这在第一时间改变了蔓延很广的缠足习俗。简单地说，缠足习俗深深地根植于一个讲究等级的社会体系里，如果社会精英舍弃这一习俗，也就同时消除了这一习俗的社会吸引力。这一机制对应着英国决斗习俗终结的原因：不属于绅士阶层的人士沿袭决斗习俗，最终导致这一习俗不再成为绅士保护自身名誉的方式。

但是，为了了断这个根深蒂固的习俗，人们必须说服足够数量的社会精英们，即足够数量的知识分子及其家庭，说服他们放弃缠足习俗。外国人，以及那些在日本和西方接受过教育的中国人——他们反对缠足习俗——在终结缠足习俗的过程里发挥了关键作用。当时，知识分子已经失去对自身传统的信心，无力抵御其他现代化国家的渗透；为了吸引公众关注中国与发达的工业化国家之间的差别，外国人和接受过西方教育的中国人，说服了一些知识分子，让他们意识到，他们必须大力推进改革。正如我们从其自身话语里所听到的，他们关注的核心问题，是祖国的荣誉问题。

对很多知识分子来说，推进这场必要的改革，最终将付出昂贵的代价。《金莲情趣秘史》是一篇公开论述缠足的色情意味的文章，其匿名作者在文章中谈道："本国的缠足习俗已经成为世界历史上的一种落后习俗。任何地方的女性都没有像中国的缠足女性那样，被束缚得如此严重。这样的习俗理应消除，理应不复存在。"不过,他怀着几份伤感情绪继续写道:"尽管如此,我还是愿意撰文,以证明金莲及其神秘性质依然有其效用,因为这毕竟流传了千年之久。"[66]

第三章

废止大西洋地区的奴隶制

英格兰在废止奴隶制的过程中，体现出执著、讲究实效和不计手段的特征；它或许是各国历史中三四个最具美德的篇章之一。

——威廉·莱基（William Lecky），《欧洲道德史》[1]

国家荣誉

"欧洲大航海时代"的核心事件是哥伦布"发现"新大陆。这一事件对西半球产生两个重要的人文影响。其一是欧洲人在美洲定居,导致美国印第安人社会的毁灭;其二是地中海地区传统庄园奴隶制向大西洋西岸的广阔区域转移,蔓延到那里的众多岛屿和内陆地区。庄园的发展需要从热带地区获得大量劳力,而当地土著居民并不乐意充当劳力。土著居民习惯于当地的生态环境,对地理情况也十分熟悉,可以较为容易地摆脱欧洲定居者的控制。此外,欧洲人的祖先来到美洲,带去了旧世界的很多疾病,印第安人由于缺乏天然免疫力,很多人因此丧生。庄园经济要进一步发展,就需要寻找其他途径以获得大量劳力。

与此同时,欧洲人与非洲的联系也越加紧密。由于国内战争的爆发,很多非洲国家的社会发展中断,产生大量俘虏。在数个世纪的时间里,新世界产生对奴隶的恒定需求,西部非洲的各国逐步确立基于奴隶掠夺与贩卖的经济体制,将数以百万计的奴隶贩卖给设在西非海岸地带的多个欧洲贩奴集结站。进入19世纪以后,欧洲以外民族的贩奴经济,构成大西洋经济的核心部分,它连接着欧洲、非洲和美洲,与很多国家的国内经济紧密相联,成为全球贸易的主要部分。在这一过程里,未曾发生具有重大影响的道德革命,这里所说的具有重大影响的革命,是指最终废止系统化贩卖非洲奴隶及大西洋地区非洲人后裔的那类革命。

废止奴隶制的运动需要付出非同寻常的努力，全世界很多有识之士对此都有充分的认识。确实，即便在中国人缠足的问题上，一些具有进步倾向的知识分子，也经常将反缠足运动与西方废止黑奴制的运动进行比较，并且发现两者的共同之处。

在我看来，两者的并行关系并不明显。废止奴隶制的运动和反缠足运动都是伟大的运动，它们以道德化的运动方式，去反对长久存在的传统。但是，奴隶制是一个人种从属于另一个人种的制度，它对黑人实施系统化征服，使之丧失尊严；而缠足习俗，尽管受害者均为女性，却是中国汉族内部世代沿袭的传统，是社会地位的象征，并非社会底层人士所有。当然，缠足仅限于女性，这反映了女性从属于男性的事实。另外，女性的从属地位并不意味她们就没有尊严。实际情况是，女性通常承载家庭的名誉，我们在上个章节对这个问题已有阐述，尽管她们承载家庭名誉的方式与男性不同。

两者另外一个显著区别是，奴隶制显然不可能得到奴隶的支持，而女性则通常会支持与宣传缠足习俗。不过，在奴隶制与缠足习俗的历史关联上，有一件事情是非常明确的：它们各自的反对者，基于各自不同的文化环境，一致认为，两种习俗对各自的国家荣誉均构成威胁。

我们将会看到，在废止奴隶制运动的文献里，国家荣誉是一个无法回避的主题。不过，我们还将看到，在探讨大西洋奴隶制的终结原因上，还有一些另外的、容易忽略的论据，这些论据表明，荣誉与其他一些社会认同存在着一定关联。

英国的国家荣誉和贩奴贸易

　　1807年，英国议会废止大英帝国的贩奴贸易，1833年，英国政府终止其殖民地的贩奴贸易，1838年，英国政府废止《黑奴学徒制度》(Negro Apprenticeship)，这是西印度群岛用以替代奴隶制的一种制度。最终，英国政府解放了七十余万奴隶。对于随后一个世纪，大部分英国历史学家（包括大部分英国人）认为，在这一时期里，慈善行为战胜了自私行为。1944年，埃里克·威廉姆斯（Eric Williams）[①]——他后来成为特立尼达和多巴哥的第一任总理——在《资本主义与奴隶制度》一书里谈到，废止奴隶制过程的每一步骤，都反映出大英帝国的经济利益。这是一部继承了加勒比海地区抵御凯列班[②]（Caliban）之伟大传统的著述。威廉姆斯表述的基本思想是，废止贩奴贸易，是实现自由贸易的措施之一；只有在奴隶生产的西印度群岛糖料不再赢利之际，奴隶制的终结才有可能。在废止奴隶制方面，英国人的人道主义是有选择性的：他们对帝国之外的奴隶处境视而不见，对国内从事矿业和农业的奴隶处境同样置若罔闻。废止奴隶制的道德谎言，在某种程度上只是一个幌子，也就是温奇尔西所说的"帘子"，在这个幌子之下，真正起作用的是实

　　[①]　埃里克·威廉姆斯：(1911—1981)，特立尼达和多巴哥第一任总理，也是一位著名的历史学家。
　　[②]　表示凶恶残忍之人。

际的经济利益。² 归纳起来，废止奴隶制的运动与慈善事业毫无关系。

威廉姆斯的观点代表一种政治理论，这一理论认为，个人、阶级和国家都会理性地追逐自身的利益。他赞同政治"现实主义"，对所谓的"高度的道德或政治标准"的讨论表示怀疑。³ 可以用一个简单的观察结果破解废止奴隶制过程中的巨大谜团：即威廉姆斯的论证是错误的。废止奴隶制的运动，根本不是英国的经济利益驱动使然，因为这一运动实际上有损于英国的经济利益；关于这一点，这一运动的领导人物有着清醒的认识。或许我们可以讽刺性地同意威廉·莱基（William Lecky）① 的著名观点，即"英格兰在反对奴隶制的过程中，体现出执著、讲究实效和不计手段的特征；它或许是各国历史中三四个最具美德的篇章之一"。然而，这肯定不是"出于自身利益及心胸狭隘之举"的结果。

英国是一个强盛的海洋性商业帝国，全球贸易活动为它带来巨大的财源。有证据表明，废止奴隶制有悖于英国的经济利益，这一观点具有很强的说服力。西部非洲的奴隶供应在废止奴隶制的时期达到顶峰，奴隶的价格开始下降。⁴ 尽管有很多人认为（他们用亚当·斯密的观点看待问题），自由劳动力有利于经济的发展，然而，19世纪初期塞拉利昂解放奴隶的实验却很难支持这一观点。当时英国各地废止奴隶制的进程参差不齐，与此同时，奴隶制作的产品在全球经济中的地位愈发重要，对英国的消费及生产也起着关键的支撑作用。

---

① 威廉·莱基：(1838—1903)，爱尔兰历史学家。

西摩·德雷斯切（Seymour Drescher）① 是研究废止奴隶制运动的著名历史学家，他令人信服地论证了，从奴隶的供应来看，废止奴隶制没有经济方面的原因，而且，从奴隶的需求来看，废止奴隶制同样没有经济方面的原因。18 世纪 80 年代（我们将要看到，这个年代英国开始第一次大规模废止奴隶制的运动）至 19 世纪 40 年代，糖料的生产（几乎所有糖料都由奴隶生产）数量一直持续增加，其间由于法国革命及美国革命的影响，糖料的生产数量有过短暂减少的现象，在这一历史时期内，英国废止奴隶制的运动基本获得成功。[5] 在 1787 年至 1838 年间，按照西摩·德雷斯切的观点，奴隶生产的棉花在英国迅速增加的棉花产量中的比例不断上升，从过去的 70% 上升到当时的 90%。在这段时间里，自由劳动力生产的任一上述商品，都没有形成如此庞大的规模。

威廉·麦克尼尔（William McNeill）② 是全球史研究领域的开拓性人物，他曾经提出一个见解，即在 19 世纪初期，英国人口的增长降低了贩卖奴隶贸易的必要性，导致废止奴隶制的思潮兴起。不过，实际情况也不支持这一观点。如果英国人口过多的因素确实产生影响，那么，我们就应当看到，奴隶制建立之后，进入英国境内的移民数量应该达到最低点，奴隶制废止之后，进入英国境内的移民数量应该达到最高点。实际情况正好相反。正如德雷斯切所说，"在向境外移民的数量达到三百年来最低点的时候，英国废止奴隶制的运动正好'刚刚开始'"。[6] 他带着嘲弄的心情总结英国废止奴隶制的运动："中产阶级废止

---

① 西摩·德雷斯切：美国当代历史学家，匹兹堡大学教授。
② 威廉·麦克尼尔：Griffith 大学法学与文化法律研究教授。

奴隶制的运动是一个善举，却不是明智之举。"⁷

莱基在《欧洲道德史》(History of European Morals) 一书里对英国的善举表示赞赏，这段赞赏之词非常著名，我在本章之首引用了他的话语。不过，在这段话语之前，还有一段不太著名的叙述：

> 盎格鲁－撒克逊人种优于其他人种的地方在于，它培养了具有华盛顿或者汉普登特征的男子；这样的人不在意荣耀，却珍视荣誉；他们将品行端正视为生活的最高原则，他们能在最具考验的环境里证明自己，无论是野心的诱惑，还是激情的冲动，都无法让他们丝毫偏离他们视为职责所在的事业。⁸

我们有很多理由拒绝接受这个观点，也就是说，现在我们有很好的理由反驳这样的观点，即"关注荣誉"就是道德端正的标志。我们从决斗史里看到，荣誉与道德是两个不同的体系：它们可以互为重叠，这一点我们已经看到，不过，它们也可能互为对峙，这一点我们也看到了。尽管如此，莱基坚持认为，荣誉以多种方式对英国废止奴隶制的运动产生影响；我将试图作出论证，这就是他要表达的核心思想。

仅有道德是不够的

为了理解废止奴隶制的运动，我们首先需要认识，奴隶制绝非仅仅是一种不道德的制度。与解释缠足习俗相同，我们在这里需要解释的是在英国的政治生活中，人们为什么会认为，奴隶制仅仅是一种不道德的制度。在废止奴隶制的运动实际启动之前，废止奴隶制的思潮已经得到广泛传播。

18世纪后期反对奴隶制的思潮兴起，有着多方面的原因，基督教首先提出反对奴隶制的思想。贵格会教徒相信，在上帝的眼里，所有人都是平等的，所有人都可以获得上帝之光芒，他们从一开始就反对奴隶制。乔治·福克斯（George Fox）① 在1671年访问南美洲的时候，传道谴责蓄奴行为。1775年，教友会（Society of Friends）② 在美国费城成立世界上第一个反奴隶制的协会，从1781年起，本杰明·富兰克林一直担任该协会的荣誉主席。至少就成员的数量而言，英国国教内部的福音复兴派（Evangelical Revival）是一支更为重要的力量，18世纪40年代，这一派别受到约翰·韦斯利（John Wesley）③ 和查尔斯·韦斯利（Charles Wesley）④ 传道的影响，创建面向"较低社会阶层"的卫理公会，另外，他们还在富裕人群中倡导改革精神，从18世纪90年代开始，克拉朋联盟（Clapham Sect）一直受到这种精神的影响。

不过，奴隶制也触犯了启蒙运动更为世俗的精神。启蒙运

---

① 乔治·福克斯：（1624—1691），英国持异议者，教友会创建人。
② 教友会：源于17世纪中期英国基督教运动的宗教组织，其下包括几个宗教团体。
③ 约翰·韦斯利：（1703—1791），英国国教的神职人员，基督教神学家，被认为是卫理公会运动的创始人之一。
④ 查尔斯·韦斯利：（1707—1788），约翰·韦斯利的弟弟，被认为是卫理公会运动的创始人之一。

动反对奴隶制的思想，集中体现在狄德罗（Diderot）和达朗贝尔（D'Alembert）编撰的《百科全书》（1751 年至 1777 年）有关奴隶贸易的条目里，这部百科全书也是第一部现代意义上的百科全书。他们在这一条目里叙述道："如果连这种贸易都可以用道德原则证明其合理性，那么，世界上就没有什么罪恶是不合理的，哪怕是最为邪恶的罪恶。"[9]《植物之爱》（*The Loves of the Plants*，1789 年出版）一书以不可思议的方式，用诗歌的形式传播科学知识，这也是启蒙运动的一次实践。伊拉兹乌斯·达尔文（Erasmus Darwin）① 在这本书里，暂时中断了对科学知识的介绍，用以下词语表示反对奴隶制的态度：

  即便现在，在非洲丛林里，也有骇人的吼叫声，
  狂怒的奴隶大步前行，对地狱之狗视而不见；
  ……听见他在喊："上议院"！听见这个崇高的真理，
  "凡赞同压迫之人，等同于罪犯。"[10]

  达尔文本人当然不是福音复兴派成员。（达尔文的《动物法则》一书，恰如其分地描述了"地狱般的恐惧心情"："卫理公会有很多富于鼓动力的布道者，他们成功地激发人们的这种恐惧心理，他们利用听众的愚昧而过上舒适的生活"。）[11] 他在最后一句表达的情感，也是基督徒内心的真实感受。不论他们是加尔文主义者，正在寻求证据，以证明他们是神所选中的人，或者是亚米纽斯派，正在关注在上帝面前失宠的问题。18 世纪后

---

① 伊拉兹乌斯·达尔文：（1731—1802），英国外科医生、发明家、诗人，也是一位废奴主义者。其孙子即为查尔斯·达尔文。

期英国新教教徒所担心的，是参与任何形式的犯罪可能给他们带来的严重后果。[12]

到了18世纪的中叶，不论宗教信徒还是非宗教信徒，都认为奴隶制是一种错误的制度。因此，与决斗习俗和缠足习俗一样，反对奴隶制运动的兴起并不源于道德问题的论证：在这一运动兴起很久之前，这些论证就得到社会的广泛认同。

贵格会教徒在1783年向议院提出请求，要求废止奴隶制，从而将公众的反奴隶制情绪转化为实际的运动。但是，这里同样需要做出一些解释。在18世纪70年代，尽管贵格会教徒认为，不拥有奴隶，不进行奴隶贩卖贸易，是该教派独树一帜的宣言，但是，他们并没有公开推进反对奴隶制的运动，尽管我们看到，长期以来，他们对奴隶制抱着排斥的态度。这一现象其实并无新奇之处，因为他们只是一个很小的派别。1660年，清教徒革命结束之际，清教徒的数量多达六万人，从那以后，清教徒的数量急剧下降，到1800年，教友会只有两万余名成员。[13]他们中的很多人相当富有（如同我们在第一章里谈到的那样），在一个用武力迫使公众忠诚于英国国教、并以此作为政府职责的社会里，他们必须采取忍耐的态度，才能保证自身的安全和生活。不过，进入18世纪80年代之后，贵格会终于开始行动，他们带头向公众揭示贩卖奴隶贸易的罪恶行径。[14]

贵格会教徒将废止奴隶制的社会思潮转变为全国性反对奴隶制运动，这是运动内在逻辑的发展结果。这样的转变受到美国贵格会教徒的压力，后者的领导人是费城会议的安东尼·贝内泽（Anthony Benezet）①。但是，如果打算将各国贵格会教徒

---

① 安东尼·贝内泽：(1713—1784)，美国教育家、废奴主义者。

凝聚在一起，就必须实现这样的转变。而团结，也就是将教徒们凝聚在一起，正是贵格会的核心价值和关注焦点。出乎意料的是，他们的请愿竟然得到充满善意的回应，其部分原因是，在这之前，没人向议会提交过废止奴隶制的请愿书，政治家正好可以利用这次请愿的机会，对贵格会的行动表示赞许，从而树立自身的仁慈形象，同时又不必采取任何措施以制止奴隶贸易。在这个阶段，荣誉问题还没有受到关注。

伦敦贵格会在1784年出版了《我们的同胞：被压制的非洲人》（The Case of Our Fellow-Creatures, the Oppressed Africans），在没有获得议会进行立法支持的情况下，他们在英国精心组织了一场大规模的废止奴隶制运动，为英国报章撰写废止奴隶制的文章，传播废止奴隶制的思想。[15]不过，最终发生作用的是全国范围内面向议院的请愿运动，运动由"废止贩奴贸易协会"（Society for Effecting the Abolition of the Slave Trade）推动，其三位富有才华的领导人是托马斯·克拉克森（Thomas Clarkson）[①]、格兰维尔·夏普（Granville Sharp）[②]和威廉·威尔伯福斯（William Wilberforce）。（他们三人都是福音圣公会信徒）[16]

该协会在英国各地组织请愿书签名的活动，这些活动往往成为富于挑战性的事件。在英国米德兰地区和北方地区，那里有着繁荣的工业化城镇，比如伯明翰、特伦特河畔斯托克（Stoke-on-Trent）、曼彻斯特，运动允许一些新涌现的财富人物，比如乔塞亚·韦奇伍德（Josiah Wedgwood），对其新近获得的公

---

① 托马斯·克拉克森：（1760—1846），英国著名的废奴主义者。
② 格兰维尔·夏普：（1735—1813），英国第一批参与终止贩奴贸易的人士之一，被认为是塞拉利昂国父。

民身份表达骄傲之情。韦奇伍德是伊拉兹乌斯·达尔文的亲密朋友（韦奇伍德的女儿苏珊娜嫁给了伊拉兹乌斯·达尔文的儿子罗伯特）。他在史塔福郡（Staffordshire）的伯斯勒姆（Burslem）地区创建了英国第一座工业化的陶器厂，积累了大量财富。他制作与分发了著名的反奴隶制图案，上面画着一个跪着的非洲人，还有一面旗帜，旗帜上写着："难道我不是人，也不是你们的兄弟吗？"（他拥有的大量财富，为孙子查尔斯·达尔文提供了坚实的经费支持，后者作为一名自然科学家，因而自由地探索真理。）

在这些领袖感召之下，在"中产阶级"中形成了大量追随者。(1787 年，在第一次大规模废奴运动中，曼彻斯特当时包括儿童在内仅有五万人，却有一万一千人在请愿书上签名。)[17]这场运动成功的标志之一，是在 18 世纪 90 年代初期，有三四十万人抵制消费奴隶生产的糖料，很多人受到威廉·福克斯在 1791 年出版的一本书的影响，这本书的名字是《向大英帝国的人们讲演：禁用西印度群岛的糖料与朗姆酒》（*Address to the People of Great Britain, on the Utility of Refraining from the Use of West India Sugar and Rum*）。[18]

在 18 世纪后期，英国一部小说颂扬"有感觉的人"，这也是亨利·麦肯奇（Henry Mackenzie）① 1778 年出版的一部小说的名称。劳伦斯·斯特恩（Laurence Sterne）在《感伤旅行》（*A Sentimental Journey*）里，有一个章节描述了一个关在笼子里的八哥，其中有一段关于奴隶制的描述，被人们多次引用。这段描述典型地反映了当时人们的一种认识，即男人和女人一样，

---

① 亨利·麦肯奇：(1745—1831)，苏格兰小说家，杂文作家。

如果看到别人遭遇苦难，特别是遭受奴役，他们都会痛苦，甚至也会落泪。[19]斯特恩写道，"看一看"，

> 我看见……一只八哥被关在小小的笼子里。八哥叫着："我出不去，我出不去"……我害怕，可怜的东西，我说道，我无法让你自由。"不，"八哥说道，"我出不去，我出不去，"八哥又说道。
>
> 我发誓，我的怜悯之心从未这样被轻轻撩动；我不曾记得，我的一生有过这样的事件，消散的精神突然呼喊回家，我的理性从来就是幻影……
>
> 在枯萎的时候，可以把自己伪装起来，不过，你还是一个奴隶！我说过，你不过是一个凄惨的、被人一口吞噬的家伙！纵然数以千计的各色人等都在等着吞噬你，但是，你还是一个凄惨的家伙。[20]

已经有几万人在请愿书上签名，请愿书将提交给议会。如果在请愿书上签署你的名字，就能够表示你是一个有感觉的男人或女人，你的"怜悯之心……曾被轻轻地撩动过"，你就能成为一个具有美德的人。如果用威廉·考珀（William Cowper）①的《黑人的抱怨》（*Negro's Complaint*，大约写作于1788年）的最后一段话来说，你就能

> 在你骄傲地质问我们之前，

---

① 威廉·考珀：（1731—1800），英国诗人、赞美诗作者，18世纪最走红的诗人之一。

就能证明你拥有人类的感觉。[21]

自由：英国之于美国

  不过，你会发现自己正在捍卫英国的国家荣誉。在那场跨越大西洋的辩论中（这一辩论最终导致美国《独立宣言》的诞生），亲英国派发出众多的声音，认为奴隶制有悖于英国的法律。英国历来信奉"英国人生而自由"的信念，1772年曼斯菲尔德爵士对萨默塞特（Somerset）案件作出的判决（作为一部技术性法规，不论它意味着什么），在奴隶制的拥护者和反对者看来，意味着奴隶一旦踏上英国土地，马上可以成为一个自由人。支持英国一方的人士认为，美国人都是蓄奴主义者，其实没有资格获得自由。反对奴隶制的先锋人物格兰维尔·夏普在1769年写到，那些"毫无顾忌地将他人囚禁在奴隶制度里的人，仅仅拥有部分或者很不充分的理由，来呼吁支持保护自由的法律"。（此人曾经支持美国从英国统治之下获得自由。）[22]

  他的论点在殖民地地区引起巨大反响，原因非常简单。正如摩根·戈德温（Reverend Morgan Godwin）① 在几年前指出的那样，"种植园主具有异乎寻常的企望，希望得到社会的好评"。在1786年，美国南卡罗莱纳州奴隶进口商的领头人物亨利·劳伦斯（Henry Laurens）对此作出回应，他将英国新教徒"比作一个外表异常虔诚的人物，在自己家园里禁止通奸，却在海外

---

① 摩根·戈德温：英国著名废奴主义者。

养了十几个情妇。"[23]

历史学家克里斯托弗·莱斯利·布朗（Christopher Leslie Brown）在其权威性著述《道德资本：英国废奴制的基础》（*Moral Capital: Foundations of British Aboliton*）里指出，英美两国的辩论针锋相对。英国人指责美国人在奴隶制问题上表现虚伪，逼迫美国人指责英国人在这一问题上同样虚伪。美国人确实拥有奴隶，但是，英国人也在做着贩奴的买卖。布朗写道："英国指责加勒比地区拥有奴隶，结果英国本身同样也遭到质疑，即英国的日常生活也充满不平等现象。"[24]从那时候开始，英国反奴隶制的言论开始转化为有组织的政治运动。

所有这些论点的潜在之意是非常明显的。布朗曾经说过，"个人、社区甚至是国家，如果带着人类的枷锁来观察世界，又怎么能制定出一个合乎情理的标准，来评价他们的政治呢？只有那些舍弃奴隶动产的人，才有权利去争取政治上的自由。"[25]格兰维尔·夏普的看法是，奴隶制、贩奴贸易与帝国的其他罪行一样，都是"无法消除的耻辱"的根源。它们是"一种国家行为，终将演化为国家的罪孽"。[26]有人为了个人荣誉与他人抗争，也有人为了国家荣誉与他国抗争，非洲籍美国人弗雷德里克·道格拉斯（Frederic Douglass）①是一位伟大的反奴隶制斗士，他在1845年给霍勒斯·格里利（Horace Greeley）写过一封信，解释在美国发起废止奴隶制运动的重要意义，当时的英国已经开始这样做了。他在信里论述了废止奴隶制运动的本质，"奴隶制存在于美国，是因为奴隶制在美国受到尊敬，奴隶制之所以

---

① 弗雷德里克·道格拉斯：(1818—1895)，第一位在美国政府担任外交使节的黑人。他主张废奴，毕生争取黑人权益。

在美国受到尊敬，是因为它在美国之外没有声名狼藉，尽管理应受到谴责。"[27]

英国的国家荣誉，殖民地的耻辱，利物浦和曼彻斯特的荣誉，以及新兴中产阶级的荣誉，所有这些因素都促使人们对道德规范进行反思，他们意识到，奴隶制是一种邪恶的现象，必须发起一场运动，向议会施加压力，逼迫他们中止贩卖奴隶的交易。的确，如果法国革命和英国的雅各宾激进派未曾干预，英国议会或许早就废止贩奴贸易。不过，一个急切希望维持统治阶级权威性的政府，如果要在激进方向上做出很大举动，自然要小心翼翼。[28]因此，直到1807年，英国政府与拿破仑统治之下的法国交战之际，才在法律上正式认定贩奴贸易为非法行为。

威尔伯福斯的荣誉

英国废止奴隶制运动进入第二阶段之后，国家荣誉问题再度浮现。当时，贩奴贸易废止了将近15年，经过一个短暂的平静时期之后，英国出现有组织的运动，以废止奴隶制本身。威廉·威尔伯福斯在1823年写出了《代表西印度黑人奴隶的利益，向英帝国的居民们诉求宗教、正义与人性》。他在开始部分撰写了以下文字：

> 献给大英帝国的全体居民，他们高度珍惜上帝的恩宠，或者说，他们为了国家利益与荣誉而生活着——献给所有尊重正义和人类所有感情的人们；我将郑重地表达我的

观点。[29]

威尔伯福斯对英国国家荣誉的诉求，似乎只是表达了一种华丽的言辞。他只是在提及对上帝的义务及国家利益之后，才提到国家荣誉，尽管这三个要素都被置于对正义和人性的道德思考之前。不过，对于威尔伯福斯和他的信福音派朋友们来说（具有明显讽刺意味的是，这个群体被称作克拉朋圣人［Clapham Saints］），独立于宗教和道德的荣誉，其实没有存在的空间。按照他们的理想看法，只有违背基督教的教义（它正好与道德重合），并且损害由此派生的荣誉，才会产生耻辱的感觉。

如果说，克拉朋圣人的所有成员都认为，荣誉应当从属于道德，那么，他们似乎就应该彻底废止当时的荣誉体系。不过，对于道德和荣誉的关联问题，威尔伯福斯作出了回答。1797年，他承担着一份公共服务的职责，专心推广美德，抨击邪恶行径；他认为，《圣经》告诫基督教徒们，应该小心对待"获取人类尊敬、奖赏及荣誉的愿望"。不过，"世俗的尊敬和荣誉……授予我们，不是为了让内心安宁而做善事，我们接受它们，是因为它们是上天的旨意，是对现世的慰藉，是对美德的奖赏"。[30]

标准的英国绅士也遵循相同的荣誉体系吗？如果他人看法能够给予我们快乐，那么，它们只能是"现世的慰藉"和"奖赏"。因为受到他人赞美性尊重（esteem）而带来的快乐，是荣誉主观体验的核心部分。威尔伯福斯的忧虑在于，我们对他人评价的关注，将激发"我们本能的骄傲与自私"。不过，如果我们意识到，在上帝的目光里我们是多么渺小，我们就会感受一种"真正的卑微"。甚至在我们所做之事得到合理的赞美之后，我们也应当认识到，荣耀实际上应当属于上帝。[31]从他人的尊敬中获得慰藉，以及所有荣誉均属于上帝的信念，从这两方面来解释荣誉问题，我认为不是一种令人满意的解释。

圣·托马斯·阿奎那（Thomas Aquinas）① 对荣誉问题提出经典的看法，为我们提供了一个简明扼要的解释："荣誉源于优秀。不过，一个人是否优秀，首要的评判标准是美德……因此，恰当表述的荣誉和美德是同一件事情。"（《神学大全》第二卷）神学大全，不过，在一个死亡的世界里，荣誉有一种无法控制的特性：它不再从属于美德。很多信奉宗教的作家因此担心，他们该如何定义荣誉的概念。

在朋友威廉·皮特（William Pitt）② 举起决斗手枪之际，威尔伯福斯感到极度的震惊。在美德与荣誉发生冲突的时候，威尔伯福斯很清楚，接下来会发生什么。如果同样从基督教的角度来看，集体性荣誉也会产生道德力量，因为国家以荣誉之名而倡导的道德标准，就是要求基督教教徒的行为应当端正。在威尔伯福斯看来，高度关注个人名誉固然是利己行为，但是，对国家荣誉的关注可以引导我们超越自身利益。我们一旦意识到，个人名誉代表着每个英国人的荣誉，我们就会信奉爱国主义，信奉英雄主义，愿意为了伟大事业做出自我牺牲。

因此，尽管克拉朋圣人的观点是高度道德化的，但是也可以纳入荣誉体系的结构之中。在 18 世纪，对他人的赞美性承认，通常与某种社会等级制度相关联，关于这一点，我们在前面已经论述过，不过，我们从威尔伯福斯那里得知，对他人的

---

① 圣·托马斯·阿奎那：（1225—1274），中世纪最伟大的经院哲学家、神学家，著有《神学大全》和《驳异大全》。
② 威廉·皮特：（1759—1806），18 世纪末到 19 世纪初英国政治家，两度出任英国首相。

赞美性承认，其前提也可以是对某种道德标准的认可。不仅如此。一个以道德行事的群体，可以创造一个属于自己的荣誉域。威尔伯福斯和他的福音派朋友，谈起社会地位高于他们的贵族们，认为他们态度还算宽容，试图以此暗示，一个贵族阶层之外的道德之士，也可以以一种屈就姿态与贵族沟通。毫无疑问，对于威尔伯福斯的批评者所表述的观点，埃里克·威廉姆斯的看法是："这个人，他的生活及信奉的宗教，都有一种矫揉造作的风气。"[32]

对社会底层的吸引力

需要强调的是，英国废奴制运动关注的问题，并非只有国家荣誉的问题。基督教教徒的应尽义务，亚伯拉罕之神（God of Abraham）父爱关照下全体人类的兄弟之情，都是废奴制运动关注的核心问题。英国废奴制在 1807 年第一次获得真正的成功，结束了英国的贩奴贸易，从某种意义上说，这应当归诸于威尔伯福斯的不懈努力，他历来认为，如果英国支持奴隶制，将毁灭英国作为一个基督教国家的声誉。19 世纪 20 年代也曾有过同样呼声，或许，这一呼声由于福音派精神的传播而得到强化。在那一时期，这场运动开始从反对贩奴贸易转变为反对殖民地奴隶制本身。

《迅速废止英国殖民地奴隶制之必要性的通信集：主要面向有道德影响力的阶层呼吁》一书于 1826 年出版。在这部《书信集》的第三封信里，作者谈到，拒绝使用奴隶制作的产品，是基督教教徒的职责所在。(他重复论述的这个论点,导致几十万人拒用奴隶生产的糖料;当时正值18世纪90年代初期,废止贩奴贸易的运动正处于第一阶段。)他在信里谈道:"为了免除纵容与维护奴隶制的罪恶,为了对以往过失做出救赎,我们不能仅限于自己不再消费奴隶产品,我们还必须用最大力量,让他人也不再消费奴隶产品。"[33]这位匿名作者进一步阐述他的观点(如果我们还记得有关南非禁运的争论,就会发现两者之间存在相似之处),即对西印度群岛所产糖料的抵制,的确有助于奴隶制的终结,而不能简单地剥夺农场主的利益,因为这样做将导致他们以更不人道的方式对待奴隶。

不过,在写给"更有影响力的社会阶层"的第五封信里,作者描述一个新的策略。这封信的名称是"论为获得卑贱阶层合作而结盟的重要性"。作者在信里描述了对工业化城镇里的工人阶级及乡村穷人住所的调查结果,"解放奴隶的事业,在议会里历来是由智者、辩者和贵族予以推动的。现在,这一事业遍及工厂和田野,甚至女性与儿童都在积极参与。"此外,这位作者还写到,就当前的经验而言,全国范围内废奴制运动的前景极其乐观:"个别拜访,尤其是对穷人与工人阶级的个别拜访,其成果体现在,十分之九的家庭乐意采纳我们的请求,他们完全拒绝食用来自西印度群岛的糖料。"在后面的几封信里,他坚持认为,并且用大写字体写道:"一旦中产阶级表达了废奴制运动的决绝态度,那么,奴隶制连一年都维持不了。"不过,他也指出一个事实,即上流社会和中产阶级中的很多人已经意识到奴隶制的残酷性,但是,他们却什么都没做。他谈到,与此形成鲜明对照的是,"向社会底层通告有关存疑产品的信息,这一做法并非徒劳,那些在知识和社会地位方面都占据优势的人,已经获得了太多的信息。"[34]

这是一位善辩者所描述的情况。对窘迫而令人同情的劳工的描述,很难构成一幅废奴制运动的完整画面。但是,从贩奴贸易的废止,到四分之一世纪后殖民地奴隶制度的废止,在英国"社会底层"的男女之中,似乎确实存在一股废奴制运动的巨大力量。我们的问题是,这股力量是怎样形成的。

新兴工人阶级

伟大的英国历史学家 E. P. 汤普森(E. P. Thompson)[①] 在《英国工人阶级的形成》一书里,讲述了一个故事。我们首先回顾一下故事的一些要素。有关选举权的争论,这也是威灵顿公爵与温奇尔西决斗事件的历史背景,发生在激烈竞争的氛围之中,贵族、中产阶级与穷人相互角逐。受到18世纪最后几十年雅各宾派的影响,行业性工会运动开始兴起。为了抑制工会的发展,议院分别在1799年和1800年通过《组合法案》(Combination Act)。设立这部法案的目的,是为了抑制行业性工会的蔓延,而实际的效果是,它驱使激进的中产阶级及工人阶级的组织转入地下。《组合法案》于1824年废止,获得合法地位的工会迅速组织罢工,罢工极大地震惊了利物浦爵士领导的托利党和他的商业界朋友。伴随着19世纪第二个二十五年的来临,

---

① E. P. 汤普森:(1924—1993),英国历史学家、作家、社会活动家、和平运动倡导者,主要著述有《英国工人阶级的形成》,1963 年出版。

1825年通过了新的《组合法案》。

18世纪90年代初期，工匠、工人阶级和其他激进分子联合起来，在英国各处城镇成立他们称之为"通信协会"的组织。这个组织仿效"美国革命通信委员会"（Committees of Correspondence of the American Revolution）的模式，即记录各个群体的决议，并将其分发给志同道合的群体与个人；通过这样的模式，"通信协会"在表达政治改革的需求方面，起到了关键的作用。从1792年创建伦敦通信协会以来，他们促成了议会的改革，并且将普选权作为优先推行的措施。他们也是早期《组合法案》的第一批受害者。在导致《1832年改革法案》（The Great Reform Act）的那场骚乱中，他们的继任者们设法聚集大量的公众，发出要求改革的呼声。

19世纪三十年代，伯明翰政治联合会（Birmingham Political Union）召集了大约一万五千人参加成立大会；1832年，5月9日至5月15日是充满动乱的一个星期，当时，英国似乎处于革命的边缘，主张改革的组织可以轻易召集二十几万公众。很多类似的工会聚会形成一股合力，促成议会的第一轮改革。议院渐渐习惯于一种新鲜概念，即议院应当（尽管不是直接地）对全体公众的呼声作出回应。保守势力作出明智的选择，并非没有先例可循。迪斯雷利（Disraeli）后来记述了废止奴隶制运动的全部过程："尽管运动并非他们主动发起，处于运动前列的贵族阶层，如果明智的话，当面对一个动机良好却考虑不周的社会群体，如果他们犯下好心错误，贵族阶层应当指导而不是去禁止他们"；他所说的动机良好的社会群体，就是所谓的"中产阶级"。[35]

《1832年改革法案》在1832年6月得到皇室的支持；对于

那些希望工人阶级拥有选举权的人,这部法案给他们带来的是失望。确实,新的财产法规定,如果不能拥有或租借相当于十个英镑的土地,就无法拥有选举权和被选举权;从这个角度来看,改革实际上没有取得任何成果。《1832年改革法案》在某种意义上说,工人阶级并不是这次改革涉及的社会群体。在随后的几年里,工人阶级的不满情绪不断增长;英国工人阶级及其支持者分成若干群体,成立了各种组织,比如"全民选举俱乐部"(Universal Suffrage Club)。这个俱乐部源于"'大都市激进工会'(Metropolitan Radical Unions)中央委员会的全体大会,大会在'真正太阳办公室'(True Sun Office)举行,日期为1836年6月10日星期五,宗旨是建立一个'工人俱乐部'"。

工人俱乐部的宗旨隐含的意思是,工人阶级的自豪依然有待于形成,同时,它还显示着,我们可以启发劳工的自豪感,鼓动启发他们为工人阶级的共同利益奋斗:

> 宗旨。提高工人阶级的道德水准、知识程度并改变其政治特征;创造更多机会使之彼此展开友好沟通;使工人阶级与学养、政治及道德俱佳之士的联盟更具实质意义,促进穷人和富人为共同事业而努力,创造人人可及的幸福生活;缓解乃至最终抑制贵族及中产阶级对工人阶级的粗暴行径;向所有的敌人证明,工人阶级具有管理自身事务的能力,……最后,在法律的形成与维护的过程中,确立完美的平等现实,这是唯一的保证,确保他们获得工作和应有的奖赏,确保他们获得安宁与富足、普遍的安全和幸福。[36]

"全民选举俱乐部"没有延续很长的时间，其中的原因可能是，它的司库费格斯·奥康纳（Feargus O'Connor）① 是一个行事古怪的爱尔兰激进分子。他不属于工人阶级，而是一位来自爱尔兰的康迪考克（County Cork）的地主，信奉新教。1835年，由于没有达到财产数量的要求，他失去议会的席位。第二年，奥康纳加入"伦敦工人协会"（London Working Men's Association）。这个协会的领导人威廉·洛维特（William Lovett）② 与五个工人一起，会同议院的六位议员，在1838年拟定"人民宪章"。这部宪章提出六项原则，后来被归纳为"人民宪章主义"；在下一个十年里，在英国进行国家改革的进程中，这一思潮对于当时政治环境的构成，起到关键的作用。最终，人民宪章运动由性情越来越不稳定的奥康纳领导（1852年，由于他在下议院大吵大闹，被送往精神病院）。1848年，这一运动在肯宁顿地区召开最后一次规模巨大的公开聚会，几万名支持者参加这次聚会，在这之后，这一运动便戛然而止。那一年的春季和夏季，革命精神传遍了几乎整个欧洲，但是，英国却依旧保持平静。

很多早期编撰历史的人，十分关注这样的事实，即工人阶级的支持者与废奴主义者之间存在敌对状态：这种状态具体而微地体现在威廉·科贝特（William Cobbett）③ 的著述里，我在后面将对此进行探讨。不过，在各种工人协会的成员中间，我

---

① 费格斯·奥康纳：（1796—1855），英国律师、政治家，曾因财产不足而被驱逐出英国议院。

② 威廉·洛维特：（1800—1877），英国社会活动家，英国宪章运动的领导人。

③ 威廉·科贝特：（1762—1835），英国散文作家，记者。著有《骑马乡行记》（*Rural Rides*）。

们也发现废奴制运动支持者的积极身影。[37]汤普森认为，人民宪章运动兴起之时，工人的阶级意识也开始形成。他在《英国工人阶级的形成》这部重要著述的末尾部分写道："从1832年到1833年，进入这个时期如同进入一个崭新的世界：在英国的每一个县、在生活的几乎所有领域，都能感到工人阶级的存在。"他继续写道：

> 劳动者新的阶级意识，或许可以从两个方面去观察。一方面，人们已经意识到，各行各业的劳动者与社会贤达之间存在共同的利益；在1830年至1834年间，工会主义盛行，社会以前所未有的巨大规模，表达对这些共同利益的诉求……另一方面，工人阶级，或者说"生产阶层"，也形成对自身利益的诉求，与其他社会阶层的利益构成冲突关系……[38]

不论工人阶级是否成为一个独立的阶级，他们通常对其他社会阶层持有戒备的心态。并且，和英国中上层社会相同，他们对黑人也公开持有种族主义的态度。不过，他们中的很多人仍然坚持废奴制的观点。在我看来，他们反对奴隶制，原因非常简单，如果要证明工人遭受羞辱的现状，没有什么实例比新世界里的黑奴更具说服力了。劳动是劳动者的基本属性。奴隶制一方面体现人性的异化，另一方面体现在种植园及新世界里的劳作给奴隶带来的屈辱。[39]它表达的意思明白无误：从事体力劳动意味着受苦和羞辱。工人们希望利用废奴制运动的机遇，诉说工人蒙受的痛苦，尽管名义上他们不是奴隶。

在19世纪前30年，威廉·科贝特的《每周政治事件》

(*Weekly Political Register*），是社会各阶层激进分子必读的著作，同时也是有文化的工匠们必读的著作，后者是汤普森《英国工人阶级的形成》一书的主要论述对象。当时，很多文化水平不高的工人，在工人协会里请人朗读相关著述，《每周政治事件》中的文字就是他们必选的听读内容。到1817年，科贝特已经逃亡美国长达两年之久（他担心由于煽动罪而入狱，决定逃亡美国），年轻的时候，他曾经在美国短暂地逗留过；他经常比较英国贫困农民与美国黑奴的处境，从而得出了不利于英国社会的结论。我可以举一个例子：1825年11月6日的早晨，那一天是星期日，在汉普郡的伯克雷尔村（Burghclere Village）里，外面下着大雨，使科贝特"有时间浏览报纸"。报纸上的一则故事，讲述纽约一位棉花商人面临的问题，激发他作出这样的思考："那些耕种和收获棉花的奴隶们，吃得很好。他们没有受苦。真正受苦的人，是那些纺线、编织和上色的人……"[40]这些人都生活在英国。

科贝特认为，废奴主义的精英们很少关注这样的事实，即英国国内从事农业劳动的白人受苦颇深，他们熟视无睹，却对海外黑奴的命运深表同情。谈到黑奴的时候，他常常使用种族主义的语言。在废止贩奴贸易的前夕，他于1805年"措辞强硬地批评《爱丁堡评论》的自由主义观点，即鼓动废止贩奴贸易的思想"，他提醒人们，"囚禁、殴打、鞭笞、酷刑、藐视法律的谋杀，欧洲某些地区的白人奴隶同样面临这些苦难"。[41]到1806年，他作出这样的表示，"他们用尽花言巧语，经常宣传黑奴的痛苦处境，试图解救50万名黑人。我希望提醒他们的是，在英格兰和威尔士，我们还有120万贫民。"[42]威尔伯福斯重新启动废奴制的运动（启动的标志就是1823年发布的小册子，我在前面谈到过这部小册子），科贝特对此的态度是，直接呼吁解放奴隶：

> 威尔伯福斯：
>
> 我的面前，放着一本充斥着花言巧语的小册子，由此我认识了你……现在，我只是用它来……质问你，在国家目前的形势之下，你谈论这些问题，是否妥当、有何意义、是否真有诚意？[43]

科贝特反复表达的一个观点是，真正的奴隶，真正的受苦者，其实是英国的穷人。这一观点确实在奴隶的利益与工人的利益之间，打入一个楔子。不过，它的实际效果是让公众关注两者共同遭受的压迫。在海外旅行结束的时候，也就是1832年，科贝特进入经过改革的议会，成为一名议员，他在与西印度群岛的农场主的竞选中获得胜利，赢得代表奥尔德姆地区的席位，同时，他也是一位推动废奴制运动的坚强斗士。

民主与荣誉

作为一名激进的新闻记者，科贝特的职业生涯印证了我论述过的一个观点。我在讨论决斗习俗时曾经谈到，在工人阶级如何看待贵族行为这个问题上，报纸具有十分重要的作用。工人阶级不仅没有资格参加决斗，而且也不能享受贵族阶层的其他权利。面对贵族阶层对普通民众的蔑视，为了唤起更多人士的关注，新闻媒体根据民主社会的规则，向绅士的荣誉法则发起挑战。令人感到震惊的是，贵族阶层的荣誉法则认定，女性最多只能扮演次要的角色，它取悦于权势阶层，而无视普通男女应当具有的美德。随着英国工人阶级的形成，社会进入一个更加民主的时代，人们必然提出这样的问题：荣誉能否与近代一个重大发现保持一致，即从道德的角度来看，全体人类应当拥有基本的平等权利。

最近，很多哲学家都认为，在讨论平等问题的时候，首要需要提问的是——"这是什么意义上的平等？"作为一个哲学命题，这种方法确有其合理性，但是我认为，从历史的角度来看，这是一个错误的起点。平等、自由及博爱，共同构成法国革命的三个伟大口号，但是，当时的人们对于自己应当获得的平等，并没有清晰的概念。他们唯一清楚的，是他们要反对的一种社会现象：仅仅因为没有生于贵族之家，就要受到虐待，就要遭受蔑视。简要地说，现代社会里的平等概念，最初表现为一种观念，即某些因素不能作为不平等待人的根据。从这个起点出发，人们逐渐认识到，另外一些因素才是不平等待人的根据。身份歧视，就是把社会认同作为对待他人的根据，其合理性有必要予以论证。比如，法国革命和美国革命之后，人们开始对这样一种观念发出挑战，这种观念认为，与生俱来的社会地位就是身份歧视的基础。在三个世纪的时间里，人们越来越清楚地意识到，把人种与性别视为身份歧视的根据，同样也是不合法理的。

人们意识到，以上因素都不足以构成平等概念的完整依据。随着探讨的深入，人们逐步认识到，什么才是平等概念的完整依据。一种贤人政治论的观点认为，就业机会的获得，不应当根据人们的社会地位或社会关系,而是应当根据人们的能力。但是,就业机会只是产生平等问题的环境因素之一(尽管它是一个最为关键的因素)。平等问题在其他领域也产生影响,比如,我们的日常生活、政府的行政机构、法庭和管理机构,以及公共讨论的场合。

在谈到平等问题的积极作用时,我们或许可以考虑一个概念,它同样始于争取民主的革命阶段,但是,随着1848年《人权共同宣言》(Universal Declaration of Human Rights)的公布,它开始具有全球的意义。对于我们如何认识当代的荣誉问题,这一概念具有至关重要的作用。它就是我们所说的"尊严"的概念。

《人权共同宣言》序言里的第一个句子,这样写道,"意识到人类家庭所有成员生而俱来的尊严……"是"世界自由、正义与和平的基础"。[44]对于民主革命之前的很多思想家来说,每个人都拥有与生俱来的尊严,这个概念似乎有些荒诞不经。约翰逊博士大约在威灵顿公爵决斗的那个年代出版了一部词典,这部词典对"尊严"所做的定义是,"地位的提升;外观的庄严;形象的提升……"[45]如果说,一些人拥有某些东西,是基于另一些人无权拥有,那么,我们就不能说,这些东西是所有的人都与生俱来的。"地位的提升"意味着,一些人的地位在你之下。一位倾向革命的法国政治家"蛊惑人心地"认为,"所有职业都拥有荣誉"。埃德蒙·伯克(Edmund Burke)① 在1790年对此作过以下论述:

---

① 埃德蒙·伯克(1729—1797):爱尔兰政治家、作家、哲学家。

谈到任何职业都具有荣誉这一问题,我们其实是在说,职业之间是存在差别的。理发师的职业,或者说,蜡烛商人的工作,不可能对任何人都意味着一个拥有荣誉的职业,更不用说其他服务行业了。[46]

读者无须知道蜡烛商人如何利用动物脂肪制作蜡烛,也可以理解这段话的意思。伯克的基本思想,托马斯·霍布斯(Thomas Hobbes)① 在很多年之前就用更简洁的话语作了表述:"人们不间断地争夺荣誉和尊严。"[47]对于霍布斯和伯克这样的思想家来说,尊严与荣誉一样,都有内在的等级性。

不论尊严在当代意味着什么,在较为民主的年代里,尊严的含义与以往相比,出现了很大的变化。荣誉与尊严的紧密关联,我们可以在霍布斯的著述里找到证据,他常常交替使用两个概念;两者之间的关联告诫我们,在思考尊严发生何种变化的时候,我们应当考虑到与之相关的因素,也就是说,我们应当考虑到尊严和尊重之间的关联。

理解"尊严"概念的方法之一,是意识到尊严即拥有接受他人尊重的权利,这种权利是人性赋予我们的。一些例子可以证明,在承认人类尊严方面我们给予足够的关注,比如,人类具有创造有意义生活的能力;我们可以经受痛苦、享受爱情、勇于创造;我们需要食品、需要藏身之处和他人认可;我们把这些事实归纳为尊严的"基础",因为它们以适当的方式,给予人类的基本需求及能力以必要的尊重。[48]我们可以回顾一下,斯

---

① 托马斯·霍布斯(1588—1679):英国政治哲学家,著有《利维坦》。

蒂芬·达沃尔（Stephen Darwall）对承认性尊重与赞美性尊重所作的区分。在多数情况下，人们讨论的是尊重的多种形式，在我看来，这只是一种"赞美性尊重"，也就是肯定性质的赞扬。现代意义上的尊严概念，已经演变为一种获得承认性尊重的权利。关于这一权利的使用，我们只需根据人们的基本事实作出相应的反应。

一些人认为，在接受他人尊重的权利中，只有分为等级的权利形式才是"荣誉"。伯克是社会等级制度的坚定捍卫者，他坚持认为荣誉具有等级的特征，另外，荣誉具有等级特征，还有一个原因，这就是从《伊利亚特》到普什图族人的生活方式，大多数最具盛名的荣誉形式都呈现等级的特征。这并非只是措辞的问题：等级制和非等级制的荣誉法则，同样赋予人们相互尊重的权利，对两种荣誉法则作出思考，我们将会加深对荣誉法则的理解；相关的论证过程构成本书的主要内容。

现行文化的民主因素在于，我们认定，所有正常的人类，并非仅限于社会地位特殊的人，都有资格获得他人的尊重。不过，给予每个人以承认性尊重，和给予部分人以赞美性尊重，正好构成完整的一致性：它们只是尊重的不同形式而已。从现在开始，我用"尊严"这个词来专指荣誉的某种特定形式，即获得承认性尊重的权利。现在我们可以这样说：给予某些人以特殊的荣誉，与重视其他人的尊严，两者应当构成一个完美整体。尊严无需采取特殊的赞美形式，赞美性承认等同于竞争性更强的荣誉。尊严不需要努力获取，保持尊严所带给人们的骄傲感，弱于自我尊重所带来的骄傲感。毕竟，如果你拥有的人性让你有资格尊重他人，最终，它也会让你有资格获得自我尊重！

这种意义的尊严与其他形式的荣誉之间，存在一些重大的差别，不过，两者也有很多相同的重要因素。如果你的行为方式有悖于你的尊严，人们就有权放弃对你的尊重。你不必努力赢得自己的人类尊严，你不必去做特别的事情以获取尊严。但是，如果你没有按照人性的要求行事，你就会失去尊严。就这方面而言，这种尊严类似于海尔王子（Prince Hal）的皇家荣誉，他无须去做特别的事情，只需露面便可赢得尊严，但是，如果他未能履行这个义务，便会失去尊严。如果失去尊严，就像失去荣誉那样，就会有耻辱的感觉。

从概念上分析，特殊形式的荣誉有别于尊严，但这不是说，这种荣誉不会对尊严构成威胁。如果担心，在一个推崇赞美性尊重的文化中，人们可能不会对未有特殊贡献的人表示尊重，那么，现代意义的"尊严"概念可以提供答案。我认为，在恪守人类尊严的基础之上，我们应当尽力避免这样的荣誉域与荣誉法则：它们赋予成功人士过多的特权，最终导致他们有权蔑视其余所有的人。

在一个不尊重劳动者的社会里，要为劳动者争取尊严，将是一个激进的举动。劳动者同样需要尊严，随着这一思想的发展，妇女也开始讨论并且组织起来，争取在公共生活中赢得更多的尊重。每一次这样的运动，最初都是为男性劳动者争取政治平等，继而为所有女性争取政治平等，其目标不是为了赢得特殊形式的荣誉，这种荣誉基于个人的特殊成就，而是为了他们的尊严，因为女性与男性劳动者都正确地相信，自己应当拥有与贵族相同的尊严。为了保持尊严，男性劳动者和女性应当积极投身于各种高度瞩目、有组织的公共运动。

劳动的尊严

在回顾废奴主义者的能量时，重要的是要记住，他们发动的这场运动，具有无与伦比的巨大规模。从反对贩奴贸易的最初呼声，到《废奴法案》（*Abolition Bill*）的颁布，其间经历了半个世纪；在此期间，公众将废奴主义作为向政府请愿的重要内容。西摩·德雷斯切（Seymour Drescher）注意到，1829 年，在英国的请愿者中，五分之一的人反对天主教徒的解放；到 1833 年，在请愿书上签名的人中间，七十五分之一的人赞成立即废止奴隶制。[49] 也许，对废奴主义者数量方面的考量，最有效的方法莫过于这样的计算方法，德雷斯切就是这样做的，即年龄在 15 岁以上的人中间，20% 的人在 1833 年的废奴请愿书上签名。2010 年，如果在美国召集该年龄段相同比例的男性公民，请他们在请愿书上签名，我们需要说服 230 余万人。我们可以想象一下，当时是在没有因特网的情况下做到这一点的！

废奴制运动令人振奋的一个方面是，废奴主义者在城镇和乡村组织了一轮又一轮的讲座和会议。英国历史学家詹姆斯·威尔文（James Walvin）描述了在英伦诸岛举办的数不清的会议，会场经常达到爆满程度；为促成《废奴法案》公布而发起的运动，形成废奴制运动的高潮。

1830 年 5 月，反奴隶制协会召开的大会吸引了两千位与会者，还有一千五百名无法进入会场的关注者。反奴隶制协会的会议在哪里召开，哪里就会出现爆满状况，即便在科克郡这样边远的地区也不例外。在利兹地区，据说有六千人聚集在当地的"彩衣大厅"。在1831年的新年期间，爱丁堡举办了类似的会议，《苏格兰人》杂志认为，"在这座充满智慧的城市里，这是规模最大、最受到尊敬的一次会议。"

即便在小城镇里，由于一些名声卓著的英国人的光临，比如，沃本（Woburn）、纽波特·佩格内尔（Newport Pagnell）、鲍多克（Baldock）和希钦（Hitchin），市政大厅总会出现人满为患的盛况。[50]在1831年的年度报告里，组织废奴运动的机构委员会记载，它指派五名讲师，"在条件成熟的时候，广泛传播准确的自然知识，以及殖民地奴隶制度的影响，研究如何公开表述公众的感受。"[51]他们所传播的知识，并非精确却范围广泛，一些会议会持续六七个小时，而且，尽管当地权贵拥有发言的权利，但是，机构委员会的发言人常常占用三小时左右的发言时间。

这些活动的蓬勃开展，收到很好的效果。在1833年英国废止奴隶制之前，议院召开最后一次会议，一份由一百五十万人签名的请愿书被提交到会议上。如果不面向所有社会阶层，就无法召集如此众多的签名人群。英国男女，不论属于哪一社会阶层，对荣誉问题都有自己的看法，他们愿意来到签名桌旁，在请愿书上签名。他们做好了准备，将向邻人和议会领导人证明，生而自由的英国人痛恶奴隶制度，并且因此联合起来。他们声称，国家荣誉，人人有责。在19世纪30年代，劳动者参加很多重大的公共活动；他们提出，作为工人阶级，他们有权获得他人的尊重；他们采取的方式，与英国米德兰地区及北方地区实业家的做法十分相似。当时，这些上一辈的实业家，参加了废奴运动，为所在城镇（以及所在阶层）赢得尊重做出艰苦努力。新兴的工人阶级当然有着自身的经济利益，我们需要讨论的是，这些经济利益与奴隶是否发生关联。但是，和所有人一样，工人阶级也需要塑造良好的自身形象，有资格赢得自我尊重。

在英国废奴运动的发展过程中，荣誉至少在三个方面发挥作用。首先，在有关废奴运动的争论过程中，国家荣誉发挥了核心的作用。其次，英国米德兰地区与北部地区正在工业化的一些城市，它们所拥有的荣誉，引导当地市民们，包括上流社会和中产阶级，努力争取尽早以尽可能大的规模向议会提出请愿。我认为，他们提出的请愿，一定得到大多数理解这一问题的人士的拥护。不过，在这些已被公认的解释之上，我想补充一点：英国工人介入废奴制运动，是因为他们希望增强自身尊严，并为之作出新的、具有象征意义的努力。

正如黑格尔理解的那样，人类意识具有自我导向的功能，同时，它还有与他人意识交流的功能。在有的情况下谈论荣誉问题，人们既希望获得自我尊重，也希望获得他人的尊重。对工人阶级尊严的关注，既与他们对自身的评价相关，也与其他阶层对其评价相关。对于很多工人来说，奴隶制度是一种受到诅咒的制度，不仅因为他们关注着国家荣誉，大部分英国人也关注国家荣誉，也不完全由于基督教的意识使然，更不因为他们必须和奴隶同台竞争（事实上他们也没有）。奴隶制度受到诅咒，是因为工人同奴隶一样，必须用血汗拼命劳作以制造产品。

英国废奴运动之后的 20 年里，英国对奴隶制的错误性取得一致看法,由此产生巨大的实际影响。美国国内战争爆发之际,英国保守派贵族对美国南方种植园主表示深切的同情,他们对这些种植园主的处境感同身受。伦敦《晨星日报》(*Morning Star*)在1862年5月12日发表了一篇文章,文章写道:"凭借血缘关系世袭爵位的贵族,与凭借肤色获取社会地位的贵族具有亲缘关系。"[52]不过,英国人不会干预美国的联邦制度。如果他们真的这样做了——实际上帕默斯顿(Palmerston)爵士领导的内阁确实考虑过——美国国内战争可能就是另外一种结局。1863年通过的《奴隶解放宣言》(*Emancipation Proclamation*),授权北方的支持者做好战争准备,以期推翻奴隶制度,尽管工人阶级、中产阶层反对上流社会主张干预的想法。[53]拥有土地的贵族不再属于统治阶层。大英帝国在19世纪里迅速扩张,废止各种形式奴隶制的运动,比如废止非洲和亚洲的奴隶制度,成为英帝国国家政策的重要内容。

1846年8月17日,在伦敦斯特兰地区的皇冠与铁锚酒店里,弗雷德里克·道格拉斯与威廉·劳埃德·盖瑞森(William Lloyd Garrison)(两位分别是当时美国废奴运动的黑人领袖和白人领袖)与威廉·洛维特和亨利·文森特(Henry Vincent)① 见面,后面两位同属宪章派伦敦工人协会,一位是协会的创建者,另一位是协会的主要鼓动者。他们四位聚集在一起,宣布废止奴隶制联盟的成立。成立联盟的目的,是在英国创建一个更加激进的废奴组织,作为美国废奴运动盖瑞森一派的一个分部。不过,不到一年的时间,这个联盟就解体了。[54]那年8月的一天

---

① 亨利·文森特:(1813—1878),英国宪章运动的领导人,著名废奴主义者。

晚上，盖瑞森和道格拉斯面对情绪激昂的听众发表激情洋溢的演说，演说使两人一举成名，在此期间，我们会在刹那间作出想象：英国工人与美国三百万奴隶结成国际联盟，共同为劳动者的尊严而奋斗。就在博斯韦尔（Boswell）和约翰逊（Johnson）曾经饮过烈性酒的一间房间里，一些虔诚的禁酒主义者聆听着文森特的讲演，亨利·默尔斯沃斯爵士（Sir Henry Molesworth）曾经把文森特称作"新运动的雄辩大师"。当时，文森特的讲演论证了奴隶与英国工人阶级拥有共同的事业，他的讲演为长达六个小时的会议划上句号。道格拉斯的一位传记作家精辟地总结到，废止奴隶制联盟没有形成国际工人运动，这是"道格拉斯在其一生中失去的最好机会"。[55]

第四章

针对女性的战争

竟然对一位手无寸铁的女性开枪,还有什么荣誉可言?

——阿丝玛·贾汗吉尔(Asma Jahangir)[1]

诱惑与遗弃

皮尔特洛·戈尔米（Pietro Germi）① 拍摄的喜剧电影《诱惑与遗弃》（*Sedotta e Abbandonata*，1964 年出品），故事发生在意大利西西里岛的一个小镇上。15 岁女孩阿格尼丝·阿斯卡隆被姐姐的男友佩平诺·卡利法诺"诱惑与遗弃"。²父亲唐·文森佐发现此事之后，急忙赶到卡利法诺的家里，希望和他们商量，对两家原先的计划做出改动，也就是说，佩平诺不能与自己家里的大女儿结婚，只能与小女儿阿格尼丝结婚。最终，这位年轻男子的父亲西格诺尔·卡利法诺做出表态。他明白，唐·文森佐这样做是为了保护家庭名誉，但是，佩平诺却不愿意改娶，于是逃了出去（这个举动得到了父母的祝福），藏在一个表亲的家里。

随后发生了一系列混乱的事件。阿格尼丝的哥哥受家族派遣，外出寻找并伺机杀死佩平诺，但是，行动最终失败，他也被抓了起来。法官指控他试图谋杀，同时指控佩平诺犯下伤害未成年人罪。如果这两位男子希望避免囚禁的命运，唯一的方法是让佩平诺和阿格尼丝尽快结婚。按照当地的风俗，有一种简单的实施方法：佩平诺和他的朋友们必须上演一场当众抢劫阿格尼丝的好戏。用这样的方法，他暗地里的诱惑行为（这一点不能公开承认），就变成婚礼之前的公开前戏。所有的人都认

---

① 皮尔特洛·戈尔米：(1914—1974)，意大利演员、剧作家、导演。

为，如果佩平诺抢回阿格尼丝，两个年轻人就必须结婚，以此维护阿格尼丝及其家庭的名誉。

在整部电影的情节发展过程中，我们都能看到警官伯兰扎的身影。这是一个来自本土的意大利人，他对两个家族之间的不停争执感到恼怒，对西西里岛古怪的名誉习俗感到不满。（在一场以警署为背景的戏里，他查看着一张意大利地图，然后用双手盖住西西里岛的部分，一边喃喃自语地说："好了，好多了"，一边想象着，如果让这个多余部分消失，他的家乡就能得到极大改善。）在掌握了抢劫计划的消息之后，他知道自己该怎么做了。他与另一位年轻警察一起逃走，原本他们是应当共同维护法律秩序的。他们离开了小镇，希望躲避随后的一系列麻烦事。

一个燥热的下午，在西西里岛炽热的阳光照射下，他们躺在橄榄树的树阴下面，年长的伯兰扎试图向年轻助手比斯加托解释发生的一切（扮演比斯加托的演员金发碧眼，十分引人注目，暗示着一个事实，即他也不是一个西西里岛人）。

伯兰扎：今天他要抢回那个女孩。你该怎么去做？

比斯加托：马上逮捕他。

伯兰扎：太好了。这样，他明天就可以和她结婚，什么事情都不会有，而你就像一个傻瓜。动脑子好好想一想！结婚就能摆平所有的事情，不管是抢劫，还是强奸，都能洗刷干净。比大赦还管用。你还不明白吗？这里的孩子从小就懂得这一套。

比斯加托：干脆和她就结婚不就完了吗！

伯兰扎：他并不愿意娶她。

比斯加托：那么为什么还要去抢她？

伯兰扎：这样他就不得不娶她。他们都是这么想的。

比斯加托：他不那么想吗？

伯兰扎：自然，他也是那么想的。

比斯加托：长官，虽然我十分尊敬您，不过，我还是不明白。

伯兰扎：你不会懂的，比斯加托。这是一件事关名誉的问题。这永远是一件事关名誉的问题。

《诱惑与遗弃》是一部以喜剧手法表现严肃主题的电影。唐·文森佐对阿斯卡隆家族良好名誉的执著，揭示了一个世界范围内非常普遍的概念，即在很多社会里，如果一位年轻女性在结婚前就发生性行为，那么，不仅她本人的名誉，而且所有家人的名誉，都会染上污点。

这绝非他们过于敏感，绝非仅仅事关阿斯卡隆一家的骄傲与羞辱。如果唐·文森佐不能想出办法，恢复自己家族的名誉，他的其他女儿和儿子就无法获得受人尊重的婚姻，他本人将受到嘲笑，妻子也将成为一个可怜的人。他在社区里再也抬不起头来，他将丧失所有同伴对他的尊敬。在他的世界里，只存在一条出路，那就是，必须让那个诱惑者娶了他的小女儿（唐·文森佐还必须为大女儿再找一位丈夫）。佩平诺试图逃脱这种命运，面对这样的情况，同样的荣誉法则要求，阿斯卡隆家族必须有一个男人站出来，去杀死佩平诺。

阿斯卡隆家族父系一方的暴力行为，使当代观众感到震惊。唐·文森佐痛打了两个女儿和一个儿子，还凌辱了妻子。在大部分情况下，他的妻子并不阻止他殴打孩子。他们理所当然地认为，父亲的权威是靠滔滔不绝的谩骂和野蛮殴打来维持的。在这个世界里，男人的力量就等于施暴的能力。甚至阿格尼丝懦弱的兄弟也被派去追杀佩平诺。不管如何不情愿，他最终还是背起来福步枪，走上追杀的路途。

有必要强调一个明显的事实：唐·文森佐所遵循的规则，对男女的名誉提出了不同寻常的要求。这套规则体现的双重标准，在卡利法诺家庭就餐的一幕场景里得到最好的体现：当时，佩平诺恳求自己的父母，不要逼着自己和那个女孩结婚，哪怕她已经怀上了自己的孩子。

> 佩平诺：回答我的问题。凭良心说，如果妈妈当时和你做了那种事情，就像现在我和阿格尼丝做的那样，你还会和妈妈结婚吗？
> 父亲：这两件事情难道有关系吗？
> 母亲：你当时就想和我做那种事情。
> 佩平诺：这就对了。阿格尼丝并没有拒绝我，对吗？……我才不会和这个婊子结婚呢。
> 父亲：可我已经答应了唐·文森佐。
> 母亲：你还没有回答他的问题。假如我当时屈服了，你还会娶我吗？
> 父亲：当然不会！

他们的荣誉法则认为，一个男人可以随意向一个未婚女子提出性要求，而女人的责任"就是拒绝这种要求"。如果男人的要求得到满足，女子就被认为做了不名誉的事情：只有阿格尼丝破坏了规则。佩平诺想和漂亮的阿格尼丝发生性关系，这很正常。不过，如果阿格尼丝同意在婚姻之外发生性关系，她就是一个"婊子"；他可以不娶阿格尼丝，即便阿格尼丝只和他发生过性关系，即便她还怀着他的孩子。

在那个年代里，意大利刑法第 544 条款，也就是伯兰扎警官所引述的法律条款，承认一种婚姻形式，即强制婚姻（matrimonio riparatore），可以通过强奸哪怕是一个未成年人，来"改正"以往所犯的错误。这是一个古老的观念，详情可见：《圣经：申命记》22：28—29：

  如果一个男人发现一个未婚女子还是处女，并且还没有许配给人，因此与她纠缠，然后和她一起上床，最终事情被别人发现了；……那么，她就应当做这位男子的妻子；因为男子已经羞辱过她了，他永远都无法摆脱这位女子。

强制婚姻不仅仅是电影里的一个设计情节。1965 年圣诞节之后（也就是电影《诱惑与遗弃》出品一年多之后），一位名叫弗兰卡·维奥拉（Fronca Viola）的年轻女子，在西西里岛的一个名叫阿尔卡莫（Alcamo）的小镇上，被一个名叫菲利珀·梅拉迪阿（Filippo Melodia）的混混儿抢走并强奸了。她当时只有 17 岁。这个混混儿在强奸过程中，得到一帮男性朋友的协助。女孩过去曾经多次拒绝混混儿的要求。但是，正如西格诺尔·伯兰扎所预料的那样，梅拉迪阿"从小时候就知道"，一旦他们发生性关系，女孩就必须承认这样的现实，即要想顾全家庭名誉，唯一的出路就是和他结婚。而且，一旦他们结了婚，意大利刑法第 544 条款就会为他提供保护，不再追究其强奸的法律责任。

菲利珀·梅拉迪阿看来低估了弗兰卡·维奥拉的坚强意志。她告诉家人，她绝不和这个混混儿结婚。在父亲的支持下，她坚持指控菲利珀犯有强奸罪。她的家庭面临被放逐和失去人们尊敬的危险，这也是他们与当地的荣誉法则决裂需要付出的代价。因为和荣誉法则进行抗争，父亲还面临死亡的威胁，谷仓和葡萄园也被人纵火烧毁。但是，指控还在进行，维奥拉和他的七个同谋最终被投入监狱。三年以后，维奥拉嫁给朱塞比·瑞希（Giuseppe Ruisi），她的青梅竹马，她在15岁时就与之订婚的男人。在婚礼上，这个男人不得不带着一把手枪，来保护心爱的女人。[3]

这个事件无疑产生了深远影响。整个意大利的新闻媒体都报道了他们的婚礼。意大利总统给他们送来结婚礼物。教皇保罗六世正式接见了他们。[4] 结婚后的最初几年里，这对年轻夫妇离开了阿尔卡莫地区，不过，在上个世纪70年代初期，他们又回到这里。在以后的很多年里，维奥拉远离媒体的关注，在阿尔卡莫地区过着普通人的生活；2006年，她告诉一位新闻记者，当需要作出重要决定的时刻，她的建议是——"永远要遵循内心的召唤"。[5]

弗兰卡·维奥拉在17岁时遭到强奸；1981年，当意大利刑法第544条款最终废除的时候，她已经是一位30多岁的妇女了。

杀人家族

在世界上的其他地方（或者在更早的年代里），女子婚前失去贞操是一件不名誉的事情，对这种不名誉行为的处罚则是相当严厉的。在电影《诱惑与遗弃》里，阿格尼丝接受了命运的安排，而在现实生活中，弗兰卡·维奥拉摆脱了命运的束缚。阿格尼丝被迫与一位蔑视她的男人结婚。但是，在很多地方和不同的时期里，如果有人希望恢复家庭荣誉，他们不仅要杀死诱惑女子的男人，而且还要杀死受到诱惑的女子。的确，在西西里岛，就像在地中海的其他地方，不论是基督教徒还是穆斯林教徒，过去的荣誉法则（有些地区至今依然保留着这些规则）要求，必须杀死犯事男女，才能保全家庭荣誉。在某些社区里，年轻女子如果失去名誉，就将面临死刑的惩处，即便像弗兰卡·维奥拉那样被人强奸，也难逃被处死刑的厄运。

现在，一些要求实施所谓"荣誉谋杀"的规则，其中蕴含的基本思想依然被全世界绝大多数人所接受。甚至在工业化的西方世界，比如美国和欧洲国家，我们仍然需要花费大量时间来说服人们，强奸不能成为受害者的羞辱之源。那些被强奸的女性从心底里相信，这样的经历绝非她们"自找"，相反，这样的羞辱经历只是与受害者的无助状态相关。她们感觉挥之不去的，并非一种负罪感（似乎她们做错了什么事情），而是一种羞辱感。这样的羞辱感，正如《申命记》中所说，是强奸犯肆意羞辱受害者而带来的感受，让所有知晓实情的人都舍弃对受害者的尊重，尽管这样不合情理。另外，被强奸的经历也会让女性失去对自己的尊重（同样，这也不合乎情理）。

因为无力抵抗他人的身体进入，就不得不在更多方面、在更宽泛的意义上表现出卑下的态度；这种概念在很多地方被人们广泛接受（并非局限在遭到性攻击这一方面）。在由这样的态度和感觉所构筑的体系里，我们可以追溯到一个核心的思想，即一个被人强奸的女子,就像一个在相互抗争中被击败的男子一样,他们都失去了名誉。软弱,即便是不平等的情况之下,也是羞辱之源。

在美国,即便是现在,很多家长和家庭对未婚女儿发生性行为的担心,其程度要甚于对未婚儿子的担心。这方面的确有实际的考虑,因为女孩面临的风险更大,怀孕可能对女孩的生活产生重大的影响,而男孩就没有这方面的顾虑。我认为,很多人真正考虑的问题,其实也就是佩平诺及其父亲所想到的,"男人有权提出要求,女人的责任就是拒绝"。自我克制不是男人的做法,而拒绝才是女人的品德。

不过,无论如何思考与感受婚姻以外的性行为,大部分人都不曾想过,如果未婚女儿选择了性行为,或者已婚女子选择了婚外通奸,就应当把女子杀掉。我们中间也很少有人会想过,如果女儿或者姐妹,不论已婚与否,遭到了强奸,就应当把她们杀掉。

不幸的是,按照联合国在 2000 年的一项统计,全世界每年有五千名妇女和女孩被亲属杀害,杀人理由就是她们或者被人强奸过,或者有过婚外通奸行为。[6] 这类谋杀被称为"荣誉谋杀",因为在施害者看来,这是重新恢复家庭名誉的一种方式,家庭名誉丧失的原因,就在于家庭内的女性成员,不论她们自愿还是被迫,发生了婚姻以外的性行为。在 2003 年的巴基斯坦,根据一位总统顾问的调查,当年一共有一千两百六十一位女性由于婚外性行为而遭杀害。(很多人认为,官方的统计数据远远没有反映真实的灾难现状)[7]

到目前为止,我们所讨论的道德革命都已结束,也就是说,它们都属于历史的范畴。在这一章里,我将转而面向当代,面对一种急需改变的荣誉法则。寻求对于荣誉谋杀的理解,如同我们寻求对荣誉域的理解一样,要求我们做出努力,搞清楚这些规则的真实含意。各种文化中的荣誉谋杀具有某种共同模式,然而,我们只有在特定的场合和时间里,才能真正理解荣誉谋杀的危险所在。我们将会看到,在前几章里所学到的东西,将被应用于这方面的探讨。我在这里的目标是,重新认识荣誉谋杀的现象,进而提出一种建议,以此作为阻止荣誉谋杀的一种方式。让我们引用一段愤世嫉俗的法国谚语:"理解一切并非就能宽容一切"。

萨米娅·萨尔瓦的生死遭遇

白沙瓦(Peshawar)是巴基斯坦西北边境省(NWFP)的首府,古兰姆·萨尔瓦·汗·莫曼德(Ghulam Sarwar Khan Mohmand)是白沙瓦地区最成功的商人之一。1989 年,古兰姆在白沙瓦为女儿萨米娅(Samia)举办盛大的婚礼。上千名宾客聚集在婚礼现场,他们当中,有巴基斯坦诸省的三位首席部长,一位联邦政府任命的总督,以及当地的很多商业精英。新郎伊姆兰·萨勒(Imran Saleh)是他妻子的外甥。这是一个现代意味很浓、事业有成的普什图人家庭。古兰姆·萨尔瓦·汗·莫曼德的妻子苏尔塔娜(Sultana)是一位医生,她的外甥就是新郎伊姆兰·萨勒,他也是一位医生。萨米娅·萨尔瓦以后开始学习法律;妹妹从事医学专业的学习。1998 年,萨尔瓦本人当选为白沙瓦萨哈德工商协会(Peshawar's Sarhad Chamber of Commerce and Industry）的首任主席，该协会仅有两任主席。[8]

尽管婚姻基础很好，但是，婚姻本身却很不成功。萨米娅·萨尔瓦随后告诉她的律师，丈夫是一个作风粗暴的人，她的父母最终也意识到，她必须离开这个暴虐的男人，1995年，她的父母同意她回到娘家，和他们住在一起。从此，她再也没有见过自己的丈夫。但是，她的父母却在一件事情上态度强硬：女儿绝对不能离婚。她谈到，父母告诉她，"我们可以答应你所有的事情，只有离婚这件事情除外。"[9] 理由非常简单：离婚会威胁他们的"ghairat"，即家庭名誉。[10]如同在西西里岛那样，在巴基斯坦北部地区，如果一个家庭失去名誉，实际的后果便是，其他子女在婚姻方面必将遭遇障碍，父母以及叔叔阿姨们在社会上也很难立足。

在随后的几年里，她的丈夫一直没有露面，在这样的情况下，萨米娅·萨尔瓦显然爱上了另外一个男人。现在，她是一名法律专业的学生，她当然知道，从法律的角度看，她有权提出与丈夫离婚的要求，理由是丈夫在婚姻初期对她实施暴力，随后又抛弃了她。1999年3月，乘着父母去麦加朝圣的机会，她飞到拉合尔（Lahore）。在拉合尔，她住进当地唯一收容逃难女性的私立避难所，即达斯塔克（Dastak）。她与巴基斯坦人权事务律师西纳·吉兰尼（Hina Jilani）取得了联系，着手办理与丈夫离婚的法律手续。

在随后的几个星期里，萨尔瓦家人设法让女儿及其律师相信，他们已经同意女儿办理离婚手续。萨尔瓦向一位著名的在野党政治家提交了必要的文件，这位政治家很快带来了好消息。1999年4月6日，她同意在律师办公室里与母亲见面（她说，她不愿意见到父亲）。按照约定，母亲应该独自前来，但是，母亲实际上和一位男子一起来到律师办公室，当时还挽着这位男子的胳膊。这是一个身材粗壮、留着胡子的男子。按照西纳·吉兰尼的说法，萨尔瓦夫人对他说，男子是她的司机，夫人行走不便，需要司机随时帮忙。[11]

他们两人不顾律师的阻拦，强行闯进律师办公室。一进办公室，汉比布尔·雷曼，也就是那位司机，突然掏出手枪，对着萨米娅·萨尔瓦的头部开枪射击。在随后的混乱场景里，雷曼被闻讯赶来的保安人员击毙，萨米娅的叔叔尤努斯·萨尔瓦，当时正守候在办公室的外面，听到枪响，他马上冲了进来，绑架了办公室里的一名律师助手，并且拦住一辆出租汽车，把律师助手和萨米娅的母亲塞进出租汽车，出租汽车很快就开走了。那位律师助手后来说，萨尔瓦夫人当时"在过道里表现得非常冷酷与镇静，她从谋杀女儿的现场慢慢走出去，似乎倒在血泊中的只是一个陌生人"。[12]天哪，在巴基斯坦，你最好不要听从弗兰卡·维奥拉的建议，千万不要"听从你内心的召唤"。

这场悲剧里的人物都是巴基斯坦的知名人士。西纳·吉兰尼，是巴基斯坦著名的人权事务律师之一，他和姐姐阿丝玛·贾汗吉尔（Asma Jahangir）共同创办了一个律师事务所，阿丝玛也是巴基斯坦人权委员会的领导人，联合国人权委员会庭外执行、快速裁决及仲裁事务委员会的特别起草人。（贾汗吉尔女士为了处理发生在自己办公室里的谋杀事件，不得不推迟到日内瓦开会的行程。）曾经审议过离婚文件、并且促成萨尔瓦夫人会面的中间调停人埃特扎兹·阿萨恩（Aitzaz Ahsan），是一位出色的律师，曾经担任巴基斯坦的司法部长，在事发当时担任议会反对党的领袖。

萨米娅·萨尔瓦利用法律授予的权利寻求离婚，但是，却在众目睽睽之下遭到谋杀。谋杀在巴基斯坦当然是一种非法行为，我们可以想象，这一谋杀事件当然受到社会各界的普遍谴责。贝娜奇亚·布托（Benazir Bhutto）① 和巴基斯坦很多进步政治力量的领导人公开声明，反对这一谋杀事件。事发第二天，在巴基斯坦的一些主要城市里，一些人权组织举行了公开的示威活动。[13]巴基斯坦一位议员提出，必须对萨米娅的家庭进行谴责，但是，公众的反应出乎他的意料。

这位议员名叫伊奇巴尔·海德（Iqbal Haider），是一位律师和人权活动家，也是进步的巴基斯坦人民党成员。他受到议会里来自西北边境省同事们的一致谴责，尤其是受到人民民族党（ANP）代表的谴责。人民民族党代表着巴基斯坦普什图地区的利益，该地区的首府正是白沙瓦，也就是萨尔瓦家乡。有理由相信，普什图地区肯定有人出来捍卫当地的荣誉传统，然而，我们不能忽视一个重要的因素，即人民民族党根本不是传统主义者：在巴基斯坦的政治版图上，这一党派代表着世俗的一端，它历来坚持反对西北边境省内塔利班组织的恐怖活动。议员阿杰玛尔·卡塔克（Ajmal Khattak）当时担任人民民族党的主席，也是一位普什图的知识分子，一个诗人。他曾经享有进步分子的声誉，一直支持卡斯特罗和切·格瓦拉这样的左翼革命家。[14]不过，卡塔克曾经给同事们讲述过普什图民族的荣誉观念，从他表述的观点来看，他是支持荣誉谋杀的。[15]一共有四位议员支持对萨米娅家庭进行谴责的动议，其中一位就是埃特扎兹·阿萨恩，这位议员当时答应萨米娅·萨尔瓦，愿意出面与她的家庭进行调解，从而卷入了这场风波。[16]

---

① 贝娜奇亚·布托（1953—2007），巴基斯坦前总理。

在白沙瓦地区，公众存在一种愤怒的情绪。他们认为，一些外人干预了当地一个家庭的内部事务，一些陌生人插手当地事务，对普什图地区的荣誉传统说三道四。萨米娅父亲担任主席的工商协会对西纳·吉兰尼和阿斯玛·贾汗吉尔进行抨击，认为她们"误导巴基斯坦的妇女，丑化巴基斯坦的国际形象"，应当按照"部落和伊斯兰教的教规"对她们进行惩处。西北边境省的一些宗教领袖也发布声明，声称这两位妇女为异教徒。[17]在所有与萨米娅·萨尔瓦谋杀案相关的人中，没有任何人被判有罪，她的父亲仍然是白沙瓦地区的知名人士。2009年11月，巴基斯坦商务部部长责成她的父亲组建一个委员会，为巴基斯坦与阿富汗贸易新协议出谋划策。[18]

普什图族人的方式

在巴基斯坦和阿富汗境内，生活着四千多万普什图族人。他们中的大部分人都居住在两国的边境地区。普什图族人相信自己来源于同一个祖先，他们的部落组织被人类学家称为"残缺的家谱体系"。在这样的体制之下，关系更近的亲属会团结起来，对抗那些关系较远的亲属。贝都因人（Bedouin）① 有一句谚语，很好地描述了这一特点："我对抗我的哥哥，我和我的哥哥对抗我的表哥，我和我的哥哥还有我的表哥对抗整个世界。"

---

① 以氏族部落为基本单位在沙漠旷野过游牧生活的阿拉伯人。主要分布在西亚和北非广阔的沙漠和荒原地带。

越是向前追溯共同的祖先,这一民族的部落规模就越大。普什图族人的亲属体系结构具有不同的层次,这一特点对他们的实际生活产生了重要影响。

按照传统的说法,盖斯·阿伯杜尔·拉希德(Qais Abdur Rashid)是所有普什图族人公认的祖先,他有四支直系后裔,构成该民族四个主要部落。盖斯显然是穆罕穆德同时代的人,他去过麦加,从那里带回伊斯兰教,并且将伊斯兰教带到阿富汗。这四个主要部落之下又有很多分支,他们通常都有一份家谱,可以将他们的发展历史追溯到普什图族的第一代人,也就是盖斯的直系后裔。在这种亲属等级体系的底层,是一些最小的家庭群体,一般包括一个男子和他的几个儿子,以及他们各自的妻子及第二代子女。

在乡村地区,普什图族人生活在一些人数不多的小村庄里,传统上依靠耕种谋生;他们一般都是从少数几个家族中分化出去,因而形成新的家庭的。无论在乡村还是在城市里,他们把自己的生活规则称为"pashtunwali",也就是普什图族的生活方式。和很多类似的部落规则一样,普什图族也十分强调维护个人名誉,比如,要对亲属忠诚,战斗中要表现勇敢。对宾客要态度热情,蒙受羞辱要进行反击,受到伤害要实施报复。不论是对待自己,还是对待家庭或者部落的其他成员,都要按照以上规则行事。[19]一个人的好名声,还有家庭或者部落的好名声,可以用与荣誉相关的丰富词汇来形容,一些词汇来源于阿拉伯语。要有一个好名声,这就是"pashtunwali"的核心意义。

这些从乡村部落文化的环境里发展起来的概念,已经被带入当代的都市生活。阿富汗经历了三十年的战争;这场战争始于1979年年底苏联军队的入侵,随后是以美国为首的多国部队对塔利班武装力量的围剿，因此，巴基斯坦的普什图族人强烈感受到边境那端的亲情所系。外国人的出现，不论他们是士兵还是平民，目的显然都是重新构建当地的生活方式，这当然会引起民族主义的反抗，关于这一点，人们完全可以预料。外国势力对普什图族人的生活方式构成威胁，也因此遭遇强烈的抵抗。在巴基斯坦，外国势力的影响同样显而易见，比如，一些组织积极从事人权活动，他们要求为妇女争取权利，并且反对所谓的荣誉谋杀。最终导致的结果是，甚至是一些本土的巴基斯坦人权主义者，比如萨米娅·萨尔瓦的律师西纳·吉兰尼，对萨米娅·萨尔瓦的谋杀事件提出的批评，也引发了当地公众对西方干预的不满情绪，形成了一股巨大的抗议浪潮。当地公众的不满，其核心是认为西方人过于傲慢，也就是说，西方人缺乏对荣誉概念的充分认识。[20]

萨米娅·萨尔瓦是一位普什图族人，不过，她的谋杀事件可能在巴基斯坦的任何区域发生。在使用乌尔都语、信德语和旁遮普语的区域，和那些使用更小语言的国家一样，它们都有着相似的传统。在使用信德语的区域，该省份包括卡拉奇这个巴基斯坦的金融中心及规模最大的城市，单词"karo"的文字意思是"黑人男子"，而单词"kari"的文字意思是"黑人女子"；这两个单词用来表示有婚外性行为的男女。因此，在巴基斯坦如果发生荣誉谋杀的事件（我说过，在巴基斯坦的任何区域，都可能发生这类的谋杀事件），karo-kari 是两个被人经常用到的单词；不过，在普什图语里，与它们对应的两个单词是"tor-tora"。[21]

这里我们遇到一个类似的悖论。巴基斯坦是一个信奉伊斯兰教的共和国。印度在独立之前，国内发生教派冲突，为了接纳印度的穆斯林教徒，巴基斯坦宣布独立，成为这些穆斯林教徒的家园。人们几乎一致同意，按照对伊斯兰教教义的权威解释，荣誉谋杀是一种违背伊斯兰教教义的做法。就像决斗习俗那样，在信奉基督教的英国，这种习俗肯定有悖于法律的规定与宗教的教义。在巴基斯坦，荣誉谋杀同样也是一种违法行为，它有悖于这个国家正式的宗教传统。与英国一样，巴基斯坦也拥有一个被公众广泛接受的宗教信仰。解释荣誉谋杀的原因之一是，对于如何控制性行为的问题，伊斯兰教有着自己的独特方式。那些不通过道德法庭就实施荣誉法则的家庭，他们声称自己是独立于国家的法律及有组织的宗教的。当然，伊斯兰教和世界上其他宗教一样，在它们历经的不同社会里，会有一些具体的变化。在普什图族人的心目中，pashtunwali 与伊斯兰教完全兼容；的确，他们认为伊斯兰教本身就是普什图族人的一种生活方式，因为他们相信，他们的始祖从麦加给他们带来了信仰。但是，正如我所说的那样，在伊斯兰世界里，人们普遍认为，不论是《古兰经》还是《圣训》（这是预言家的说法），抑或是《穆罕默德言行》（这是对《圣训》的权威记述，为伊斯兰教教义的传授提供了补充性的资料来源），都不曾允许家里的男人对女人实施谋杀行为。

毫无疑问，伊斯兰教教徒对上述问题有着清晰的认识，巴基斯坦也不例外。2001年和2002年的夏季，巴基斯坦的一位研究生阿米尔·H.贾弗里（Amir H. Jafri）正在准备一篇有关人际交流方面的论文。他用英语和乌尔都语为语言载体，进行了一系列采访活动，目标是在最完整的文化环境内，调查萨米娅·萨尔瓦谋杀事件的性质以及公众对这一事件的看法。他记录了与一位名叫阿巴迪的毛拉所作的交谈内容，交谈地点在伊斯兰堡的一座清真寺里。当时，这位宗教传道者的身边围坐着他的一些学生，开始交谈的时候，这位毛拉承认，如果他看到一些妇女没有戴好面纱，"我就想把她们剁成肉酱，或者把她们随便许配给什么人……"贾弗里感到极为震惊，他问毛拉，这样的做法是否符合伊斯兰教教义，这位毛拉脸红了，沉默了许久。随后，他看了看身边的学生，喃喃自语道："伊斯兰教当然不会允许这么做，但是，有时候你必须这么做，才能树立好的风尚。"

这次采访是贾弗里利用两个夏季在巴基斯坦所做的一次调查。他在采访过程中发现，伊斯兰教任何一个学派的学者，都"公开谴责"荣誉谋杀的行为。[22]普什图族的一位出租汽车司机对这一现状做过非常精辟的归纳。当时，这位司机在与一位受过教育的女乘客讨论妇女教育的问题，司机说道："按我的说法，信奉伊斯兰教的男人和女人都应该有接受教育的机会，这是教义的要求。教义确实这样说过，但是，如果上了法庭，谁还会在乎这些?"[23]

萨米娅·萨尔瓦的谋杀事件，除了萨尔瓦家庭之外，没有得到任何社会团体的正式认可。但是，在西北边境省，荣誉谋杀可能就是 jirgas 的判决结果，jirgas 是一种传统法庭，对决定部落的各种事务具有极大的权威性，政府法令对此往往无济于事。就在萨米娅·萨尔瓦被谋杀的几个星期之前，一位 16 岁的智障女孩，经由所在村庄 jirgas 的"审判"，被处以死刑。这位女孩的名字叫拉尔·贾米拉·曼多克尔（Lal Jamilla Mandokhel）。她在两个晚上被附近小镇上的一个男子连续强奸。回到村里后，社区的长者认为她把耻辱带给了当地公众。于是，她被人从家里拖了出去，并且遭到枪杀，当时现场有大量的围观者。[24]不论是否与伊斯兰教的教义相符，在很多地方，荣誉谋杀均构成普什图族行为方式的一个部分。

巴基斯坦的法律

巴基斯坦的现代法律体系最初继承了殖民地的法律传统。穆罕默德·阿里·真纳（Muhammad Ali Jinnah）是巴基斯坦的创建人，他是一位在英国接受过专业训练的律师，他本人或许赞同建立一部世俗宪法。但是，英国政府在1947年承认印巴分治之后不久，穆罕默德·阿里·真纳就去世了。印巴分治的结果，使印度和巴基斯坦成为两个独立的国家。巴基斯坦最初包括地理位置相互隔绝的两个部分，一部分位于西部，另一部分位于较远的东部，即孟加拉地区，这是一个具有独特文化传统的区域。在这一时间里，制宪议会实际上发挥着巴基斯坦议会的作用，这个议会几乎用了十年的时间，才在制宪问题上达成一致意见；在1956年，议会通过巴基斯坦宪法，这是一部伊斯兰共和国的宪法。在随后的几十年里，巴基斯坦发生了一系列政变和战争；在此期间，巴基斯坦的两个部分演变为两个独立的国家，即位于西部的巴基斯坦，和位于东部的孟加拉国。巴基斯坦的基本法一直是伊斯兰教。目前的宪法从1973年开始生效，它借用了较早版本宪法的序言部分，这一部分明确指出，基本法的目的是在国内"建立一种秩序"。

> 穆斯林教徒应当按照《古兰经》和《圣训》规定的教

义和要求,在个人和集体的场合里,很好地组织自己的生活,使之具有秩序。[25]

巴基斯坦宪法还创建了联邦政府伊斯兰教教法法庭,它的成员既包括传统的穆斯林法律学者,也就是所谓的乌理玛(ulema),也包括通常的高等法院法官;该法庭有权审议绝大部分的立法问题,如果发现有"有辱于伊斯兰教的"情况,有权推翻立法进程。

1979年,巴基斯坦的军人总统奇亚·哈克将军(General Zia-ul-Haq)在这方面走得更远。他实施了所谓的"胡都法案"(Hudood Ordinances)①,以此作为推广伊斯兰教这一政策的组成部分。这一新法案的目的之一,是将巴基斯坦的实际法律生活与这位将军对伊斯兰教教法的设想融合在一起,这一新法案尤其是针对"zina"(在伊斯兰教里,这个单词表示婚外性行为或者婚前性行为)的行为而制定的。新法案的效果之一,是加强伊斯兰教教法的作用,从而在很大程度上削弱法律对妇女的保护作用。比如,如果一位妇女提出被人强奸的指控,她必须提供在现场四位男性成年人作为证人。如果做不到这一点,被指控的人就会被判无罪。不过,因为在指控被人强奸的报告里,妇女必须承认在婚外发生过性行为。基于自己的指控报告,她必须因为发生过婚外性行为而接受处罚:这也就意味着,她可能犯下通奸罪,受到几百次鞭笞或者石击,直至死亡。

必须说明的是,在一些案例里,一些级别较低的法庭对案

---

① "胡都法案":巴基斯坦的一项法律,于1979年付诸实施。旨在加大对婚外性行为、诽谤行为、偷窃及酗酒行为的惩处力度。

件作出宣判，而联邦政府伊斯兰教教法法庭对此复审之后，会将其搁置一边。但是，一个非常明显的事实是，"胡都法案"使巴基斯坦妇女在提出强奸指控时，将面临更大的风险。

奇亚将军的继任者吴拉姆·伊沙克·汗（Ghulam Ishaq Khan）总统，在这一方面变本加厉。他具体实施了建立伊斯兰教教法法庭的设想，推行所谓的"报复和赔偿法案"，它在很大程度上替代了巴基斯坦的刑法，而巴基斯坦的刑法继承了英国习惯法的基本思想。这些变化引起的结果是，谋杀罪以及程度较轻的伤害罪，被法律认定为是对受害人及其家庭的伤害，而不是对国家的侵犯。按照这部法案，受害者和她/他的亲属有权利进行报复，施害者应当受到惩处，其惩处程度应当与受害者受到伤害的程度相当。在谋杀的案例方面，受害者的亲属有权利要求处死施害者。

《古兰经》里的"这一天"（Surah Al Ma'ida）一章（伊斯兰教教法法庭根据这一记述而建立）的第 45 段是这样写的：

> 我们因此告诉他们："以命还命，以眼还眼，以鼻还鼻，以耳还耳，以牙还牙，受害者要给予同等的反击。"不过，假如有人出于怜悯而放弃报复，那是他自己的赎罪之举。

因此，这部法案允许受害者及其亲属放弃"qisas"（意为"报复"），通过所谓"diyat"（意为"赔偿"）的方式获得补偿。受害者及其亲属协商解决方法的过程，被称作"协调"（compounding）。

并非所有的人都认为，这是行使伊斯兰教教法的正确方式。

特别是，巴基斯坦全国妇女状况委员会（NCSW）认为，对于传统的恰当解释可以得出这样的结论，即不仅可以对受害者及其亲属进行报复性惩处，而且，也应当对国家进行报复性惩处。如果这种观点能够成立，那么，不仅相关家庭，而且政府都可以放弃处罚的权利。如果有正当理由，即便受害者亲属与施害人进行过"协调"，政府也有权决定是否对其进行惩处。巴基斯坦全国妇女状况委员会的成员们所关注的问题是，在荣誉谋杀的案例中，在很多情况下，受害者亲属就是罪行的实施者。确实，在萨尔瓦的案例中，萨米娅的哥哥作为她的亲属，代表其父母放弃了惩处施害者的权利。[26]

就巴基斯坦妇女所面临的法律环境而言，"报复和赔偿法案"在两个主要方面作出改进。首先，它替代了英国习惯法的传统；英国的习惯法允许对"重大而突然的事件"进行辩护，长期以来，这在巴基斯坦被解释为，法庭应当对那些以荣誉的名义实施谋杀行为的人体现出格外的宽容。不幸的是，巴基斯坦高等法院一直没有注意这一变化。在1995年的一则判决中，法庭说，下级法庭一直错误地忽视了被告人的声辩，"被告人在凌晨时分，发现死者与被告人的妻子处于一种暧昧状态中，于是顿起杀意"，所以说，这次谋杀"就是一次重大而突然的事件"。据此，法庭做出释放谋杀者的判决。[27]

"报复和赔偿法案"的第二个主要改进体现在，它明确地禁止 diyat，也就是明确禁止传统的赔偿形式，这种形式规定，谋杀者的家庭必须奉献一位女性，让她嫁给受害者家庭的一位男性，作为后者妻子的"替代品"。不幸的是，这种习俗似乎还在延续着，尤其在那些政府监管不到的乡村地区。这些事实提醒我们，法律变化的本身无法改变现实，除非它们真正地得到有效实施：当然，法律顺利实施的前提条件，是公众态度的改变。就像决斗习俗那样，制定一部正确的法律只表示改变现实的开端。[28]

在实施"胡都法案"的过程中，一些具有极大争议的案例在巴基斯坦内外引起巨大的骚动。比如 1983 年，旁遮普省一位 13 岁的失明少女萨菲娅·比比（Safia Bibi）被雇主的儿子强奸。最终，雇主儿子被判无罪释放，因为受害者提供的证据，不符合伊斯兰教教义规定的标准，尽管比比已经怀孕并且未婚。但是，一个无可辩驳的事实是，她发生了婚姻之外的性关系，也就是所谓的 zina。法官作出轻判，判处对这个怀孕女孩实施 30 下鞭笞。按照法官的说法，他是出于怜悯才作出这一判决的，因为审判对象是一个盲人。（在舆论的强烈谴责下，联邦伊斯兰教教法法庭重新审议并最终修改了这个判决结果）巴基斯坦的一位律师纳伊姆·沙基尔（Naeem Shakir）正确地指出，"萨菲娅·比比的案例给整个国家带来耻辱，全世界的媒体都报道了与这次审判相关的新闻"。[29]

当然，这正是问题所在。毫无疑问，我们所说的这种"集体性羞辱"方式，给巴基斯坦政府构成压力，特别是对该国的政治力量构成巨大压力，国际社会强烈要求巴基斯坦政府改善该国的女性人权状况。2004 年，巴基斯坦议会通过一项决议，该决议对当时的刑法做出修正，明确规定荣誉谋杀为犯罪行为，并且为这一罪名设定最低处罚限度。不过，这项法律无法改变一个事实，即荣誉谋杀仍然可以用"报复"方式（diyat）替代。随后，在 2006 年 11 月 15 日，经过国内外人权组织多年施加压力之后，巴基斯坦议会通过"妇女保护法案"，并以此为基础，对"胡都法案"进行修正。"妇女保护法案"取消了强奸案例

必须有四位男性证人作证的规定。(可以预料的是，这个变化不会让原教旨主义者感到满意)[30]

但是，同样的法律体系通常认定，以名誉的名义而实施的谋杀，可以作为免于死刑的考量因素；在很多情况下，荣誉谋杀或者参与荣誉谋杀的人，仍然可以不被起诉。[31] 2008 年 8 月，在俾路支省的一个名叫 Baba Kot 的偏僻乡村里，三位年轻女性违背家庭的意志而自主结婚，她们因此被当地一些长者判处死刑。两位年龄稍大的女性亲属对此提出抗议，她们也被一并判处死刑。五具女性尸体被扔在一条没有任何标记的沟渠里。谁都不知道，她们被人掩埋的时候，这些人中是否依然有人活着。

大概十年前，也曾发生过相似的一幕，当时，萨米娅·萨尔瓦案例引发了公众的激烈争议。议员伊斯拉鲁拉·扎里（Israrullah Zehri）作为那个地区的代表，在巴基斯坦的议会上，为"流传几个世纪的传统"辩护。[32]（有人告诉我一个有关殖民地官员的故事，虽然可能是杜撰的。这位官员要求一个印度家庭，不许他们将一位寡妇放在丈夫的火葬柴堆上一并烧掉。印度人抗议道："不过，先生，这是我们的风俗。"那位官员的回答是——"对谋杀者处以死刑，也是我们的风俗。"）由此看来，我们需要巴基斯坦人权活动家关注国家的荣誉问题，也需要国际社会对妇女的悲惨遭遇发出呼声。

巴基斯坦国内民众的反应之一，就像白沙瓦工商协会所做的那样，是抱怨西纳·吉兰尼这样的人将问题公之于众，从而破坏了国家的良好名声。不过，如果一个国家做了一件完全错误的事情，那么，把这件事情公布给国际社会，正是一个主张正义和国家荣誉的爱国人士应当做的事情。毕纳·萨尔瓦（Beena Sarwar）是巴基斯坦的一位艺术家、记者和纪录片制片人,他告诉那些希望公众闭嘴的人,他们"应当问一下自己,究竟谁应当对此负责:是长期使用暴力的人,还是饱受苦难的受害者?我们应当如何建设一个更好、更强大的国家:是勇敢地面对现实,还是把脑袋钻进沙堆里?"[33]

现实问题

  我们在前面已经探讨了三次道德革命,在这三场革命中,有关荣誉的概念变化,为社会的道德发展指明了方向。我们可以从这些革命中得出有益的结论,帮助我们认识巴基斯坦的发展前景吗?决斗习俗,大西洋的奴隶制度,以及中国的缠足习俗,它们已经被几代人所废弃。不过,正如我们看到的那样,上述革命告诉我们的是,道德信仰的变化在很大程度上并不等同于实际的革命,实际的革命是以荣誉作为核心内容的。让我们感到新奇的,不是对各种道德观念的论证,而是人们依据这种观念生活的愿望。

  当然,荣誉在这三场道德革命中发挥着不同的作用,我们应当意识到,荣誉与道德进步的关联并非只有一种机制。不过,我们首先要关注的是,三场道德革命尽管形态迥异,但是都具有一些共同的重要特征。

  第一个共同特征是,以往的不道德习俗,其本身就是建立在一套荣誉法则之上的。这一点在决斗习俗里表现得尤为明显。不过请记住,缠足习俗最初是一种名誉习俗,它不仅保证了缠足女性的社会地位,而且也确保了汉族精英女性的纯洁性。让我们再回忆一下大西洋地区的种植园奴隶制度,这种制度不仅是一种经济组织形式(它提供了劳动力的来源),同时也是一种荣誉体系,体力劳动者被认为是不名誉的人种,而白人是具有名誉的人种,即便是社会地位低下的白人,同样属于具有名誉的人种;白人的特权还体现在,从法律的角度来看,他们这样的人种是不可能变为奴隶的。一个关键的因素是,在这三场道德革命中,一旦习俗消亡,相应的荣誉法则随即终止。决斗习俗不再成为维持绅士荣誉的一种方式;缠足习俗不再成为较高社会地位的一种象征;劳工和非洲后裔不再等同于不名誉(尽管这一过程目前仍在继续)。

第二个共同特征是,在革命发生很久之前,荣誉法则就面临道德与宗教的挑战。三场道德革命最终表现出一个共同特点,这就是在革命结束的时候,荣誉被成功地纳入道德的范畴。决斗习俗演变为滑稽之举,成为被人嘲笑的行为,甚至成为耻辱的根源。那些希望通过为女儿缠足获得名誉的人,现在开始拒绝让女儿缠足。英国在终止跨越三大洲的奴隶制度方面发挥了作用,英国人也为国家赢得荣誉而骄傲。

不过,我在前面已经说过,三场道德革命还存在着重要的区别。这些区别,我已经在第二章里提及:社会认同以两种不同的方式对荣誉产生影响。第一,荣誉法则规定同一社会认同的人应当做什么,从而限定了选择范围。它确定了一套名誉习俗。第二,同一社会认同的人取得成就进而赢得荣誉,荣誉法则允许同伴分享这份荣誉。

社会认同与荣誉之间的第二种联系,即同一社会认同可以分享共同的尊重,在废除决斗习俗方面,并没有发挥主要的作用。英国绅士不会因为决斗习俗为所有英国绅士带来不好的名声而去阻止其他绅士的决斗行为。他们最终改变名誉习俗的原因在于，决斗习俗已经失去效用，失去效用的部分原因是19世纪中期的英国荣誉域早已民主化，绅士们如果还在声称自己有决斗的资格，他们得到的绝非尊重，而是遭人嘲笑。有鉴于此，他们根据这一变化作出调整。他们并没有放弃荣誉。他们只是重新定义自己的荣誉法则，以适应新的社会环境。

不过，中国反对缠足习俗的知识分子，确实试图让同伴们终止缠足习俗，因为他们认为，这一习俗给所有的中国知识分子带来耻辱：终止缠足习俗就是修复名誉的一种方式。某种社会认同的人（在这个实例中就是中国人）会阻止所有相同社会认同的人去做特定的事情，因为做这样的事情会给所有同一社会认同的人带来耻辱。此外，他们还会受到集体性荣誉的召唤，要求其他社会认同的人终止特定的事情，比如，英国工人阶级要求殖民地的奴隶主和美国各州废除奴隶制度。工人阶级与奴隶制度没有任何关联，他们反对奴隶制度，并且希望其他社会认同的人废除奴隶制度，因为奴隶制度本身意味着对他们的蔑视，而蔑视正是耻辱的根源。动摇了决斗习俗的民主文化，同样也撼动了奴隶制度。在这两个事例中，中国人和英国工人阶级的集体荣誉感发挥了作用，它们有助于推动事态的进步，尽管各自的运行机制存在着很大的差别。

以上只是对相关历史事件的抽象概括。不过，如果希望从中吸取一些经验，来正确地看待荣誉谋杀的现象。我们可以看到的是，荣誉谋杀、决斗习俗、缠足习俗以及奴隶制度，都是不道德的名誉习俗。我们从有关缠足的传说中了解到，作出改变的路径之一就是说服人们，这样的名誉习俗，如果从一个更加宽广的荣誉域的视角来看，实际上是让他们蒙受了集体性耻辱。这就是集体性羞辱的策略，有关这一点，我们通过巴基斯坦的事态发展已经看得十分清楚了。集体性羞辱的策略不仅在中国获得成功，而且在英国反奴隶制运动的第一阶段也获得成功，当时，英国的中产阶级发动了一场爱国运动，目标就是保卫英国的国家荣誉。

让我们回忆一下，集体性羞辱的策略是如何发挥作用的。国内的一些人提请同胞们关注，某种名誉习俗是如何在国际上损害国家荣誉的。实施这种策略需要十分小心，因为可能招致国家主义者的强烈反对。可能出现的情况是，一些不知情的外国人声称他们反对的就是这种名誉习俗，国人反而会用更大精力重新拾起这种受到批评的习俗，并且为它辩护。对于外国因素的影响，我们应当充分把握，原因即在于此。从这一认识出发，荣誉谋杀就是一种违背伊斯兰教教义的行为（也就是说，耻辱不属于伊斯兰教，只属于巴基斯坦。荣誉谋杀不能体现巴基斯坦宪法所主张的伊斯兰教教义，这是事关国家荣誉的核心问题），认识这一点非常重要。

当然，荣誉谋杀的问题绝非仅仅存在于巴基斯坦。在临近的阿富汗和印度也产生过此类问题。在土耳其，尽管阻止荣誉谋杀的相关法律得到有效的实施，但是，库尔德人中普遍存在荣誉谋杀的现象，在安卡拉和伊斯坦布尔的飞地里，在库尔德人占绝大多数的城镇里，在很多乡村里，这种现象比比皆是。在阿拉伯世界里，从埃及到沙特阿拉伯，从约旦、巴勒斯坦占领区到伊拉克，妇女常常在维护荣誉的名义下惨遭杀害或者受到恐吓。她们在伊朗受到同样的威胁。所有这些国家都信奉伊斯兰教，谋杀在那里都属犯法行为，尽管很多谋杀事件都以荣誉作为借口，法律常常过于宽容。

作为从上述国家迁移到欧洲和北美地区的移民,他们给那些地区带去荣誉谋杀的习俗。另外,这些移民家庭来到新的社会环境,面临很多新的观念,比如,年轻女性应当如何做事,移民家庭如何对待年轻女性,等等。在这些问题上,移民家庭面临着巨大的调整压力。在这样的家庭里,父辈控制女儿、兄弟控制姐妹的手段之一,就是发出荣誉谋杀的威胁;女性则奋力抵御传统的名誉习俗,在那些男子看来,这些习俗向来是祖先家乡的生活方式。

在所有这些地方,社会面临的挑战是,一方面要尽力保护妇女免遭这些危险,一方面要修改已经成为危险根源的传统荣誉法则。并非所有的此类罪犯都是穆斯林教徒:锡克教徒(他们生活在南亚地区和迁入的地区)以及巴勒斯坦境内的基督教教徒,都曾犯下类似罪行。但是,实施此类罪行的绝大部分人都是穆斯林教徒。只要他们现身犯罪现场,我们就要告诉他们,这样的行为有悖于他们的信仰,并且会让他们的信仰蒙受耻辱。

但是,如果忽略这样一个事实,就将犯下愚蠢的错误。这一事实就是,在巴基斯坦这样的国家里,一方面破坏人权的现象普遍存在,一方面存在着厚重的穆斯林传统的基础。这个国家的法律和社会在处理性行为的方式上,存在其他一些特点。在谈论荣誉谋杀的时候,我们不必根据伊斯兰教教义予以评判,但是,在讨论其他问题时,我们还是无法回避这样的评判难题。可以有很多方式来解释先知穆罕默德的要求。比如,他的要求之一,就是必须有四位男性证人出来作证(或者有一位自首者),才能证明婚外性行为的存在。这样的要求设置的标准过高,受害者很难满足这个要求。在我看来,穆罕默德设置这些标准的目的,就是为了缓解早期阿拉伯人性行为荣誉法则规定的处罚方式。不管怎么说，《古兰经》的大部分章节（除一个章节外）的开头，都写着真主"最具怜悯之心，最为慈善"的字样。

从另一方面看，很多穆斯林社会的建立，都基于对《古兰经》和《穆罕默德言行录》的随意解释，男女如果犯下通奸之罪，将被乱石砸死。一个伊斯兰共和国要承认其公民的人权，就必须否定穆斯林传统的这一习俗。然而我们知道，宗教在这方面总能找到迂回的方式。希伯来文版的《圣经》在"利未记"20：10里写到：

> 如果一个男子与另一个男子的妻子通奸，甚至和邻居的妻子通奸，通奸双方必要处以死刑。

如同伊斯兰教教义法庭那样，摩西律法认定，用乱石砸死的方式实施死刑，是一种最恰当的方式。但是，当代主流基督教或者犹太教的任何学派，都不希望任何国家采用这样的死刑方式。[34]

改变荣誉的基础

如果希望集体性羞辱的策略产生效用，必须让集体内外的因素融合起来，这一点在中国体现得尤为明显。以英国工人阶级为例，为了促成这样的融合，英国工人阶级在废奴运动的过程中采用了类推法。废奴运动让英国工人阶级看到世界其他地方的名誉习俗，虽然他们并未涉入其中，但是，这种名誉习俗暗示着对工人阶级的不尊重，令他们感同身受，从而激发了他们中的很多人投身这一运动。我把这一策略称为"象征性归属"，也就是说，让特定的群体感受到，如果置身于某一习俗之中，他们也会遭受羞辱，从而促使他们起而反对这一习俗。要动员特定集体之外的群体，一个主要方法就是采取这种策略。巴基斯坦（还有其他地区）反对荣誉谋杀的人士结成多个联盟，其中最具实质意义的联盟是一些全国性的女权组织，它们关注荣誉谋杀的问题，在很大程度上是因为其成员意识到，karo-kari 习俗有一个基本的概念，即女性与男性相比，更不值得尊敬，更不拥有名誉。毫无疑问，它们认为这是一个事关社会公正的问题。不过，引起她们关注的原因还在于，荣誉谋杀的象征意义在很大程度上反映了妇女的从属地位。它以一种公然的方式显示，妇女没有资格获得最基本的尊重。

荣誉谋杀的习俗，尽管在理论上也同样适用于男性，但是，在绝大多数情况下，都是针对妇女的。这一习俗不仅用于恐吓妇女，让她们接受婚姻内的暴力，也便于男人抛弃没有过错的妇女。巴基斯坦的司法记录充斥着很多案件，其中的很多普通谋杀都假借荣誉谋杀的名义。[35]一个女性永远面对着丈夫、兄弟、家长甚至儿子的威胁。他们可以说，我们可以为所欲为，不然的话，我们就指控你发生婚外性行为，然后就有理由杀掉你们，而我们可能不用承担任何责任。萨米娅·萨尔瓦希望与丈夫离婚，她和这个所谓的丈夫已经分居多年，她还想和相爱的男人结婚。按照一般的道德规范，按照伊斯兰教的法律，按照巴基斯坦的法律，她都有权利这么做。但是，由于离婚会危及家庭名誉，最终她遭到母亲带来的男子的当众枪杀。更加糟糕的是，她的家庭显然纵容针对她的谋杀，并且荣誉谋杀居然真的拯救了家庭名誉。虽然杀人者在随后的混乱场面里也被杀死，但是我们有理由怀疑，如果他得以逃脱，是否会被处以死刑？[36]巴基斯坦议会里的政治家们赞扬她的家庭的荣誉感，称萨米娅·萨尔瓦（一个29岁的已婚女性）只是一个不懂事的小女孩，并且认为，她暂住的那个妇女避难所是一个"娼妓的巢穴"[37]。他们肆意羞辱一位死去的女性，却对她的家庭大加褒扬。

巴基斯坦的普通女性不停地劳作，她们在农田里劳作，在家庭里劳作。现在，在具有较高社会地位的妇女中，越来越多的人也开始参加工作。像萨米娅·萨尔瓦及她的母亲那样，很多女性正在努力获取各种职业资质。她们对国家经济的发展作出了贡献。她们越来越适应于当众演说，希望自己的声音得到关注。已故总理贝娜奇亚·布托（Benazir Bhutto），或者萨米娅·萨尔瓦出色的律师西纳·吉兰尼，很多这样的优秀女性对巴基斯坦的公共生活作出贡献，完全是因为她们不再受制于一种特定的名誉规则，这一规则认为女性是一个可以全然漠视的社会群体。具有工作经验的这些妇女，如果看到姐妹们遭到谋杀，是不会保持沉默的。萨米娅·萨尔瓦遭到谋杀的信息披露之后，巴基斯坦国内很快兴起广泛的抗议活动。巴基斯坦的乡村妇女通常缺少当地相关组织的支持，也几乎没有投诉的去处，都市地区的妇女情况要好一些，她们可以逃到诸如 Dastak 这样的避难所去，从女权主义组织和人权组织那里获得支持。[38]在这样的国内背景之下，过去将妇女禁锢起来的荣誉法则，受到社会各界越来越大的压力。

从决斗习俗的终结过程里，我们可以获得一些教益。在这个过程里，荣誉域被逐步证明不再有效。各种名誉习俗都有过修正，从军队高官所遵循的名誉习俗，到现代绅士所遵循的新的更为平民化的荣誉法则，都曾经得到不同程度的修正。有关 ghairat 的新概念，这种概念将对女性的尊重视作男性的荣誉法则，对于很多巴基斯坦的当代人而言，依然很难接受。与此相似，在 19 世纪初期的英国，不可能出现绅士之间旨在避免伤害他人的荣誉法则，或者说，在 1880 年的中国，也不可能出现对缠足妇女不利的婚姻规则。但是，当时的人们已经在想象更好的荣誉法则了。在萨米娅·萨尔瓦被谋杀之后，阿丝玛·贾汗吉尔质问道，"竟然对一位手无寸铁的女性开枪，还有什么荣誉可言？"[39] 在 www.nohonor.org 网站的网页上，写着这样一个口号："阿拉伯和穆斯林都反对以'荣誉'的名义从事犯罪行径"。这个口号说得很对：荣誉谋杀并无荣誉可言。

在这三场道德革命中，荣誉的驱动力量得到释放，但没有受到挑战。看来，正确的挑战方式不是反对荣誉本身，而是努力改变构成荣誉的基础，改变荣誉的规则。贾汗吉尔提出一个很好的问题，她可能是第一个提出这一质问的女性。不过，很多巴基斯坦人也有相同的看法。在第一章里，我引述了威廉·戈德温对决斗习俗的类似看法。如果我们还记得的话，他曾经说过，抵御来自社会的压力，坚决不去决斗，其所需要的勇气绝不逊于屈从社会压力所需要的勇气。他曾经试图用荣誉的力量抵制决斗习俗，正如阿丝玛·贾汗吉尔和其他社会活动家试图利用荣誉的力量抵制 karo-kari 的习俗一样。

针对女性的暴力行为是全球性的普遍问题。荣誉谋杀是其中的一种形式。但是我认为，荣誉的重构应当与消除所有形式的性别暴力相关。尤其是，每个社会都需要维持某种规则，在这样的规则里，对家庭内部女性的伤害，或者说，对任何人的伤害，都是不名誉的行为，都是耻辱的根源。

作为问题及解决方法的荣誉

  前面讲述的三个迥然不同的案例表明，荣誉法则的变化导致了荣誉的重构，使之为人类的福祉服务。以决斗习俗为例。19世纪中期英国有关绅士荣誉的概念发生改变之后，生成了一种新的文化，在这种文化里，绅士荣誉受到威胁（荣誉的受损意味着失去他人尊重并蒙受耻辱），不再成为参加决斗的理由，反而成为反对决斗习俗的理由。在19世纪末的中国，中国知识精英女性要获得名誉，就必须缠足。然而，知识分子有关国家荣誉的概念改变，导致另一种名誉的兴起，也就是国家荣誉的兴起，它与旧的贵族荣誉体系发生冲突，后者的规则要求妇女必须缠足。那些希望自己国家在现代世界中获得一席之地的知识分子，重新塑造了荣誉文化，经过一代人的努力，缠足不再是名誉的象征，反而成为尴尬甚至是耻辱的根源。在19世纪后半叶，一个中国汉族精英阶层的家庭，要想为天足的女儿找到合适的丈夫，已经相当困难；但是，到了20世纪30年代，在中国的大部分地方，情况发生了彻底变化。作为寻求自身名誉的劳动阶层，19世纪中期的英国工人阶级联合起来，共同反对奴隶制的文化传统，他们认为，自由（还有白人）等同于名誉，奴隶制（还有黑人）等同于耻辱。

  在这三个案例中，还有一件事情令人震惊，那就是：它们都具有革命的特征。正如缠足习俗的终结情形那样，它们的发展速度十分惊人。废除贩奴贸易的运动开始于 18 世纪 80 年代，在 18 世纪 90 年代得到发展；在这 20 年里，长达几个世纪的英国贩奴贸易达到了顶峰。[40] 从历史的角度看，每一场这样的运动都如同在高中实验室所做的实验，它们像水晶体那样，最初是很小一个颗粒，在一种液体的作用之下会很快蔓延开来。决斗习俗的高峰时期距离终结时期也不遥远。再看一看荣誉谋杀的习俗。荣誉谋杀习俗比伊斯兰教更加古老，在非洲和亚洲的大部分地区里依然盛行，不过，我们应该记得，其他古老习俗看起来都很强大、持久，似乎不可撼动，但是最终它们就像纸片一样，很快焚烧殆尽。

在电影《诱惑与遗弃》的结尾部分，唐·文森佐·卡利法诺竭力促成小女儿和佩平诺成婚，结果还是失败，导致他的身心完全崩溃。在行将去世之际，他让律师和医生作出承诺，大女儿的婚礼结束后才能通告他的死讯。在电影的最后几个镜头里，我们看到冷漠而顺从的阿格尼丝站在祭坛旁边，我们还看到姐姐的身影，姐姐的头发已经剃光，成了一位修女，一个信奉基督教的新娘。过了一会儿，在最后一个镜头里，我们看到唐·文森佐墓碑上的一幅半身照片，上面的题词是："名誉与家庭"。阿斯卡隆家族的三个人都为名誉而做出牺牲。这部电影的结局虽然凄凉，却仍然是一部喜剧，一部讽刺剧。它反映了意大利文化传统的一种程序，凭借着这种程序，弗兰卡·维奥拉才有可能抵御这一社会的名誉传统所带来的压力。这部电影的主旨不仅指出这种名誉习俗的错误之处，比如导致没有爱情的婚姻，阻扰年轻人实现梦想，造成痛苦甚至死亡等，而且指出这种名誉习俗的荒诞与滑稽：它让西西里岛的名誉传统成为人们的笑柄。这个案例在一阵嬉笑声中结束。

我获得的教益是，如果我们努力重构名誉，而不是简单地敲响道德的警钟，巴基斯坦妇女就能在摆脱荣誉谋杀方面取得更大成功。耻辱，甚至是经过仔细算度的嘲笑，都可以成为我们有用的工具。诉诸道德，或者诉诸司法和人权，也可以产生很好的效果。为了抵御荣誉谋杀习俗，我们应当让更多的巴基斯坦人民明白，如果允许这种错误习俗继续蔓延，他们的国家将继续蒙受耻辱。荣誉谋杀为国家和人民带来耻辱，根源就在于它是一种错误的习俗，正如缠足和奴隶制度分别是中国人和英国人的耻辱一样。我看到的希望是，当时机来临之际，习俗的改变将成为一场革命：在很短的时间里将发生巨大的变化。

　　我们看到，巴基斯坦的妇女，当然还有那里的男人，开始提出这样的问题：一个男人如果杀死家里的女性，他还能自称是一个拥有名誉的人吗？处于现代化进程中的知识分子对荣誉谋杀提出的质问，如同康有为对缠足习俗提出的质问：如果我们做出这样的事情，我们还能在世界上得到尊重吗？他们提出这样的问题，因为他们扩展了自己的荣誉域，把人类的其他部分也囊括进来，也是因为他们希望通过自己的双眼看到，自己的国家确实值得尊重。维护荣誉就必须反对荣誉谋杀，就像维护荣誉就必须反对决斗习俗、反对缠足习俗、反对奴隶制度。要用所有的方式提醒人民，荣誉谋杀是一种不道德的、非法的、非理性的、违背宗教理念的习俗。我怀疑，即便在认识这个真理之后，仍然无法保证人们言行一致。只有当荣誉谋杀成为一种耻辱行为之时，它才可能真正消亡。

第五章

教训与遗产

父辈们称之为荣誉原型的东西,实际上只是荣誉的多种形式之一。他们用一个普通名字来命名一种荣誉。因此,荣誉既存在于民主的世纪,也存在于贵族的时代。但是,我们不难证明,在民主的世纪里,荣誉呈现出别样的面貌。

——亚历西斯·德·托克维尔①:《论美国的民主》[1]

---

① 亚历西斯·德·托克维尔(1805—1859):法国政治思想家、历史学家。

荣誉：基本理论

我们在三场道德革命中寻求荣誉的作用，经历了很多时代与地域；我们访问了伦敦的威灵顿和温奇尔西、北京的康有为、美国费城的本杰明·富兰克林以及特伦特河畔斯托克的乔塞亚·韦奇伍德；我们最后叙述了现代巴基斯坦的名誉习俗，我们希望那里会很快发起一场革命。到了目前这个阶段，我们可以以基本理论的形式，详细叙述我们对荣誉问题的认识。我在本书开头部分也作过这样的承诺。

我们对荣誉的基本认识是，拥有荣誉意味着有资格获得他人尊重。因此，如果希望知道一个社会是否关注荣誉，请首先看一下，那里的人民是否都认为，任何人都有权利获得他人的尊重。其次再看一下，那里每个人获得他人尊重的权利，是否都基于一种公认的规范，也就是规则。一种荣誉法则应当规定某种社会认同的人如何获得尊重的权利、在什么情况下会失去这种权利、拥有或者失去荣誉将如何导致他人对你的态度改变。

你可以向他人表示多种形式的尊重。每一种形式的尊重，都是根据某一事实或者他人的某些事实，在交往之际给予他人相应的关注与承认。有一种尊重形式涉及对他人的积极评价，它基于他人成功地达到某种标准。我们把这种尊重称为"赞美性尊重"。我们赞美所有擅长某种事情的人士，比如有人擅长空中跳伞，有人擅长谱写诗歌。不过，在有的情况下，尊重并不基于他人成功地达到某种标准；这就是第二种形式的尊重，也就是所谓的承认性尊重，它也与荣誉有关。我们应当对正在值勤的警官表示尊重（当然他们的行为必须符合职业规范）。如果你发现这样一个社会，那里的荣誉法则既肯定赞美性尊重，也肯定承认性尊重，那么，你就在那里找到了荣誉的存在。

威灵顿公爵和温奇尔西伯爵具有相同的社会认同，共享共同的荣誉域，他们就是"荣誉伙伴"。一般来说，他们拥有相互尊重的权利，这一权利并不基于赞美性尊重，而是基于承认性尊重，因为他们具有大体相同的社会地位。荣誉伙伴在一个重要方面处于平等的地位。伙伴之间的荣誉截然不同于竞争性荣誉，竞争性荣誉需要在某个方面作出卓越成就才能获得，在达到某种标准方面要比别人做得更为出色。阿喀琉斯之所以获得荣誉，因为他是一位伟大的战士，是一位在竞争中获胜的勇士。竞争性荣誉本质上具有等级的特征，它根据某种标准对人分出高下。

有一种荣誉法则要求，具有特定社会认同的人士须有特定的行为，也就是说，不同的社会认同，在通常情况下会有不同的需求。比如，规则常常对男人和女人提出不同的要求。但是，共同尊重同一规则的人士，尽管属于一个共同的荣誉域，却不一定具有同一的社会认同。他们之间的共同之处在于，他们都认为，荣誉法则根据社会认同而提出相应要求，并且要求他人也按照这一规则行事。pashtunwali 包括一套精心设计的此类规则，规范中国知识分子以及英国绅士行为的规则，也属于此类规则的范畴。

承认性尊重与赞美性尊重都可以借助荣誉法则得以传播，无须借助道德的力量。比如说，英国绅士有权利享受的承认性尊重，便与道德无关。一位成功演员所获得的赞美性尊重，反映出他的技能达到出色的程度，并非其道德达到出色的程度。荣誉法则还要求具有某种社会认同的人士去做一些实际上并不道德的事情，比如，最明显的例子就是荣誉谋杀。

一种形式的荣誉是指获得尊重的权利，这一权利的获得，要求人们做事情符合道德要求；另一种形式的荣誉是指获得赞美性尊重的权利，这一权利的获得，要求人们做事甚至要超越道德的要求。这是特蕾莎修女这样的道德圣人才能得到的荣誉。最终，道德本身要求我们承认，除了其他方面应当平等之外，全体人类都有权利获得尊重，也就是我们所说的，全体人类都应当具有"尊严"。尊严也是荣誉的一种形式，尊严的规则也是道德的组成部分。

无论用何种方式获得荣誉，也就是说，无论是取得成功而获得赞美性尊重，或者因为某种社会认同而获得承认性尊重，如果没有按照规则行事，就可能失去荣誉。如果恪守荣誉法则，不仅可以对同样恪守规则的人表示尊重，而且可以对那些不遵守规则的人表示蔑视。因此，如果自己达到标准，就能获得自我尊重的感觉；如果自己达不到标准，也会产生自我蔑视的感觉，也就是耻辱。如果有人没有达到标准（或者说他们做得非常糟糕），但是依然没有耻辱感，那就表明他们没有遵守规则。我们可以把他们称作不知耻辱的人。

恪守规则会有什么样的感觉，这不是一个可以容易说清楚的问题。骄傲是耻辱的对立物，你也许会认为，恪守荣誉法则会产生骄傲的感觉。但是，一些荣誉法则要求具有荣誉的人保持谦虚的态度。另外，在很多社会里，荣誉法则鼓励某种社会认同的人在做出优异成绩之后，希望他们得到赞美性尊重，在还没有得到这样尊重的时候，会鼓励他们不断争取。

我们知道，荣誉并非仅仅事关个人。首先，正如我们看到的那样，荣誉法则对你的要求取决于你的社会认同，也就是说，它对具有相同社会认同的人提出相同的要求。其次，我们还必须注意到，你可以分享具有相同社会认同的人的荣誉；在他们做得好的时候，你会获得自尊或者骄傲的感觉（当他们表现糟糕的时候你会感到耻辱）。你可能得到他人的尊重，也可能遭到他人的蔑视。即便你什么都没有做，也会产生这样的感受。

回　顾

以上对拥有荣誉的生活之描述，在很大程度上似乎是极其老套的，看起来好像就是这样吧。现在，我们似乎应当透过这些人为的画面，去确认这样的事实，即表述恰当的道德，与躲避伤害相关；与公正、许可及权利相关。在任何情况下，道德对一个人的要求，与此人性别与社会阶层完全无关。荣誉应该被流放到哲学的圣赫勒拿岛去，留待人们思考它正在褪色的标记，关注它曾经闪烁发光的刀剑在饱含咸味的空气中渐渐消蚀。

当然，这绝不是我的看法。在本书的最后这一章里，我希望论证的问题是，荣誉，尤其在它消除了社会等级、性别等诸多方面的偏见之后，特别适合于将私人化道德感受转化为一种公共规范。它具有一种公私转换的能力，我们从英国、中国以及当代巴基斯坦的实例中可以看得十分清楚：它将一种私人化信念转变为一种联盟、一些会议的筹划、一些请愿活动和一些公众运动。正如历史学家和社会学家正确指出的那样，所有这些活动，对于这类政治运动最终获得成功，都是必不可少的因素。这就是我们仍然需要荣誉的原因所在：它有助于我们创造一个更加美好的世界。

但是，各种荣誉体系不仅有助于我们让他人的生活更加美好，同时也有助于我们追逐自己的利益。如果荣誉法则是正确的，那么，拥有荣誉的生活就是一种值得尊重的生活。这样的荣誉域会给予那些值得尊重的人士和群体以相应的尊重。尊重是有价值的生活所给予的奖赏之一，它会强化那些拥有美好生活的人士的自尊感。如果在一个世界里，拥有美好生活的人都能得到尊重，那么，就会有更多的人去追求美好的生活。有关尊重的文化传统将促使人们持久地追求美好生活。因此，荣誉不是一种产生于现代之前、正在腐朽的残余物。对于我们来说，它一直像一个引擎，以自我概念与他人看法之间的沟通作为燃料，驱使我们在一个共同生活的世界里，认真履行我们的责任。一个正直的人在意自己的生活是否符合自己的理想。如果他成功了，我们会对他表示尊重。但是，在意自己在做正确的事情，不等同于在意获得尊重的价值。对于尊重的关注，将美好生活与我们在社会生活中的位置联系起来。荣誉有助于形成正直的公众群体。

道德挑战

不过，既然道德进程才是我们关注的问题，为什么还为荣誉问题争论不休？原因在于，我们知道，荣誉既可以引导社会进步，也容易造成严重的社会问题。比如，温奇尔西指控威灵顿公爵具有欺骗行为，就是错误地利用名誉，从而犯下诽谤他人的大错，这根本没有荣誉可言。我们或许认为，威灵顿公爵应当要求对方道歉以正视听，但原因并非由于名誉受到侵犯。这里的问题在于，道德向名誉提出挑战：人们应该做正确的事情，因为这样做本身就是正确的（伊曼努尔·康德第一次明确提出这一道德生活的理想），绅士们与之作出回应的荣誉体系应当受到谴责，即便这一体系偶尔也会引导绅士做一些正确的事情，但是做事的理由也是错误的。如果错误之处在于撒谎，或者拒绝作出应有的道歉，我们为什么不能直说？为什么还要把名誉牵入其中？

我们可以对一个最简单的实例作出思考。假定我是一个拥有名誉的人。另外再假定，我的荣誉法则赋予我一种权利，即可以尊重那些与人诚实交往的人士，当然，道德也会提出这样的要求。如果我受到诱惑，要去撒谎、欺骗或者盗窃，我将有各种理由抵制这样的欲望。其中最基本的理由是，这种行为是错误的。如果基于这一基本理由而放弃以上不端想法，我就体现了康德所说的善意：我做了正确的事情，因为这样做的本身就是正确的。正如他在《道德形而上学原理》的第一个句子里所说的那样，善意是世界上唯一具有绝对意义的美好事物。[2]

因为具有荣誉感，所以希望有权利获得他人的尊重。因此，我有更多理由放弃错误行为，也就是说，我要维护自己的荣誉。我希望值得受到尊重，不管他人是否真的尊重我。义务与荣誉为我提供理由，让我去做正确之事，这些理由与他人对我的实际看法没有关系。从这个意义上说，这是出自本人内心的理由。不过，也有来自外部的理由，让我去做正确之事，这些理由包括：担心受到法庭的惩罚、担心有人发现我做了错事后会出现的糟糕结局等。作为一个享有荣誉的人，我不仅关注自己是否值得尊重，同时也关注自己是否实际受到尊重；我喜欢受到尊重，另外，如果人们对我不再尊重，他们就会对我不善。

康德认为，如果解释为什么要出于善意而行事，最好的理由便是，如果我们努力这样做了，并且取得成功，这样的成功绝非偶然，而是由于我们择善而行。我在前面谈到，一些人非常关注外部因素，他们只有在可能被人发现的情况下，才会做正确的事情，否则他们就认为没有理由去做正确之事。不过，应当注意的是，我在上述假定的情形中，对于那些行事符合道德规范的人，荣誉法则将给予他们以名誉。在这一方面，关注荣誉等同于善意。遵守道德规范将使他们获得荣誉。因此，无论外部环境发生什么变化，人们追求荣誉的动机是永远在被激活的。因此，如果你同意康德对善意的高度评价，你对荣誉也会有高度的评价，前提是相关规则必须明确，荣誉与正确行为之间必须保持一致。荣誉与正确行为的关联注定不是偶然的联系，而是一种内在的关联。

在我看来，这并不是康德本人的观点。康德早在《道德形而上学原理》里就清晰阐述过，"趋向荣誉"可以视作一种动机因素，它不值得获得最高等级的尊重，即便它恰好与公共利益以及义务互为一体。在他看来，这一判断的理由是，唯一值得高度尊重的事情，就是去做正确的事情，因为做正确的事情本身，就是一件正确的事，正如他经常所说，这是由义务而激发的一种行为。

康德在这里讨论的问题是，荣誉和义务融为一体，成为一件幸运的事情（glücklicherweise），也就是说，它们幸运地巧合在一起。我在前面分析过一种荣誉，它与道德的关联并非偶然；康德在这里没有讨论两者融合的可能性。或许，他会同意我的看法，也就是说，如果一套完全道德化的荣誉法则明确作出规定，只有完成道德义务才能获得尊重，那么，在这种特定的情况下，荣誉作为一种动机因素，具有与义务同样重要的价值。我们知道，这其实也是威尔伯福斯的观点，康德和威尔伯福斯都是新教徒虔诚精神的典范。

不过，康德本人也说过，我们应当"表扬和鼓励"由荣誉驱动的正确行为。[3] 这种说法非常正确。无论如何，人们发现，根据义务而行事，如果这个过程十分艰难（他们显然有了实际的体验），我们有理由去搞清楚，他们是否会找出其他理由，去做正确之事。为了迎接这一道德挑战，我们不必需要那些完全道德化的荣誉，这种荣誉将获得尊重的权利与完成道德义务完全等同起来。我们所需要的，是那样的荣誉法则，它与道德相互兼容，并且力度明显减弱。事实上，如同我在第一章里叙述的那些启蒙主义思想家那样，康德也一直认为，荣誉（至少是正确的荣誉）是一种具有积极意义的存在。

名誉可以激发人们去做好事，但是，这不意味着拥有荣誉才能做好事。对康德来说，理由问题与一个宏大存在相互关联，这个存在就是"自由"。所谓自由，就是作为一个行动自由的个人所具有的自我认知。自由不是一种未经确定的存在，它被理由所确定。要想获得自由，就要把自己视为一个基于某种理由而行动的人。"理由"是可以认知的，这一点并非仅对相关人士而言。我们无法解释某些"理由"，是因为一些人把偶然需求作为选择行动的依据。我"理解"了一种理由，其意义就在于，我有了行动（或者思考和感受）的依据。"理由"让我理解为什么这么做。如果试图理解我，就必须明白，为我提供行动依据的"理由"是什么。如果决定仅仅源于纯粹的愿望，便毫无理由可言。拉丁语里表示纯粹意志的单词是"arbitrium"，这与英语中的"arbitrary"（意思是"随心所欲"）的词根相仿，这一现象并不令人奇怪。康德的观点认为，自由意志不是不受任何规律支配的意志；相反，它是一种受到理由支配的意志。而一种受理由支配的意志，必须从外部世界中获取理由。

与康德的观点相反，我认为，荣誉是对我们又一种基于理由的召唤；很多荣誉法则设定了不同的标准，而荣誉的召唤，取决于我们对这些不同标准的认同。如果我们接受这些标准，也就是说，如果我们承认相同的荣誉域，我们就会理解，那些达到标准的人士是值得我们尊重的。我们已经看到，在有的情况下，这种标准就是道德，不过，在大部分情况下，它们并不等同于道德。

等级问题

有的时候，我们或者受到正义感的驱动，或者受到愿做正确之事的情绪的驱动，不会在意所做之事是否有人关注。不过，通常的情况下，我们行为的动机在于，我们期望他人对我们所做的事情有所回应。比如，那些喜欢我们的人，会对我们更好一些，所以，出于这一原因，我们希望被人喜欢。我们在意别人对我们的态度，这方面有"实用"的原因。不过，总的来说，我们人类对尊重或者蔑视作出回应，不是出自实用的原因，而是我们不得不作出回应。我们希望获得尊重，我们珍惜尊重是因为尊重本身具有价值，至少在过去是这样，这是一个基本事实。

一些社会心理学家最近提出了有关基本道德情感的分类理论，按照他们的说法，这些情感由不同文化提供养料，以维持其规范性。他们设立的分类名目包括：为避免或减轻伤害的回应；对公正与互惠的回应；对纯洁与污秽的回应；对群体内外的界限的回应；对所谓"敬畏"与"提升"的回应等。[4] 不过，他们也承认人类具有一种天性，即关注等级与尊重的问题，而"尊重"被认为是从等级制度中演化出来的一种存在。约翰·洛克（John Locke）① 早在1692年就一针见血地指出："蔑视，或者希望得到应有的尊重，无论从外表、言词还是手势中发现的……也无论是什么人流露出来的，永远都有一种不自在的意味，因为没有人乐意被别人轻视。"[5] 我们有理由相信，有关荣誉的各种动机与行为，比如赞美性承认、蔑视、尊重、顺从等，是与早期人类的等级制度一并发展起来的。从这个视角来看，荣誉是否真的具有返祖的特征？

这不是一个可以很快释怀的忧虑。英国绅士荣誉法则的一个问题是，它以等级制度的方式传递尊重，而与道德无法兼容。的确，如果一位绅士拒绝给予另一位绅士以应有的尊重，后者就必须向前者发出挑战，但是，如果是一位来自社会较低阶层的人拒绝向绅士表示尊重，这位绅士便无须向他发出挑战。如果一位来自较低社会阶层的人用不尊重的方式对待你，你最恰

---

① 约翰·洛克：（1632—1704），英国哲学家，被认为是启蒙运动最有影响力的思想家。

当的反应就是用马鞭狠狠抽打他。在这里马鞭具有象征的意义。在封建体系里，骑士和其他人的区别，等同于骑马打仗的人与徒步打仗的人的区别。马鞭彰显了你的绅士地位，因为你是一个骑马代步的人；"骑士"（chivalry）这个单词来源于法语中的"骑士"（chevalier），它表示一个骑着马（cheval）的人。（今天，法语中表示最高等级荣誉的单词仍然是"荣誉军团骑士奖"）

绅士规则的确具有某种行为规范，比如，对国王与国家的忠诚，举止得体，等等。不过，这种规则既关注行为的规范，同时也关注出身的问题：如果出身名门，就能占得先机。海尔王子声称有权获得荣誉，而上述规则继承了这一行为规范的特征。在18世纪里，偶然会出现这样的情况，即一些人有可能弥补出身方面的不足因素，也就是说，一些人可能成为"出身卑贱却品质高尚"的人。人们不太愿意承认的一个事实是，那些出身名门的男女，也就是那些一出生就成为淑女或者绅士的男女，有可能成为"出身高贵却品质粗俗"的人，当时也确实出现过这样的人。（当然，年轻女性可以通过阅读小说了解到，一个出身上流社会的人也会做出兽性大发的事情）

人们试图打破荣誉和出身之间的关联，这种努力几乎和这种关联同样古老。回忆一下两千年前，贺拉斯与梅塞纳斯（Maecenas）[①] 的一番对话。贺拉斯是一位自由奴隶的儿子，而梅塞纳斯是奥古斯都执政时期古罗马最有钱的人，也是以私人身份赞助艺术事业的高尚之人。梅赛纳斯说过，"不论你的父母

[①] 梅塞纳斯：（公元前70—?）古罗马奥古斯都皇帝的密友和政治顾问。

是谁，只要你具有价值就行"。但是，贺拉斯却抱怨到，大部分罗马人并不这么看。[6]这位诗人嘟囔到，任何想要担任公职的人，都会被质问，"他的父亲是谁，母亲又是谁，是否会因为母亲情况不详而成为缺乏荣誉之人"。[7]陈旧的荣誉体系所表现的这一特征，是我们一直在反对的。我们已经对一种思想产生疑问，这种思想认为，基于自身无法选择的社会认同，一些人应当受到更好的（或者更糟的）对待。社会地位，如果愿意也可以称之为阶级，不应该赋予人们某种道德权利，人种、性别以及性取向也不应该赋予人们这样的权利。[8]

必须明确的是，尊重并不永远与等级制度相互关联。请记住，承认性尊重的意思是，根据他人的相关事实而适当地对待他们，这通常是一种道德义务。比如，避免对他人造成不必要的伤害，这样的道德义务源自于对他人应有的尊重，因为他人忍受痛苦的能力是有限的。甚至英国绅士的荣誉法则，正如我们看到的那样，也体现出一种承认性尊重：处于同一社会阶层的这一群体，具有相同的认知，因而保持着某种形式的社会平等性。我们在本书的前面部分叙述过一次决斗事件，在这次决斗事件里，一位是受人景仰的战争英雄，另一位是不知名的贵族，当他们站在决斗场上，他们却代表着相互平等的两方。

不可否认，作为一种比较，赞美性尊重当然会导致某种形式的等级制度，尽管我们应当清醒地认识到，这与道德并不构成冲突。如果有人在道德层面上作出英雄般的行为，我们不仅应当给予他承认性尊重，同时也应该给予赞美性尊重。我们给予他的赞美性尊重，充满了道德的意味。与此同时，我们所给予的赞美性尊重（我们这样做很荣幸），其大部分涉及一些相关标准，这些标准与道德完全没有关系。我们赞美伟大的学者、艺术家和运动家,但是,我们对他们的评价通常不针对道德层面。(现在我们已经习惯于学者、艺术家、政治家和体育英雄在道德层面上让我们失望)。另外,在一些精英社会里,赞美性尊重通常反映了合理的评价标准。难道我不应当赞美性地尊重诺贝尔奖获奖者吗?或者,我所在的大学为从事慈善事业的人士授予荣誉称号,应当对他表示赞美性尊重吗?对荣誉军团骑士称号的获得者,我们应当表示赞美性尊重吗?对于国会荣誉称号获得者,我们也应当给予赞美性尊重吗?

在小说《爱丽丝梦游仙境》里,渡渡鸟说过:"每个个人都赢了,所有的人都获得了奖品。"不过,我们并不是生活在仙境里。在诸如体育或者智力的领域里,我们无法否认等级制度的存在:勇敢地面对这些领域,就等于承认,在这样的领域里,你要么比别人做得更好,要么就比别人做得更差。因此,一个结构适当的赞美性尊重体系,可以支持我们应当支持的那些动机。作为赞美性尊重之基础的心理机制,不论我们愿意与否,都会自动运转起来。鉴于这样的情况,将这些心理机制组织起来,发挥其最大效用,使之符合我们的目的,是我们可以采取的唯一有效策略。

新教徒对赞美性尊重持有怀疑的态度,为了对此作出回应,休谟表达了强硬的观点,"获得名声及声望的欲望,或者给别人留下深刻印象的欲望,都是无可指责的,它们似乎与美德、天赋、能力、慷慨和高贵的性格是无法分割的。"[9]他所说的"美德",当然是指道德上的优秀。但是,他所说的"天赋",指的却是另外一种东西。休谟在这里表达的意思,与我在本书第一章里对他的描述构成相互印证的关系。休谟的意思是说,你不必具有美德就可以拥有荣誉,比如,参加决斗的"浪荡子"的荣誉就是一种邪恶；他在这里强调的意思是，如果不能从荣誉那里获得实际的好处，就不能长久地维持优异的状态。荣誉不等于道德，但是，受名誉驱动的心理可以用于实现人类的进步目标，这一点是毫无疑问的。

嗜血成性

荣誉可以应对道德的挑战，同时，它也能消除对等级制度的依赖，而从道德的角度来看，等级制度是一种不合理的形式。不过，荣誉还面临着第三种挑战，我希望对这种挑战进行探讨。这一挑战就是，荣誉似乎与暴力相互关联。我们都不愿意看到这种关联的存在。决斗习俗、缠足习俗、奴隶制度、荣誉谋杀，所有这些都与特定的生活方式相关，在这些生活方式里，荣誉是通过争斗或者施加痛苦而维系的。也许，在人类的早期历史中，与荣誉相关的各种情绪有助于群体结构的形成，只有形成这样的群体，才能有组织地去狩猎，保护自身不受食肉动物的侵袭，共同承担抚养子女的职责。群体行动的协调方式，是要求成员服从首领的判断，在行为上顺从群体的规则。各种文化吸取了这些基本机制，并将它们用于其他的方面。但是，这样的机制在维护秩序方面经常失败。于是，我们人类，确切地说，是我们男人就采取了争斗的方式。

我们人类的确是一个崇尚暴力的种类：我们在群体内争斗，常常导致命案发生；我们组织起来与其他群体争斗，在很多情况下，也与大部分其他群体争斗。我们的争斗，不仅为了夺取食物、女人和权力，我们也为荣誉而争斗。为了获得荣誉，人们动用各种资源尤其是人力，在很多情况下，需要冒着失去生命的风险；只有在我们接受了等级制度的观念之后，这些成本才能得到补偿。不论等级制度采取什么形式，它们大致上解释了，为什么我们对等级制度的关注，会成为一个引起激烈争论的问题。所谓的等级制度，就是我们在这一制度内确定自己和其他人相应位置的能力。

一个不可避免的现象是，终结了决斗习俗、奴隶制度、缠足习俗的历史变迁，只是改变了荣誉，并没有毁灭荣誉。我们已经看到，每一次这样的变迁，都是一个更漫长更宏大的道德革命的构成部分，道德革命的目的，是在建立等级制度的过程里，减少阶级、人种和性别的作用。社会的变迁改变了荣誉的意义，但是，它们并没有摧毁所有的等级制度，特别是，它们允许按照业绩做出等级区分。它们的目的是要改变荣誉的标准，调整人们的评价尺度。但是，还有一个重要的社会计划，即遏制荣誉对血腥手段的诉求。

终结英国决斗习俗的道德革命，实际上是一个令人瞩目的成就。它消除了诉诸暴力的日常方式，引导人们用温和方式来解决事关荣誉问题的纷争。（在这方面颇具讽刺意味。决斗规则本身曾经是社会道德化的一种手段，它们替代了意大利文艺复兴时期的文化，在这种文化里，年轻男子发现，通过闹事可以获得荣誉，也就是莎士比亚在其剧本里描述罗密欧杀死提伯尔特［Tybalt］的那类闹事行为。）在我前面叙述过的一场讨论里，红衣主教纽曼一直在强调绅士身上的贵族气质，他对理想化绅士的描述，占了很多页的篇幅，是一篇很有意思的读物。纽曼笔下的绅士不仅不会施加痛苦，而且"会关照所有的伙伴；他对害羞的人非常温柔，对远处的人们十分温和，对荒谬的人十分仁慈；他能记起谈话对象的名字；他能抵御无稽之谈或者容易激怒他的话题；他在对话中很少夸夸其谈，从不令人厌倦。"

随后不久，似乎是有意地（也许是含蓄地）指责上一代的决斗者们，红衣主教写道："他有太多的善意，无法用羞辱的方式冒犯别人；他过度地专注工作，无暇顾及伤害；他过于潇洒悠闲，无力心怀恶意。"[10] 从18世纪后期麦肯齐（Mackenzie）与斯特恩（Sterne）塑造的"有感觉的人"（man of feeling），到纽曼所处的维多利亚时代中期的绅士，无论是通过小说的方式，或者是撰写道德论文的方式，他们逐步形成了一种共识，即应当在绅士的起居室里，应当用更为彬彬有礼的方式，来取代决斗场上武力的较量。

不过，用温和方式维系个人的绅士荣誉，并不能消除用刀枪追求集体性荣誉的诱惑。如同纽曼所写的那样，莎士比亚历史剧以及《亚瑟王之死》改编本，用五百多年前的荣誉概念影响着英国男子，激励他们走出家门，踏入帝国的扩张历程。20世纪之初爆发的那场战争，其杀戮行为无以名状，人们也早就忘记战争的目的。鲁珀特·布鲁克（Rupert Brooke）① 是一位年轻而敏感的英国诗人，他曾经认为，决斗习俗是一种荒诞的行为，然而，他也曾以难以想象的热情庆贺任意挥霍生命的这种方式：

---

① 鲁珀特·布鲁克：(1887—1915)，英国诗人，著有诗歌《士兵》；被叶芝认为是"英格兰最英俊的年轻男子"。

吹响吧军号，吹响吧！它们带来了我们需要的东西
它们带来了我们缺乏已久的神圣、爱还有痛苦。
荣誉就像国王那样，已经回到人间；
付给臣民以皇室的待遇；
高贵再次走入我们的生活；
我们又回到了传统之中。[11]

那些训练军队的人士说，对于发动战争或者规范战争行为，荣誉都是必不可少的。我在下面的篇幅里将要论证，我倾向于接受这样的观点。但是，问题在于，像鲁珀特·布鲁克这样的感受（难道那些较为平和的人士就不会受到军号的诱惑而去参加战争吗？），很可能会诱发我们投身战争。

如果我们希望在可以预见的将来，国际社会能够解决各种争端，让战争的威胁成为一种过去，不过，毫无疑问这是一种乌托邦的想法。如果军队是一个不得不存在的魔鬼，那么，职业士兵的生命就是一个我们需要考虑的问题，我们就必须延续军事荣誉的传统，也就是海尔王子的荣誉。[12]我们需要在相关领域里维系荣誉的存在，这个领域就是战场，而不能扩展到外交政策的领域。

赞美性尊重与职业道德

我们知道，最基本的承认性尊重是每个人都有资格获得的东西，它的表现形式是人类的尊严。不过，这并不是说，我们

给予不同社会认同的人士的尊重,都没有明显的差别。我们对不同社会认同的人士给予相应的尊重,比如,主持宗教仪式的牧师、正在工作的管理人员、身穿制服的警察、端坐在法庭里的法官,以及其他正在执行公务的公职人员。通常在这样的情况下,我们的尊重具有规定情景下的顺从心理:在法庭上,我们会称呼法官为"法官大人"(Your honor),如果在餐桌上聊天时,法官犯了法律错误,我们会直率地提出批评,但是,如果法官在法庭上犯了错误,我们便会表示出很大程度的顺从。

文化民主化过程的后果之一,是我们不希望在特定情景以外的场合里,对自己的同伴也表现出这种顺从。在一种较为古老、民主化程度较低的社会生活里,男人希望女人的顺从;上流社会阶层希望较低社会阶层的顺从;白人希望黑人的顺从;等等;他们在任何时候任何地方都会提出这种要求。在由此形成的社会环境里,大部分人都无权体验承认性尊重。

但是,谈到维系和约束这些特殊的社会角色方面,赞美性尊重发挥着关键的作用。它有助于维系行为的强制性规范。正如杰弗里·布伦南(Geoffrey Brennan)和菲利普·佩蒂特(Philip Pettit)所指出的那样,赞美性尊重作为塑造行为的一种方式,实际上受到荣誉域里所有人的监督。道理非常简单:生活在荣誉域里的人,会自动地尊重那些遵守荣誉法则的人,并且自动地蔑视那些违背荣誉法则的人。因为这些反应都是自动发生的,所以荣誉体系的维系成本很低。它只是要求我们以自然的方式作出回应。

假定你希望通过正规的法律机制来达到相同的效果。那么,你必须确定新的实施力量,授予特定的人群以相应的权力;这样做又会产生新的担忧。你将遇到一个古老的拉丁问题:谁又会守护那些守护者呢？赞美性尊重有一个十分吸引人的便利之处，那就是我们所有的人都是它的守护者。没有什么人拥有特别权力，可以把赞美性尊重作为一种奖励方式，不过，警察在逮捕你的时候，或者法官判决案例的时候，显然是拥有这样的特别权力的。[13]

让我们讨论一下军事荣誉。它要求相关的人成为士兵（或者成为海军陆战队员，或者成为军官；有各种相应的社会认同），当然，我们还知道，士兵又分为美国士兵、英国士兵或者巴基斯坦士兵等。当所在团或者排战绩糟糕或者出色，士兵们也会相应地感到耻辱或者骄傲。对于士兵来说，最重要的事情是，必须遵守军队里的荣誉法则。

有必要在这里探究一下，军队为什么还需要荣誉。毕竟，我们可以利用法律自身的力量来约束军队；军队里的纪律允许实施所有的处罚方式。驱使雇佣兵勇猛作战，可以采用金钱奖励的方式。因此，为什么利用普通的社会规则，比如利用市场的力量和法律的力量，还不足以管理一支军队呢？为什么利用同样的力量，却足以管理和维护好高速公路呢？

我们的解释是，首先，市场的力量和法律的力量需要监测系统的干预。如果我们要支付给你奖金，或者因为你的冒犯行为而给予相应的处罚，必须有人发现你究竟做了一些什么。但是，当战争处于最艰难的阶段，所有的事情都被战争的硝烟所掩盖，变得模糊起来。如果士兵的目标只是为了获得奖赏，或者只是为了逃离战争，那么，在我们最需要他们作出优异表现的时候，他们也缺乏必要的动力。当然，我们可以作出巨大的努力，设立这种监测系统，比方说，我们可以为每位士兵配备一种设备，它可以监测士兵的每一个行动，但是，这会对士兵的心理和士气造成巨大的压力，另外也会构成巨大的财政负担。与此形成鲜明对照的是，荣誉根植于每个士兵的荣誉感之中，无须严密监测便可发挥实际效用；此外，与法律体系或市场契约不同，任何生活在荣誉域周边、或者属于特定荣誉域的人，都可能成为荣誉的有效监测者，因此，维系荣誉的成本实际上是很低的。而且，正如杰弗里·布伦南注意到的那样，我们不必担心如何守护那些守护者。

在激励士兵战斗意志方面，荣誉的作用优于法律，还有另外一个原因。战争最需要牺牲精神，它要求士兵们在完成艰巨任务的过程中，必须敢于面对各种风险，用一句行话来说，必须作出超乎常规的牺牲。他们的行动符合道德的要求，但是，这需要付出太多的牺牲。一些士兵没有完成超乎职责范围的任务，如果惩处这些士兵，在道德层面上就是错误的。不过，对那些完成超乎职责范围之任务的士兵，给予经济层面的奖励，这种做法通常是可行的。我们因此会联想到，假定可以解决战争硝烟的问题，规范士兵行为的正确方式，或许就是为他们提供经济奖励。

拥有一套有关军队荣誉的公认规则，让我们具有一种使命感，肩负这样的使命感，我们将意识到，用金钱来奖励士兵的勇敢精神，是一种错误的行为。我们不会为士兵的勇敢行为支付奖金，我们给予他们勋章。更为重要的是，我们给予他们以荣誉。我们将他们理应得到的尊重授予他们。我一直在论证，我们并没有废弃荣誉，只是拥有新形式的荣誉。另外，现代常设军队仍然坚守军事荣誉，其中所包含的忠诚和情感，我猜测威灵顿公爵如果活到现在，也会容易辨认出来。确实，荷马笔下的阿喀琉斯或者莎士比亚笔下的鲍登公爵，公爵在阿金库尔意识到，他们的时代已经逝去，于是，他们大声呼唤着：

> 耻辱呀，无穷的耻辱呀，奇耻大辱啊！
> 让我们死得光彩些吧！
>
> （亨利五世，第四幕，第五场）

具有这种信念的士兵，是令人生畏的。

既然荣誉能够有效而强有力地激发士兵的意志，那么，这似乎暗示着，在其他行业也可以导入荣誉。比如，教师、医生和银行家，他们都从事着艰难的事业，外部人士很难了解他们的艰辛劳动，即便外部人士设法了解，代价也十分昂贵。我们有足够的理由希望，他们可以做得更多一些，能够做得比聘用合同规定的职责更多一些。而且，我们在新千年第一个十年里，目睹了美国的经济危机；所有的银行家都在追逐巨额利润，他们的行为累计起来，使所有人的生活成本都极大地增加了。[14]

我不是经济学家，为了理解职业规范的形成，我们需要对一些制度的设计进行反思；这样的制度是一些经济学家根据其专业研究的结果而设计的。但是，在最近的历史发展过程中，有一个值得关注的现象，即在很多职业领域里，金钱的奖励作用在某种程度上逊色于赞美性尊重。有的时候，这两种方式构成一个彼此抵触的奇怪组合。外科医生阿图尔·加温德（Atul Gawande）[①] 在评论美国医疗系统成本不断提高的问题时谈到，

[①] 阿图尔·加温德（1965— ），美国医生、记者。哈佛大学公共卫生学院副教授、哈佛医学院外科学副教授。在《纽约客》等杂志上大量发表有关医学与公共卫生问题的文章。

一些医疗团体高度推崇企业家精神，比如艰苦工作、在增加利润方面有创新之举等，并且以此替代了医疗同业公会的传统精神，即希波克拉底宣誓的精神。出现了这种情况之后，赞美性尊重与金钱等同起来，加温德认为，这对医疗事业的发展是有害的。[15]

谈到教育问题，我们是否经常听到人们在问，对于那些长时间工作、受到社区和学生家长高度尊重的教师，他们得到了什么呢？（如果一个社会恰如其分地赞美性尊重教师所做的一切，为什么他们的薪酬还如此之低呢？）在多大程度上，我们构筑了一个世界，其中很多职业都受到职业规范的约束，荣誉法则又维系着职业规范，另外，这样的荣誉域究竟损坏到多大的程度，这些无疑都是复杂的历史问题。不过，根据我的判断，荣誉域的损坏现象非常严重。很多人都同意我的这个看法。

荣誉与使命

表现为个人尊严的荣誉，推动了全世界人权运动的发展；作为个人应得的赞美性尊重，它使大小社区奖赏并且鼓励人们作出优异成绩；作为国家荣誉，既可能使公民感到骄傲，也可能使公民蒙受耻辱，因此可以推动公民不停顿地监督政府的行为。在讨论荣誉对我们在职业方面的帮助时，必须将以上因素一并考虑。在所有这些场景之下，荣誉能够形成我们的社会心理，根据我们所知，这种社会心理的特征是所有人都无法规避的。

但是，我不希望以一些抽象结论来结束本书；我想在这里讲述两个人的故事。在这两个人中，一个是男子，另一个是女子，他们的背景和生活环境迥然不同。他们两人都被荣誉感所引导，以一种可以预见的方式行事，这种方式最完美地诠释了荣誉生活的意义。他们两人都凭借高雅与正义的力量，对一种荣誉法则发出了挑战，在这样的过程里，他们改变了自己所处的社会，并且由此而形成了深远巨大的影响，对创造一个更加公正的未来作出了贡献。

让我们首先讲述这位男子的故事。我们所有的人都还记得，在 2004 年，全世界的人都知道，美国军人在阿布格莱布监狱虐待了囚禁在那里的男女。同年 5 月 7 日，美国国防部部长唐纳德·拉姆斯菲尔德（Donald Rumsfeld）在美国国会作证。他在证词中谈到，驻守阿布格莱布监狱的士兵们"根据命令……严格恪守日内瓦公约"。[16] 26 岁的伊恩·费什贝克（Ian Fishback）上尉当时正在美国第 82 空降师服役，在这之前，他已经参加过两次战争，一次在阿富汗，另一次在伊拉克。他对两次战争的印象是，日内瓦公约在战争过程中没有得到很好的贯彻。他在短暂的服役生涯中，已经获得了两枚铜星勇敢奖章，同时他也亲眼目睹了这样的事实，即在拉姆斯菲尔德作证的九个月前，在伊拉克费卢杰地区附近的水星集中营里，战俘们受到了严酷的虐待。确实，在参加的两场战争中，他看到了"各种形式的虐待战俘行为，其中包括：死亡威胁、殴打、打折骨头、谋杀、暴露在严酷的天气里、极高强度的体力劳动、充当人质、剥光衣服、不准睡觉、羞辱性待遇等。"他认为，出现破坏日内瓦公约的这些现象，是因为他和其他士兵并不清楚，管理战俘的标准究竟是什么。

于是，他决定弄清楚，他的正式职责到底是什么；作为一名曾经在西点军校受过正规教育的军官，他很清楚，他必须保护部下，不让他们在压力之下做出不名誉的行为。他后来写到，他咨询了整个指挥系统的相关人员并查询了相关资料：

> 连队指挥官、军法处长的多个律师、民主党和共和党的多个议员及其助手、监察长的办公室、多份政府报告、陆军部长、多个将军的办公室、关塔纳摩监狱虐囚事件的专业调查人员、西点军校负责教授"正义战争理论"及"陆战法"的副系主任以及众多我认为具有名誉并且充满智慧的同伴。[17]

根据他的说法，在上述这些人里，没有一个人可以"澄清"他的困惑。

不过，有关澄清的提法，在某种意义上是一种委婉的说法。他在大部分时间里所做的事情，是呼吁公众关注在水星营（Camp Mercury）发生的虐囚事件。有一次，一位长官暗示他，如果还要坚持这种探究活动，那么他所在分队的"名誉就岌岌可危了"。[18]不过，费什贝克上尉很清楚，分队的名誉和分队的声望是存在差异的。于是，尽管美国陆军让他感到失望，但是，他并不打算就此放弃。他向"人权检测调查机构"（Human Rights Watch）提交了相关信息，告诉他们自己所知道的一切。军队系统稍后出示了一份报告，美国陆军再次让他感到失望：与他交谈过的刑事侦缉部的调查人员们，似乎更关心调查是哪些士官们向费什贝克上尉提供了相关信息，以及他与"人权检测调查机构"到底是什么关系。[19]

2005年9月16日，伊恩·费什贝克决定，不再采用匿名的方式；采用匿名方式是"人权检测调查机构"向他建议的。他写信给议员约翰·麦凯恩（John McCain）①，敦促他"为身穿军服的男女们伸张正义"，为他们提供"明确的行为标准，这些标准应当反映他们冒着生命危险为之奋斗的理想"。最终，麦凯恩议员联合另外两位议员，按照上述精神草拟了一份立法提案。

伊恩·费什贝克证明了，名誉在追求人类正义方面具有的力量。他懂得，拥有名誉不仅意味着接受赞美性尊重，也意味着具有接受赞美性尊重应当具备的价值。他愿意冒着被同伴和上司不理解的风险，也就是说，冒着失去辉煌职业前景的风险，来维系名誉。他的个人名誉、他的军官荣誉感以及作为一个美国人的名誉，所有这一切都处于风险之中。他在给议员麦凯恩的信里写道："我们都是美国人，我们的行为应当遵照一个更高的标准，这个标准的精神，已经在一些重要文献里，比如《独立宣言》和《美国宪法》中，已经得到很好的表述。"在这里我们可以看到，国家荣誉感为我们每个人提供两种功能：一方面，它促使我们关注国家生活，在另一方面，促使我们了解那些关注我们共同荣誉的同胞。

衡量个人荣誉的标准，应当包括：对法律保持忠诚、对部下保持忠诚，在伊恩·费什贝克上尉看来，这种忠诚态度要高于上司的愿望。美国前国防部长唐纳德·拉姆斯菲尔德似乎没有完全理解有关荣誉的真理，据报道，这位部长曾经说过这样的话："要么把他撤掉，要么就干掉他。动作要快。"[20]或许他没

---

① 约翰·麦凯恩（1936— ）：来自美国亚里桑纳州的国会议员，2008年美国总统竞选中共和党的总统提名人。

有说过这种话。对此我们不能轻易相信，否则会犯愚蠢的错误。费什贝克的为人，正如一位支持他的议员所形容的那样，费什贝克上尉是一个"很有力量的人"，而且还认为，"这是一个我所见过的最注重荣誉的人"[21]；对于费什贝克上尉和他的同胞来说，这应该是一件好事情。

伊恩·费什贝克上尉的行为告诉我们，正确意义上的军队荣誉，是我们所有人（军人和平民）对军队表示尊重的原因之一。但是，如果要完整地理解荣誉的力量，我们除了需要了解军人世界，更需要了解一些鲜为人知的场合。没有什么场合，比发展中国家里的农村更不为人所知的了。不过，我要描述的与荣誉问题相关的第二个原型人物，出生于巴基斯坦旁遮普省南部穆扎法加（Muzaffargarh）地区一个名叫米尔瓦拉（Meerwala）的村子里，距离贾托伊（Jatoi）小镇不远。（她比伊恩·费什贝克上尉早出生六年。）她的名字叫姆卡塔兰·比比（Mukhtaran Bibi），她全家靠着耕种大约两英亩的农田谋生；当地有一个名叫马斯托族（Mastoi）① 的俾路支（Baloch）人部落，其中一些有权势的成员是这片农田的主人。

2002年6月22日，她的弟弟沙库尔（Shakur）当时只有十二或十三岁，马斯托族部落指控他羞辱了沙尔玛（Salma），沙尔玛是马斯托族部落里一位二十出头的女孩。指控的理由是，沙库尔在家附近的一片麦地里与沙尔玛交谈过。指控者决定要教训一下这个男孩，他们殴打并且强奸了这个男孩，然后把他囚禁起来作为人质。

---

① 马斯托族：巴基斯坦旁遮普省、信德省、俾路支省的俾路支人部落。

沙库尔的父亲请求当地的毛拉干预此事，但是，毛拉也没有办法说服马斯托族部落的人。于是，这位父亲转向警察求助。等到警察抵达现场的时候，马斯托族部落的人再次提高了赎金标准，并且指控沙库尔强奸了沙尔玛。最终沙尔玛被警察带走，关押在距离贾托伊小镇八英里的一个监狱里，罪名是 zina bil jabr，即所谓的胡都式（hudood）侵犯行为，意思是以强迫或者欺骗的方式发生了婚姻之外的性行为。

那天下午，以姆卡塔兰家族的代表为一方，马斯托族部落的代表为另一方，双方进行了谈判。当时，一大群人聚集在马斯托族部落加了围墙的农舍前面，这里到姆卡塔兰·比比的家大约有 300 码的距离。比比的父亲古兰姆·法理德（Ghulam Farid）在那天晚上告诉比比，他已经得到了对方的保证，如果他和女儿一起来到马斯托族部落，为沙库尔的冒犯行为而道歉，问题很快就可以得到解决。于是，夜幕降临之后，比比，她的父亲、她的一位叔叔以及一位家族世交，朝着清真寺附近的一片空地走去，那里已经聚集了一百多个男子。比比当时有 30 岁左右，她手里捧着一本《古兰经》，这是一本她读不懂却早已默记在心的书，这是一本她向村里儿童传授教义的书，也是她认为可以保护自己的书。

五个马斯托族部落的男子主导了谈判的过程，他们挥舞着步枪，大声吼叫着，威胁着姆卡塔兰家族的那位世交。他们中有一个人是沙尔玛的哥哥阿布杜尔·卡里奥（Abdul Khaliq），他挥舞着一把手枪。姆卡塔兰·比比走到他们的前面，把一方纱巾放在地上，表示对对方的尊重之意，然后开始背诵《古兰经》里的一段经文，轻声地对着自己祈祷，等待着随后即将发生的一切。她的等待没有持续多长时间。马斯托族部落的男人们早就想好了主意。对于想象中的沙尔玛受辱一事，他们的回应做法是，他们也要羞辱他们所指控的那个男孩的家庭。马斯托族部落的四个男人把姆卡塔兰·比比拖了出去，在不远处一片灌木林里对她实施了轮奸。他们做完这一切之后，又把她拖了出来；姆卡塔兰·比比当时几乎是全裸着的，父亲把她背回了家。

当然，马斯托族部落的无耻行径反映了一种信念，即他们的所作所为是不会受到惩罚的。类似事件在旁遮普省频繁发生，任何与姆卡塔兰·比比具有相同生活背景的女性，即出生于农民家庭的贫困女子，在遭遇此类事件之后都会默默忍受；姆卡塔兰·比比的家庭也必须忍受这样的境遇，因为他们受到马斯托族部落的威胁，而马斯托族部落拥有武器，与警方和省政府又有密切的联系。旁遮普省很多具有相同遭遇的妇女常常因此而选择自杀。

但是，过了一个星期，在星期五的祈祷仪式上，当地的毛拉谴责了马斯托族部落的丑陋行径。当地的一份报纸刊登了一则新闻：panchayat（即村民委员会）对一位女性做出判决，认定她应当受到轮奸的处罚。一些人权组织开始关注这一事件，网络也开始传播相关信息，最终，这一事件在国际新闻界引起反响。旁遮普省政府命令当地警方调查这一事件。在姆卡塔兰·比比遭受残酷折磨八天之后的一个星期天（在这八天里，这位姑娘和家人孤独地忍受着一切，终日以泪洗面），当地警方传唤了姆卡塔兰·比比，并且把她、她的父亲以及她的叔叔带到贾托伊小镇，通过他们对事件进行调查。聚集在警署的记者们开始向她提问题，姆卡塔兰·比比没有因为羞耻而回避这些问题，相反，她说出了事件的全部真相。

在随后的几年里,在巴基斯坦及海外一些人权组织的帮助下,姆卡塔兰·比比继续为了谋求正义而抗争着。在她的国家里,一些政府官员也分为两派,一派帮助她的事业,另一派阻止她的事业。当地的警方历来与权势集团为伍,他们故意曲解她的证词,要求她在一张空白的纸上按下指纹,然后篡改她所陈述的事实。但是,当时一位法官与她作了面谈,那位毛拉把她的陈述都记录了下来。在不到三个月的时间里,法庭作出判决,六位男子因为参与强奸而被判处死刑。不过,这一判决结果被位于拉合尔的高等法院驳回,该法院判定这六位男子无罪。随后,Shariat 法院又推翻了高等法院的判决结果;面对不同的法院作出的不同判决结果,最高法院决定直接干预此案。这是在 2005 年发生的事情。到了 2009 年 2 月,巴基斯坦的一些报纸报道,联邦政府军事工业部的部长阿布杜尔·恰尤姆·汗·贾托伊(Abdul Qayyum Khan Jatoi),他在巴基斯坦议会中代表着姆卡塔兰·比比所在地区的利益,试图说服姆卡塔兰·比比撤诉。更为有趣的是,到那时为止,姆卡塔兰·比比的案子已经悬了七年之久,仍然没有结案的迹象。

在此期间,姆卡塔兰·比比一直受到警察的保护,这些警察轮流值班,使她免遭周边已被激怒的马斯托族部落的报复。2009 年 3 月,她与其中的一位警察结婚。

尽管巴基斯坦各类法院对此案的判决各不相同,但是,姆卡塔兰·比比事实上已经改变了她的村子乃至整个国家。这个不识字的农民女儿,已经成为著名的慕哈姐·梅伊(Mukhtar Mai)、尊敬的大姐,现在全世界都知道她的这个称谓。巴基斯坦政府为她开出一张支票作为赔偿金,她用这笔钱支付了各项法律事务开支,又在米尔瓦拉(Meerwala)地区开设了一所女子学校。她不希望身边下一代的女孩长大之后成为没有知识、软弱无助的人。她的案例在全世界形成了越来越大的影响,她获得了来自世界各地的捐款和支持;她现在不仅管理着两所学校(一所女子学校和一所男子学校),而且还管理着慕哈妲·梅伊妇女福利组织,该组织为妇女提供避难场所和法律支持,并且进行相关的宣传活动。

毕竟,她一次又一次说出自己和其他乡村妇女的生活处境。强奸犯们羞辱了她,她并没有把这种羞辱感深深埋在心里,而是直面他们的丑陋行径,坚持声张正义;她这样做,不完全是为了自己,也是为了巴基斯坦的全体女性。她很清楚,无论是自己的种姓还是性别,都不构成别人可以不尊重她的理由。慕哈妲·梅伊过着有尊严的生活,她以自身的行动告诉其他妇女,她们同样具有受人尊重的权利。

尼古拉斯·克里斯托夫(Nicholas Kristof)① 是《纽约时报》的记者,曾经报道过慕哈妲·梅伊的案例,世界各地的人们通过他的报道,都了解了这一事件。他用以下文字描述了慕哈妲·梅伊一家的情形:

> 巴基斯坦各地狂怒的妇女们,乘坐公交车、出租车和马车来到这里,她们都听说了慕哈妲·梅伊的案例,希望她能够帮助她们。发生婚姻之外性行为的女性,遭受到的最严厉处罚,将被人割去鼻子;这是巴基斯坦针对妇女的一种惩罚措施,旨在让她们永远蒙羞。慕哈妲聆听她们的

---

① 尼古拉斯·克里斯托夫:(1959—),美国新闻记者、作家、专栏作家,两届普利策奖获得者。

遭遇，为她们安排医生和律师，或者为她们提供其他形式的帮助。在此期间，这些妇女与慕哈妲·梅伊一起睡在她卧室的地板上……每天晚上，都有十几位妇女散乱地躺在卧室的地板上，她们挤作一团，相互说一些鼓励的话语。她们都是牺牲品，都有过凄惨的生活经历，但是，她们也是希望的象征，她们的出现，标志着时代正在发生变化，妇女们开始反击了。[22]

慕哈妲·梅伊向一位法国记者讲述了自己的故事，她认为，那些愤怒的马斯托族部落的男子们，已经消耗完了自身的名誉。她这样写道："我知道，我出身于一个低贱的种姓，但是，我依然拥有一种荣誉感，古吉拉（Gujars）民族的荣誉感。我们的社区由一些小规模、贫困的农民构成，我们在这里已经有几百年了。尽管我不了解当地历史的具体细节，但是我感到，我们的历史已经构成我生活的一部分，它已经融入我的血液。"我们不知道应该如何透过翻译的面纱，去理解这段话的真实含义。不过，她对自己早期生活的描述，以及她对父亲面对轮奸事件所作回应的描述，都暗示着这样一个事实：把她抚养成人的这个家庭，已经认识了这样的道理，即不论他们处于当地等级制度的哪一阶层，他们同样也有资格获得别人的尊重。

也许有人会问，荣誉在以上事件发挥了诸多作用，其中哪些作用是道德凭借自身力量所无法体现的？具有道德之心，士兵们就不会践踏囚犯的人权尊严。具有道德之心，就会厌恶缺乏道德之心的人所做之事。只有具有道德之心，那些饱受蹂躏的妇女们才会明白，施虐者注定会受到惩罚。但是，只有拥有荣誉感，才能使士兵不仅能够去做正确之事，不做错误之事，而且，在同一阶层的人做出邪恶之事的时候，他们会勇敢地站出来进行抵制。只有拥有荣誉感，才能感到，别人的行为其实与自己息息相关。

另外，拥有尊严感才能克服重重困难，在一个妇女很难享受公正待遇的社会里，去赢得获得公正待遇的权利。所有妇女都拥有尊严感，就能对残暴的强奸事件作出反抗，这不仅为了表示愤慨、表达复仇的愿望，而且也代表着重塑国家形象的决心，因为在这个国家里，妇女应当得到尊重，这是她们理应得到的待遇。作出这样的决定，意味着生活将充满艰辛，有时候甚至还充满危险，但是，这必然也是一种享有荣誉的生活。

资料来源与致谢

这部分笔记记录了我最大的思想债务；它提及一些相关资料，有兴趣的读者可以研读这部分资料，对相关问题作进一步的思考；此外，笔记还讨论了一些本书正文不宜讨论的问题。

2008年1月，我在剑桥大学举办的西利讲座（Seeley Lectures）上陈述了我的最初观点，从中获得很多教益；我应当感谢历史系教师们表现的好客精神（同时感谢他们对一位非史学专业学者的信任）。2009年的3月和4月，我分别参加了普林斯顿大学的罗马内尔－菲尔·贝塔·卡帕（Romanell-Phi Beta Kappa）讲座和弗吉尼亚大学的佩奇－巴伯（Page-Barbour）讲座，陈述了我的较新版本的观点，他们让我获得更多教益。2009年3月，我与宾夕法尼亚大学哲学系人员进行了卓有成效的交流，其成果就是我对荣誉问题的分析；当时，我在那里做了一次讲座，集中陈述我的哲学观点；2009年6月，我在莱比锡大学就同一论题进行讲演，内容略有变动。2009年11月，我在维也纳的奥地利科学院参加了莱布尼茨讲座，就荣誉问题进行陈述；当时，本书的写作任务即将完成，这次经历给予我更多的帮助。对完成本书写作同样有帮助的，是2009年秋天我与普林斯顿大学一些大学生共同参加的一个小型研讨会，研讨会的主题是"拥有荣誉的生活"。

天哪，我没有记住是谁在哪里说了些什么，但是，如果你能够从本书的实例中辨认出哪些是属于你的观点，我要为此感谢你。我还要感谢在过去几年里与我讨论过荣誉问题的所有人。我唯一感到抱歉的是，我不能把所有的真知灼见都融为一体。鲍伯·韦尔（Bob Weil）是诺顿出版社主管本书的编辑，他提出过很多有用而详细的建议；这些建议所体现的实用性和详尽程度，正好反映了他独特的工作作风（所有他编辑过的图书的作者都会深有同感）。我在写作《世界大同主义：一个陌生人世界的伦理问题》（*Cosmopolitanism*：*Ethics in a World of Strangers*，纽约：W. W. 诺顿出版社，2006 年）的过程里，深切地感受到，他是一个乐于合作的编辑。最后，就像往常一样，我必须感谢亨利·芬德尔（Henry Finder），他在我写作本书的每一阶段都给予帮助，尤其是，他阅读并且帮助修改了较为粗糙的初稿，他不仅修改了第一稿，而且还包括第二稿。（他在剑桥和维也纳一直与我为伴，这使他有机会聆听我对荣誉问题的陈述，竟然多达四次！）

在本书的所有引语里，在必要的情况下，我略微倾向于单词的美式拼写方式，不过，图书和文章的题目仍然采用原始的拼写方式。所有《圣经》引语均取自于詹姆士国王版的《圣经》。我引用的《古兰经》取自于 *The Holy Qur'an*，由阿布杜拉·约瑟夫·阿里（Abdullah Yusuf Ali）翻译（伦敦：Wordsworth Editions，2000 年）。其他翻译文字，除非特别注明，都由本人翻译（包括将托马斯·马洛礼［Thomas Malory］的文字翻译为现代英语！）。我把详细的引语加上编号，陈列在下面。所有网站链接的日期都限定在 2009 年 11 月 27 日。（一份包括实时链接清单的文件，存于 www. appiah. net 网站"当前工作"页面底部的档案图书馆，可供下载。）本书的铭文取自于塞缪尔·泰勒·柯勒律治（Samuel Taylor Coleridge）① 的《文学传记：或者，我的文学生活及观点的速写》，（伦敦：George Bell & Sons 出版社，1905 年）：第 113 页。

序　言

据我所知，论述科学革命的现代经典著作包括：保罗·费耶阿本德，《反对方法》（*Against Method*, Atlantic Highlands, 新泽西州：人文科学出版社，1975 年）；亚历山大·科伊尔（Alexandre Koyré）②，《从封闭的世界走向无穷的宇宙》（*From the Closed World to the Infinite Universe*, 巴尔的摩：约翰·霍普金斯大学出版社，1968 年）；托马斯·库恩，《哥白尼的革命：西方思想发展中的行星天文学》（*The Copernican Revolution：Planetary Astronomy in the Development of Western Thought*, 剑桥, 麻省：哈佛大学出版社，1957 年），以及《科学革命的结构》（*The Structure of Scientific Revolutions*, 芝加哥：芝加哥大学出版社，1962 年）。

我对伦理（ethics）与道德（morality）的区分，源于罗纳德·德沃金（Ronald Dworkin），他的很多著述都有相关的论述。比如，在他的《至高无上的美德：平等的理论与实践》（*Sovereign Virtue：The Theory and Practice of Equality*, 剑桥, 麻省：哈

---

① 塞缪尔·泰勒·柯勒律治：（1772—1834）：英国诗人、文学批评家、哲学家，英国 19 世纪浪漫主义诗歌的杰出代表。"湖畔派"诗人。
② 亚历山大·科伊尔：（1892—1964），法国哲学家。

佛大学出版社，2002 年)：第 242—276 页。本人早期论述社会认同之位置的著述，可以参见拙著《社会认同的伦理》（*The Ethics of Identity*，普林斯顿：普林斯顿大学出版社，2005 年)，以及《世界大同：一个陌生人世界的伦理问题》。

第一章 决斗习俗的消亡

在写作这一章节的整个过程里，我受惠于 V. G. 基尔南（V. G. Kiernan）写作的 *The Duel in European History：Honour and the Reign of Aristocracy* 一书（纽约：牛津大学出版社，1988 年)，这本书详尽调查了决斗习俗的兴衰历程；同时，我还受惠于斯蒂芬·达沃尔（Stephen Darwall），他写了"Two Kinds of Respect"一文（Ethics 杂志，第 88 期 [1977 年]：36—39 页），第一次对赞美性尊重和承认性尊重作出区分，本书的基本论点借鉴了这一理论。

本章的铭文取自《爱尔兰决斗的实践与荣誉要点》（*The Irish Practice of Duelling and the Point of Honour*）第 14 条规则，这一规则在约瑟夫·汉密尔顿（Joseph Hamilton）的《决斗手册》（*The Duelling Handbook*，Mineola，NY：Dove Publications，2007 年）第 140 页（1829 年版重印本）。完整的句子如下："在团体中助手与其主人处于平等的地位；因此，助手也可以选择或者凑巧成为主人，平等是一个不可或缺的因素。"《爱尔兰决斗的实践与荣誉要点》是一份影响深远的历史文献，美国 19 世纪初期出版的很多决斗规则都以此作为依据，但是，令人吃惊的是，这一文献所引用的历史资料却十分不可靠：约瑟夫·汉密尔顿所引的资料取自乔纳·巴林顿（Jonah Barrington）爵士[①]的《个人亲历速写》（*Sketches of his Own Times* [1827]，London：Lynch Conway，1871 年）：第 277 页；1830 年，巴林顿因为挪用公物受到弹劾，并被解除爱尔兰海事高等法院法官的职务。这并非是证明他不可靠的唯一证据。爱尔兰作家威廉·费茨－帕垂克（William Fitz-Patrick）对《个人亲历速写》的评价是，"作为一本轻松读物"，这本书"不管给读者带来多大乐趣，作为一个权威的历史文本，并非完全可靠"。引自威廉·费茨－帕垂克的"'虚伪的乡绅'，以及 1789 年一位代表当代人观点的通报人"（"*The Sham Spuire*；"*and the Informers of 1798 with a View of their Contemporaries*）第三版（都柏林：W. B. Kelly 出版社，1866 年）：第 289 页。汉密尔顿本人也曾说过，"我们从乔纳·巴林顿爵士那里复制了很多材料，也许我们应该为此而道歉，因为这位爵士通常被认为是一个虚假权威。"

1678 年通过的"宣誓条例"，要求上议院和下议院的成员作如下宣誓："在上帝面前，我庄严而真诚地表明、宣誓并且公开宣布，我相信圣餐的神圣意义，在任何人献祭期间或者之后，面包和葡萄酒的任何元素都没有转为耶稣的身体与血液；对圣母玛利亚、其他圣人以及弥撒祭品的祈祷与赞美，正如它们现在被罗马教会采纳的那样，是一种迷信和偶像崇拜的行为……"之后，几个修改过的"宣誓条例"也提出类似的要求。天主教解放法案最终取消了这种宣誓仪式。

弗兰克·亨德森·斯图尔特（Frank Henderson Stewart）在

[①] 乔纳·巴林顿：（1760—1834），爱尔兰律师、法官、政治家。

其十分出色的专著《荣誉》（Honor，芝加哥：芝加哥大学出版社，1994 年）里，论证了荣誉是获得尊重的权利，有关这一点，请参见本书第二章和附录一。不过，他认为，相对而言，荣誉感是在近代才发展起来的，比如在英国，大约是在 17 世纪中期发展起来的。同时，他还认为，荣誉感在一个社会里越是占据核心地位，有关荣誉的所有概念越站不住脚。理由之一是，拥有荣誉感很快蜕变为具有诚实行为的信念，蜕变为另外一些东西，比如服膺某人的价值观、忠于自己等。这是一个重要的伦理概念，对于那些对真实性抱有浪漫观点的人（我们现代人通常都是这样的人），这是一个核心的生活理念，对这一概念的详细论述，请见拙著《社会认同的伦理》（The Ethics of Identity）第 17—21 页。按照斯图尔特的观点，在所有美德中单独选择诚实这一美德，并且给予这一与荣誉共生的美德以特殊的地位（也就是结构化的尊重），这种做法其实并无道理可言。他认为，不断增强的荣誉感破坏荣誉本身的第二种方式是，荣誉感越是产生于内心深处，我们就越难知道是否真的拥有荣誉感。我同意斯图尔特的观点，即荣誉感重要意义的提升是一个重要的历史过程。

他还认为，将荣誉法则等同于道德，这一趋势表现得越来越强劲，尽管理由十分明显，但是我认为，将道德与荣誉划上等号并不像表面上那般圆满。不过，他的两个观点旨在说服我们，一旦把荣誉感视为问题的核心所在，将有很好的理由废弃整个荣誉体系。他的第二个论点让我震惊，因为它在论证荣誉感的时候，没有提到我一直坚持的一个因素：究竟什么因素促使人们有诚实的行为，不论是否有人正在关注？因为具有荣誉感的人，格外在意是否具备受人尊重的价值，而不会仅仅关注是否受到尊重。

　　对于他的第一个观点，即没有理由在诸多美德中给予诚实这一美德以特殊的地位，我的回应可以分为两个部分。首先，在本书最后一章里，笔者证明了荣誉感在某些职业背景中具有特殊的实用性；第二，笔者坚持认为，从特定的方面看，荣誉是一种次要因素，即便道德设定的标准需要荣誉的支撑，荣誉依然是一种次要因素。如果荣誉的标准同时符合道德的标准，那些在某些道德方面做得很好的人士也可以获得赞美性尊重。在这样的情况下，对荣誉的关注就是我们以尊重或蔑视的方式表达对道德关注的基本方式。

　　按照威灵顿公爵遵循的荣誉文化，这位首相如果不去参加决斗，可以找出很多特殊的理由。其中之一，对个人公务能力的指责，不构成对个人荣誉的攻击。因此，即便是他和温奇尔西伯爵在天主教的问题上看法不一，这种分歧本身也不会导致决斗的发生。如果有人在议院攻击他人的性格，被攻击者偶尔也会向攻击者发出决斗的挑战。丹尼尔·奥康纳尔是爱尔兰的一位爱国主义者，当选议员之后，因为不愿意作《宣誓条例》的宣誓而没有履职，也就是说，他不愿意作出这样的承诺，即1815年在一场决斗中杀死了约翰·德斯塔雷（John D'Esterre）之后（同时，他为德斯塔雷的女儿安排了一份年金收入），再不参与决斗。这一事件推动了《天主教解放法案》的进程。1835年，奥康纳尔在下议院谩骂阿万利（Alvanely）爵士，说他是一个"自吹自擂的傻瓜"，阿万利爵士于是向他发出决斗挑战。奥康纳尔因为作过宣誓，无法应战，因为恪守誓言是一位绅士应当做的事情，于是，他指派儿子摩根·奥康纳尔代替他参加决斗。摩根·奥康纳尔和阿万利爵士相互交火三次，但他们两人都没有受伤。英国人的普遍看法是，政治问题不是发出决斗挑战的合适理由，这一点与同时代的美国形成鲜明对照。详细情形请参见弗里曼（Joanne B. Freeman）：《荣誉事宜：新共和时期的国家政治》（*Affairs of Honor*：*National Politics in the New Republic*，纽黑文：耶鲁大学出版社，2001年）。

当时两位决斗对手以及各自助手的交换信息，休姆医生对决斗事件的记述，还有杰里米·边沁就决斗事件给威灵顿公爵的信件，所有这些资料在亚瑟·威灵顿公爵的《陆军元帅亚瑟·威灵顿公爵 K. G. 急件、通信与备忘录》（*Despatches*，*Correspondence*，*and Memoranda of Field Marshal Arthur Duke of Wellington K. G.*）里均有记载，该文献由威灵顿公爵编撰（威灵顿公爵之子）（伦敦：John Murray 出版社，1873年）第5卷：第533—547页。休姆医生对决斗事件的记述，当时是为威灵顿公爵夫人而记录的，篇幅长达数页。笔者根据他对决斗事件的记述，展开本章的开始部分。查尔斯·格雷维尔对决斗事件回应的记述，也是我撰写本章内容的依据之一，他是波特兰（Portland）公爵（他的母系）和沃里克（Warwick）伯爵（他的父系）的孙子，曾经在伊顿公学和牛津大学基督教会学院接受教育，曾在乔治三世加冕时担任童仆。他的相关记述，请参见：查尔斯·C. F. 格雷维尔，《格雷维尔回忆录：国王乔治四世、国王威廉四世及伊丽莎白女王统治时期的一份日记》（*The Greville Memoirs*：*A Journal of the Reigns of King George IV*，*King William IV and Queen Victoria*），亨利·里夫（Henry Reeve）编撰（伦敦：Longmans, Green, and Co. 出版社，1899年）。

博斯韦尔和约翰逊之间就决斗事件所进行的交流，完整地描述了决斗的各项事宜："首先介绍决斗的起因。约翰逊。'英格兰还不曾出现这样的情况,即参加决斗的任意一方必须死去:如果你迫使对手缴械而征服了对手,这就足够,你并不需要真的杀死对手。你的荣誉,你家庭的荣誉,已经得到恢复,已经达到参加决斗的目的。迫使对手重新参加决斗,这样的做法是一种懦夫行为,特别是当你知道,你有高超的技艺可以轻易取胜。如果你真要这样去做,倒不如乘他还睡在床上的时候,走过去朝他的喉咙来上一刀。决斗一旦开始,决斗双方就是平等的,因为技艺高超的人并不总能取胜。决斗的取胜与否,取决于是否专心致志,并不全靠运气。风也许刮到决斗一方的脸上。决斗一方或许会摔倒。很多偶然因素将决定谁是最终的胜利者。一个男人如果收到决斗的挑战,或者不得不面对决斗过程中的风险,他已经受到了足够程度的惩罚。'不过,在我看来,一个受伤的人在决斗中也面临着同样的风险,他坦白地承认,他无法解释决斗的理性因素。"这段文字引自詹姆斯·博斯韦尔,《塞缪尔·约翰逊生平,以及赫布里底群岛游记》(*The Life of Samuel Johnson, LL. D. Together with Journal of a Tour to the Hebrides*),亚历山大·内皮尔(Alexander Napier)编撰(伦敦:George Bell & Sons 出版社,1889 年)第 5 卷:第 195 页。

我引用的英国死刑统计数据,取自于以下两个网站:http://www.capitalpunishmentuk.org/circuits.html 和 http://www.capitalpunishmentuk.org/overviewt.htm。

罗伯特·休梅克(Robert Shoemaker)[①] 最近提出一个新的观点,他认为,决斗习俗的衰败源于"相关文化的一系列变化,其中包括:对暴力行为的容忍度越来越弱,精英阶层对荣誉概

[①] 罗伯特·休梅克:美国谢菲尔德大学历史学教授。

念有了新的内在认识,对男性行为的规范采取'文雅'而感性的标准"。这段文字取自于:罗伯特·B. 休梅克,"决斗习俗的驯化:伦敦的男性力量、名誉和仪式化暴力行为,1660—1800"("The Taming of the Duel: Masculinity, Honour and Ritual Violence in London, 1660—1800"),《历史期刊》(*The Historical Journal*),第45卷,第三期(2002年9月):第525—545页。他把决斗习俗的最后终结描述为"仲裁态度的变化,反诽谤法的改变,对《战争条款》的修正,以及拒绝给决斗致死的官员们的寡妇支付养老金的政策出台"。(第545页)出现这些变化的原因之一,或许可以用新的绅士行为规范的兴起来说明,即荣誉表现为一套礼仪,新人类体现着这套礼仪。新的"文雅"规范规定社会地位新的标志方式。前现代尼采式的贵族模式,以体力的勇武为特征,已经日趋衰败,其原因就在于,就连亚麻布商人都可以参与其中。贵族及其与新社会阶层的联盟,必须找到体现荣誉的其他方式,新人类的观念正好符合他们的要求。这并不是说,老的观念本身正在迅速消亡。

第二章 解放中国人的双脚

在修改本章内容的过程里,得到林学易(Hsueh-Yi Lin,音译——译者注)女士的学术支持,对此,我深表谢意。她有能力将我找到的文字资料与汉语原稿相互对照,并且告诉我当时中国的很多相关信息。当然,对于本章所引用的资料,我本人必须承担全部的责任。我对缠足问题的了解,在很大程度上来源于两本重要的著作。一本是：霍华德·S. 利维（Howard S. Levy），《中国人的缠足：一部奇异情色风俗的历史》（*Chinese Footbinding: The History of a Curious Erotic Custom*，纽约：Walton Rawls出版社，1986年）；另一本是：弗吉尼亚·邱-亭·乔（Virginia Chiu-tin Chau，音译——译者注），《中国的反缠足运动（1850—1912）》（*The Anti-footbinding Movement in China [1850 - 1912]*），硕士论文，哥伦比亚大学，1966年。

我在指代中国城市名称的时候，使用的是现用名称。因此，虽然过去的英语读者会期待北京与广州的英语拼写为"Peking"与"Canton"，但是，我使用的英语拼写则为"Beijing"与"Guangzhou"。

我对皇太后慈禧的叙述，其资料来源于斯特林·西格勒夫（Sterling Seagrove）的《龙女》（*Dragon Lady*，纽约：Vintage出版社，1992年），以及史景迁的《追寻现代中国》（*The Search for Modern China*，纽约：W. W. 诺顿出版社，1991年）、费正清的《伟大的中国革命（1800—1985）》（*The Great Chinese Revolution: 1800 - 1985*，纽约：Harper Perennial出版社，1987年）。对于慈禧在执政期间所起的作用，有两种截然不同的看法。西格勒夫认为，慈禧只是那些执掌大权的男性精英操控下的一个被动角色，一个默默无闻、优柔寡断的女人，她只是偶尔在提拔某个关键人物之际敢于痛下决心。西格勒夫令人信服地论证了，慈禧残酷而狡诈的独裁者形象，其实只是20世纪初期诸多曲解性记述（有些记述根本就是杜撰的）的产物。一些中外作家出于各种原因编织出这样的故事。在这里，我不能在他的观点与一种更为传统的观点之间做出判断，后一种观点认为，在她的执政时期里，很多重大政治事件与她都有着直接的关联。

不过，受到西格勒夫观点的影响，我避免将她与当时很多死亡事件联系起来，那些人的死亡打破了她身边的权力平衡，而权力平衡是这位"龙女"古老传奇的组成部分。不管怎么说，即便是按照西格勒夫的记述，在某些重要的历史时刻，比如咸丰皇帝和同治皇帝的去世，以及百日维新的终结，慈禧依然是决定大势走向的关键人物。

西格勒夫用很大的篇幅谴责康有为，并且为慈禧正名。百日维新失败之后，康有为遭到驱逐，在此期间，康有为以写作与口述的方式提出很多对慈禧极具威胁的问题。也许正因为如此，西格勒夫才一反常态地否定康有为在这些事件中的作用。我阅读过的其他资料，对康有为的评价则温和很多。详情请见：邝兆江（Luke S. Kwong），"处于十字路口的中国政治：对 1898 年百日维新的反思"（"Chinese Politics at the Crossroads: Reflections on the Hundred Days Reform of 1898"），《现代亚洲研究》（*Modern Asian*），第 34 卷，第三期（2000 年 7 月）：第 663—695 页；以及王军涛，"中国历史上的儒家民主"（"Confucian Democrats in Chinese History"），收录于丹尼尔·A. 贝尔（Daniel A. Bell）和咸在丰（Hahm Chaibong）编撰的《面向现代世界的儒家思想》（*Confucianism for the Modern World*，剑桥：剑桥大学出版社，2003 年）：第 69—89 页。

因此，对百日维新的历史认定，尤其是对康有为作用的历史认定，是一个颇具争议的问题；详情请见汪荣祖（Young-Tsu Wong），"对修正主义的重新思考：康有为和 1898 年的改革运动"（"Revisionism Reconsidered: Kang Youwei and the Reform Movement of 1898"），刊登于《亚洲研究杂志》（*Journal of Asian Studies*），第 51 卷，第 3 期（1992 年 8 月）：第 513—544 页。

黄彰健①在他用中文写作的著作里,对康有为在百日维新中的作用作了重新的思考,详情请见黄彰健,《戊戌变法史研究》(南港:中央研究院历史语言研究所,1970年),对于黄彰健提出的观点,汪荣祖提出过批评。黄彰健的相关著作还包括:《康有为戊戌真奏议》(台北:中央研究院,1974年);《再论戊戌争政变》,载于《大陆杂志》,第77卷,第5期(1988年):第193—199页;《拙著戊戌变法史研究的再检讨》(收录于中央研究院主办的第二届国际汉学大会会议录)(台北:中央研究院,1989年):第729—768页。邝兆江用英语表述了黄彰健的一些观点,详情请见:邝兆江,《百日维新的多元画面:人格、政治与1898年的思潮》(*A Mosaic of the Hundred Days*:*Personalities*,*Politics*,*and Ideas of 1898*,剑桥,麻省:东亚研究委员会,哈佛大学,1984年)。我还要感谢史景迁对百日维新的清晰总结,详情请见其著作《追寻现代中国》,第224—230页。

科举制度第二等级的拥有者,也就是举人(康有为1895年上万言请愿书时,就是一位举人),也被称为"公车",它的字面意思是"公共交通工具",其来源是,进京参加进士考试的举人,其交通费用是由帝国政府负担的。因此,这次请愿后来被称作"公车上书"(Public Vehicle Petition)。至少有603名举人在请愿书上签名。虽然康有为本人声称,参加签名的举人有1200名(我认为,这恐怕是一种典型的夸大行为)。(费正清援引一位朋友的说法:"他拒绝根据现实调整自己的观点,相反,他经常曲解事实以符合自己观点的需要。"这一说法引自:费正清,《伟大的中国革命》,第131页。)有关康有为对"公车上

---

① 黄彰健(1919—2009):台湾中央研究院院士,历史语言学家。

书"的记述，以及他所声称的规模，详情请见：康有为，《康南海自编年谱》，收录于沈云龙编撰的《近代中国史料丛刊》，（台北，文海出版社，1966年）：第11卷，第30页；同时还可以参见他的诗集，这部诗集涉及公车上书事件，收录于汤志均编撰的《康有为政论集》（北京：中华书局，1981年），第1卷，第138页。（林学易，私人通信，2009年2月17日）。

尽管康有为在1895年通过进士考试，之后被任命为工部主事，但是他并没有履职。相反，在1895年至1898年间，他花费了很多时间，从事教学及图书报纸的出版工作，大部分时间他是在上海和广州度过的。详情请见：康有为，《康南海自编年谱》，第32，37—42页。

林学易在2009年2月17日的私人信件里，谈到缠足有助于增强婚姻忠诚度的观点，她认为，"史景迁在《王氏之死》里，举了一个很好的例子。在这本书里，王女士试图和情人私奔，但是，她因为缠足而无法继续行走。"林学易还和我提到李渔的《闲情偶寄》，她把《闲情偶寄》描述为"17世纪中国论述文学理论与鉴赏的著名论文集"。李渔对女性缠足行为的讨论，或许是中国后期封建帝国对缠足习俗崇拜一次最为坦率的表述。详情请见：李渔，《闲情偶寄》（台北：长安出版社，1990年）：第119—121页。

特别有趣的是，一些满族人似乎也采纳缠足习俗，因为满族统治的一个主要方式，就是颁布一系列违禁法令，要求汉人和满人穿着不同的服饰，以显示不同的社会认同。详情请见：吉尔·康德拉（Jill Condra）编撰，《格林伍德世界历史中的服饰百科全书，第2卷：1501—1800》（*The Greenwood Encyclopedia of Clothing Through World History. Vol. 2：1501 - 1800*）。（Westport，康涅狄克州：格林伍德出版社，2007年）：第122页。

对生活在20世纪中期的人而言，很多人都认为，捍卫中国国家荣誉的责任，已经具体体现为中国人反对缠足习俗的运动。日本有一位名叫永尾龙造（Nagao Ryūzo）的社会学学者，在第二次世界大战结束前，已经在上海工作了40年；他在1961年对利维（Levy）谈到，"中国人废止这一习俗，不是因为外国人的嘲笑，而是因为他们的世界观发生了变化，这样的变化是由西方文明的进程所推动的"。（利维，《中国人的缠足》[Chinese Footbinding]，第282页）。他显然感觉到，有必要提出他的新观点，但是，正如我论证过的，我们没有必要把这些解释视为一种新的观点。

第三章 废止大西洋地区的奴隶制

我对英国废奴主义的理解，在很大程度上受益于克里斯托弗·莱斯利·布朗（Christopher Leslie Brown）那本出色的著作：《道德资本：英国废奴主义的基础》（Moral Capital: Foundations of British Abolitionism，Chapel Hill：北卡罗莱纳大学出版社，2006年）。这是理解英国废奴主义不可或缺的导论性著作。在这里，我希望提及促使威尔伯福斯及其朋友采取行动的动机，对于这一动机的叙说，因为与本章正要论证的观点没有直接关系，所以放到这里叙说。正如布朗所说，废奴主义给予信福音主义者"一个机会，得以说服那些对讨伐邪恶的运动心存疑虑的人。在18世纪80年代，反对奴隶制的思潮成为一种时尚，它与文雅、敏感、爱国以及对英国自由的使命感相关联。通过领导废奴制运动，信福音主义者可以融合以上各种积极因素，树立仁慈而较少专制的形象，为范围更广的道德改革运动的推进创造条件"。(第387页）当然，信福音主义者没有将反奴隶制运动与爱国主义结合起来，没有将英国的骄傲与英国争取自由的运动结合起来。只是在有关美国独立的激烈争辩中，才形成这种联系。

1833年，"威灵顿在上议院的贵族朋友"记录了他们的观点（在抗议"天主教解禁法"的过程里），即"所有时代所有国家的经验都已证明，可以自由选择工作或不工作的男子，都不会受聘在热带地区低地充当农业劳工"，为此，英国《泰晤士报》对威灵顿公爵进行了嘲讽。以上记录被西摩·德雷斯切（Seymour Drescher）引用，详情见：《强力实验：英国解禁运动中自由劳工之对奴隶制》(*The Mighty Experiment*: *Free Labor versus Slavery in British Emancipation*，纽约：牛津大学出版社，2002年）：第141页。这是基于大量经验之上的自由劳工观念的一次胜利。

E.P.汤普森（E. P. Thompson）的《英国工人阶级的形成》一书出版之后，引发大量的争论；争论的焦点在于他的预测是否准确，即到19世纪40年代后，将真的形成工人阶级。克雷格·卡尔霍恩（Craig Galhoun）在20世纪80年代初期提出，19世纪初期的各种运动，反映了出身工匠的激进分子较之新兴的行业性工人，仍然占据主导的地位，而且，这些运动与其说是全国性的，倒不如说更具区域性的特征，这两个群体都声称，他们不赞同一个独立的、具有自我意识的英国工人阶级已经诞生的说法。工匠出身的激进分子基本上是保守的，而行业性工人欢迎改革的到来。按照汤普森的说法，两个群体所做的决定都是有理可据的："传统型工人必须推翻新的社会关系，否则他们就无法生存下去，而'新兴的工人阶级可以在根本上不破坏其集体生存的状况下，获得无限的空间，进行一系列的改良运动。'"详情请见：卡尔霍恩，《阶级斗争的问题：工业革命期间大众激进主义的社会基础》(*The Question of Class Struggle：Social Foundations of Popular Radicalism During the Industrial Revolution*，芝加哥，芝加哥大学出版社，1982年)：第140页，被引用于以下著作里：格雷戈理·克雷斯（Gregory Claeys），"英国激进主义运动中阶级意识改革派的胜利，1790—1860年"（"The Triumph of Class-Conscious Reformism in British Radicalism, 1790 - 1860"），载于《历史杂志》(*The Historical Journal*)，第26卷，第4期（1983年12月）：第971—972页。

卡尔霍恩发表以上著作不久，多萝西·汤普森（Dorothy Thompson）①和加雷斯·斯特德门·琼斯（Gareth Steadman Jones）提出"人民宪章运动"的另一幅画面，引起学术界极大的关注；详情请见：加雷斯·斯特德门·琼斯，"对人民宪章运动的再思考"（"Rethinking Chartism"），载于《阶级语言：对工人阶级史的研究，1832年至1982年》(*Languages of Class：Studies in Working Class History, 1832 - 1982*，剑桥：剑桥大学出版社，1984年)：第90—178页；多萝西·汤普森，《人民宪章主义者：工业革命中的大众政治》(*The Chartists：Popular Poli-*

---

① 多萝西·汤普森：（1893—1961），美国新闻记者、广播主持人；1939年被《时代周刊》选为美国影响力第二的女性，仅次于第一夫人艾琳娜·罗斯福，被公众称为"美国新闻业的第一夫人"。

tics in the Industrial Revolution，纽约：Pantheon 出版社，1984年）。但是，尽管存在这些史学争论，一旦历史的尘埃落定，迈尔斯·泰勒（Miles Taylor）还是指出，虽然汤普森与斯特德门·琼斯观点不一致，但是他们也有共同的认识，他们都认为，"人民宪章运动显然是劳动穷人的运动，而且集中在制造业密集地区，但是，通过其宣传与领导人的网络，真正具备了全国性的意义"。泰勒，"对宪章主义者的重新思考：寻求宪章主义史编撰中的综合因素"（"Rethinking the Chartists: Searching for Synthesis in the Historiography of Chartism"），载于《历史杂志》(The Historical Journal)，第 39 卷，第 21 期（1996 年 6 月）：第 490 页。

我的观点是，在英国废奴运动兴起之际，存在着很多公然的种族主义现象。这一观点在今天看来，并不会引起太大的争议：读者只需要读一读卡莱尔的著作，就能理解这一观点。不过，我们还应当如实指出的是，弗雷德里克·道格拉斯具有敏锐捕捉种族歧视现象的能力，他在 19 世纪 40 年代里，在英国生活了一年半的时间，他否认自己曾经受到歧视性的待遇。1847 年 3 月，他在伦敦客栈举办"向英国人民告别会"，对与会的大批听众发表演说。他在演说里谈道："我去过这个国家的所有地方，我去过英格兰、苏格兰、爱尔兰以及威尔士。我以大路、小路、铁路以及蒸汽船等方式旅行……无论采用什么交通工具，无论与社会中哪一阶级接触，我既没有发现轻蔑的言语，也没有发现因为肤色不同而对我有任何不尊重的表情，一起这样的事情都没有。"（资料出处：the Gilder Lehrman Center for the Study of Slavery, Resistance and Abolition at Yale; http://www.yale.edu/glc/archive/1086.htm.）

如同我们看到的那样，道格拉斯采取的策略，是置身于英国与美国有关荣誉问题的争论过程。因此，他需要突出英国与美国之间的对比关系，以便从一个局外人的角度，向他的同胞灌输一种观念，即美国的奴隶制是一种国家耻辱。当然，这一做法并不支持他的论证，即希望公众关注英国的种族主义现象。不过，毫无疑问的是，他的很多演说经常得到工人阶级的热烈支持。歧视黑人的种族主义倾向蔓延愈加广泛，愈加邪恶，这一情况可以追溯到英国废奴制运动之后的那段时期。详情请见：道格拉斯·A. 洛里默（Douglas A. Lorimer），《肤色、阶级以及维多利亚时期的人：19 世纪中期英国人对黑人的态度》（*Colour, Class, and the Victorians: English Attitudes to the Negro in the Mid-Nineteenth Century*，纽约：Holmes & Meier 出版社，1978 年）。

约翰·西利（John Seeley）爵士谈到，英国在大西洋贩奴贸易中扮演着举足轻重的作用："这就是意味着，原则上我们在这方面并不比其他国家更好一些，现在，英国处在全世界贩奴贸易数量最多的位置上，并且，由于军事上的成功，英国已经代替西班牙成为最强大的国家，我们无意间在这种邪恶贸易中获得最大份额的利益。"详情请见：西利，《英格兰的扩展》（*The Expansion of England*，波士顿：罗伯特兄弟出版社，1883 年）：第 136 页。他在这本书的导论里，提出了一个著名的观点，"我们似乎是在心不在焉的状态下，征服与占领了半个世界"（第 8 页）。因此，根据他的观点，贩奴贸易如同大英帝国一样，是在某种心不在焉的状态之下就拥有的。这些论述以及莱基的记述，都反映了这样的问题，即对 19 世纪后半期的英国人来说，将自己的国家与邪恶的贩奴贸易尽可能分离开来，是一个至关重要的问题。详情请见：威廉·爱德华·哈特波尔·莱基（William Edward Hartpole Lecky）①，《从奥古斯都到查理大帝的欧洲道德史》（History of European Morals from Augustus to Charlemagne），第 1 卷，第 3 版修订版（纽约：D. Appleton 出版社，1921 年）。

有一种观点认为，尊严就是获得尊重的权利，这是一种标准形式的说法，而我的提议，即我们保留"尊严"这一术语，将其作为获得承认性尊重之资格的另一种说法，这只是术语之间的一种转换。我并没有声称，拥有承认性尊重之资格与拥有赞美性尊重之资格，两者之间的区别，我们已经用自己的语言予以明确的界定；但是，如我论证的那样，在一个民主社会里，如果要为赞美性尊重及其权利找到恰当的位置，我们确实需要跟踪两种尊重的形成踪迹；尤其是，如果要驳倒彼得·伯杰（Peter Berger）②所提出的著名论断，即"尊严"已经替代"荣誉"，而"荣誉"是贵族阶层才能接受的一个概念，我们就更有必要去跟踪这种区别。详情请见：彼得·伯杰，"荣誉的废止"（"The Obsolescence of Honor"），载于《欧洲社会学杂志》（European Journal of Sociology），第 11 卷（1970 年）：第 339—347 页。

我们说，以上问题从某种角度看，只是一个术语转换问题，但是，这并非意味着它们没有实质的内容。我认为，获得竞争性尊重及非竞争性的尊重，也就是说，获得赞美性尊重及获得尊严的权利，各自都有一席之地。我们认为，将受到尊重的权

---

① 威廉·爱德华·哈特波尔·莱基：(1838—1903)，爱尔兰历史学家。

② 彼得·伯杰：(1929—)，出生于澳大利亚的美国社会学家，主要著作《现实的社会构造：知识社会学的论述》。

利与社会阶层相关联,这是一种错误的做法,从历史的角度来看,它已经被社会抛弃。不过,值得提及的是,我们通常不会公开承认,我们是更为优秀的人,或者拥有更为优越的资源,但这只是一种委婉的做法。的确,只有势利鬼才会基于社会阶层而摆出盛气凌人的样子。不过事实上,我们会在意很多标准,我们依据人们达到这些标准的程度而程度不同地赞美他们;我们相信,达到或者未能达到这些标准是我们十分在意的事情;对表现最为优秀的人士的赞美性尊重,是我们对他们所作贡献的不可回避、也是恰当的回应。

戴维·布里翁·戴维斯(David Brion Davis)[1] 最近在其《非人性枷锁》里谈到,废奴主义运动反映了技术工人及其雇主共同的需求,即"为工薪阶级争取尊严乃至高贵地位,很多年来,工薪阶级一直受到社会的蔑视";详情请见:戴维斯,《非人性枷锁:新世界中奴隶制的兴衰》(*Inhuman Bondage*: *the Rise and Fall of Slavery in the New World*,纽约:牛津大学出版社,2006年):第248页。经济现代化为社会变革创造了条件,社会底层人士被迫与制造厂商合为一体,共同成为自由消费者。糖、咖啡、棉花、烟草,以及种植园奴隶所生产的产品,是第一批供消费用的现代产品。戴维斯提出的这一观点,是对历史学家戴维·埃尔迪斯(David Eltis)[2] 的类似观点的概括;他认为,埃尔迪斯"不幸未能继续发展他的观点"(同前,第247页)。不过,我希望戴维斯也能发展自己提出的这一观点。我认为,以上观点具有一个最为重要的核心思想,不仅工人应当关

---

[1] 戴维·布里翁·戴维斯:美国耶鲁大学教授。
[2] 戴维·埃尔迪斯:美国 Emory 大学历史学教授。

注劳工尊严,而且雇主也应当关注劳工尊严。

在英国干预美国南北战争的背景之下,与工人阶级具有表决权相比,工人阶级的态度更具重要意义。约翰·斯图亚特·穆勒(John Stuart Mill)写道:"激进政治家的口号应当是,建立一个政府,利用中产阶级的力量,为工人阶级谋取幸福";详情请见:《约翰·斯图亚特·穆勒选集》(*The Collected Works of John Stuart Mill*),第6卷:《英格兰、爱尔兰及大英帝国论文集》(*Essays on England, Ireland, and the Empire*),约翰·M. 罗布森(John M. Robson)编撰(多伦多:多伦多大学出版社;伦敦:Routledge & Kegan Paul 出版社,1982年)。章节:改革派重组,1839年,http://oll.libertyfund.org/title/245/21425/736500。这个目标在19世纪60年代初期就基本上完成了。直到1867年的《第二次改革法案》通过之际,工人阶级才获得完全的选举权;直到1874年,两位所谓的自由党-工党成员,亚历山大·麦克唐纳(Alexander Macdonald)和托马斯·伯特(Thomas Burt),他们两位都是矿工,才以工人身份进入英国议会。

第四章 针对女性的战争

根据美国中央情报局"世界脸谱"的统计数据,占阿富汗全部人口42%的人,也就是大约1410万人,占巴基斯坦全部人口15.42%的人,也就是2720万人,都是普什图族人;在这两个国家里,普什图族人的身份确认按照是否使用普什图语作为标准。两个国家里的普什图族人数量多达4100余万人;详情将见:阿富汗:http：//www.cia.gov/library/publications/the-world-facebook/geos/countrytemplate_of.html；巴基斯坦：http：//www.cia.gov/library/publications/the-world-facebook/goes/pk.html。

在印度，普什图族人的后裔被称作"帕坦人"（Pathans），据说印度境内帕坦人的数量，是阿富汗境内普什图族人数量的两倍；详情请见：沙姆斯·乌尔·雷曼·阿拉维斯（Shams Ur Rehman Alavi），"印度帕坦人调停阿富汗的和平"（"Indian Pathans to Broker Peace in Afghanistan"），载于《印度斯坦时报》（*Hindustan Times*），2008 年 12 月 11 日；http：//www.hindustantimes.com/StoryPage/StoryPage.aspx?sectionName=NLetter&id=3165e517-1e21-47a8-a46a-fc3ef957b4b1。印度境内的大部分普什图族人已经不再使用普什图语，不过，根据印度 2001 年的普查结果，只有 1100 万印度人声称普什图语是自己的母语，详情请见：http：//www.censusindia.gov.in/Census_Data_2001/Census_Data_Online/Language/Statement1.htm。因此，全世界至少有 5200 万人使用普什图语，7000 余万人声称具有普什图族人的社会认同。（另外，在中东、欧洲和北美地区至少还生活着几十万普什图族人。）

为了理解普什图语对荣誉的语义解释，我们可以从一本古老的普什图语-英语词典里挑选一些样本条款，比如，"ghairat 的释义……谦逊，羞怯，勇敢，名誉。2. 嫉妒，敌意，仿效，良好的名誉感。""nang 的释义……名誉，声望，好名声，赞美。2. 蒙羞，丑恶。"另外，复合词"nām-o-nang 释义是：名誉，声望；耻辱，蒙羞"；在这里，"nām"的意思是"名称"。阿拉伯语里的一个单词"āb-rū"的释义……名誉，声望，性格，声誉，好名声；详情请见：亨利·乔治·雷弗迪（Henry George Raverty），《普什图语词典；或者阿富汗语言词典：附有对该语言起源的评述，以及它与其他东方语言的亲缘关系》(*A Dictionary of the Puk'hto, Pus'hto, or Language of the Afghans: With remarks on the Originality of the language, and its affinity to other oriental tongues*)。第2版，有大量的增补内容（伦敦：William & Norgate 出版社，1867年）：第745、989、967、4页；http://dsal.uchicago.edu/dictionaries/raverty。

巴基斯坦国立妇女地位委员会（NCSW）公布了一份题为《有关惩罚与赔偿金法令的报告》(*Report on the Qisas and Diyat Ordinance*)，该报告表明，相关法律的多种变动相互产生影响，却一直没有为妇女的权益带来益处。部分原因是源于解释相关法律的法官们所做的判决。上述法令规定，即便受害者的后嗣同意采取赔偿金方式获得补偿，法官也有权力作出独立的判决；不过，在荣誉谋杀的案例中，这样的情况似乎从来没有出现过。阅读这份报告的一般印象是，法律系统的一些人与很多议员持相同的观点，他们都倾向于支持一项动议，该动议严厉批评谋杀 Samia Sarwar 的那位男子。（巴基斯坦国立妇女地位委员会的《有关惩罚与赔偿金法令的报告》于1990年发表，详细情况可以通过以下网站检索获得：http://webpps01.un.org/vawdatabase/searchDetail.action?measureId=18083&baseHREF=country&baseHREFId=997，相关的数据库名称是：联合国秘书长妇女蒙受暴力问题数据库。）

第五章 教训与遗产

最近出版的论述赞美性尊重之社会机制的最佳著作，当属乔治·布伦南和菲利普·佩蒂特合著的《赞美性尊重之经济学》(*The Economy of Esteem*，纽约：牛津大学出版社，2005年），这本著作对我非常有帮助。他们的这本著作论证了赞美性尊重的概念，但未涉及获得赞美性尊重的相关权利，他们的目的是探索赞美性尊重分布的结构问题，因此，他们的关注点与我的关注点有所不同，事实上，两者具有互补的作用。

由道德的诸种文化体系"推动着"基本心理过程，最近出版的论述这一问题的著作，可以参见乔纳森·海特（Jonathan Haidt）[1] 和克雷格·约瑟夫（Craig Joseph）[2] 合著的"直觉伦理学：天赋本能如何生成不同文化中的诸多美德"（"Intuitive Ethics: How innately prepared intuitions generate culturally variable virtues"），载于 *Daedalus*（2004年秋季）：第55—66页；以及乔纳森·海特与弗雷德里克·比约克隆德（Fredrik Björklund）合著的"社会直觉主义者回答六个有关道德心理学的问题"（"Social Intuitionists Answer Six Questions About Moral Psychology"），载于沃尔特·辛诺特-阿姆斯特朗（Walter Sinnott-Armstrong）编撰的《道德心理学》（*Moral Psychology*），第2卷：

---

[1] 乔纳森·海特：美国弗吉尼亚大学心理学教授。
[2] 和克雷格·约瑟夫：美国弗吉尼亚大学心理学教授。

"道德的认知科学：直觉和多样化"（"The Cognitive Science of Morality: Intuition and Diversity"，坎布里奇，麻省：麻省理工学院出版社，2008年）：第181—218页。为了确认多种文化中的规律，他们调研了很多相关著作，其中包括：唐纳德·布朗（Donald Brown），《人类的普遍性》（*Human Universals*，费城：天普大学出版社，1991年）；弗朗兹·德·瓦尔（Franz de Waal），《好脾气：人类和其他动物正误的起源》（*Good Natured: The Origins of Right and Wrong in Humans and Other Animals*，坎布里奇，麻省：哈佛大学出版社，1996年）；S. H. 施瓦兹（S. H. Schwartz）和W. 比尔斯基（W. Bilsky）合著的"面向一种普遍内容与价值结构的理论：扩展与跨文化的复制"（"Toward a Theory of the Universal Content and Structure of Values: Extensions and cross-cultural replications"），载于《个性与社会心理学杂志》（*Journal of Personality and Social Psychology*）第58卷（1990年）：第878—891页；以及理查德·施维德尔（Richard Shweder）等人精心构筑的"三种伦理学"提议，详情请见理查德·施维德尔等人编撰的"道德的'三大要素'（自主、社区和神学），以及'三大要素'对苦难的解释"（"The 'Big Three' of Morality [Autonomy, Community, and Divinity], and the 'Big Three' Explanations of Suffering"），载于A. 布兰特（A. Brandt）和保罗·罗奇恩（Paul Rozin）编撰的《道德与健康》（*Morality and Health*，纽约：Routledge出版社，1997年）：第119—169页。

我对萨米娅·萨尔瓦遭遇的记述，主要依据是她个人的自传；这本自传的作者署名是她现在广为人知的名字慕哈妲·梅伊，书名是《以荣誉的名义：一份自传》（*In the Name of Honor:*

A Memoir，纽约：Atria Books 出版社，2006年）。这是一本"口述体"的自传作品，最初是由玛利亚-特里萨·科尼（Maria-Thérèse Cuny）用法语写成，其间得到两位翻译人员的帮助，这两位翻译人员通晓梅尔瓦尔德地区的方言，也就是萨莱基语（Saraiki）。尼古拉斯·克里斯托夫（Nicholas Kristof）和舍里尔·伍德恩（Sheryl WuDunn）① 在《一半的天空：为了全世界妇女，将压迫转化为机遇》（*Half the Sky：Turning Oppression into Opportunity for Women Worldwide*，纽约：兰登书屋，2009年）一书里，用感人的笔触记述了慕哈妲·梅伊的故事。这份对2002年6月22日事件的记述，源于多种报纸的报道，很多网站也有报道；这些媒体大量而详细地报道了这一事件。但是，媒体报道的基本事实并没有引起公众严肃的讨论。

---

① 舍里尔·伍德恩：中文名字伍洁芳，华裔美国人，企业管理人员、作家、讲师；第一个获得普利策奖的亚洲人。

注 释

PREFACE

1. René Descartes, "Comments on a Certain Broadsheet" (1648), in *The Philosophical Writings of Descartes*. Vol. 1, trans. John Cottingham, Robert Stoothoff, and Dugald Murdoch (Cambridge: Cambridge University Press, 1987): 307.

CHAPTER 1: THE DUEL DIES

1. Christopher Hibbert, *Wellington: A Personal History* (Reading, MA: Perseus/HarperCollins, 1999): 275.
2. Wellington, *Despatches, Correspondence, and Memoranda*, V: 542.
3. Joseph Hendershot Park, ed., *British Prime Ministers of the Nineteenth Century: Policies and Speeches* (Manchester, NH: Ayer Publishing, 1970): 62.
4. Wellington, *Despatches*, V: 527.
5. Greville, *Memoirs*, 250.
6. A copy of the note, from the archives of King's College London, is at http://www.kcl.ac.uk/depsta/iss/archives/wellington/duel08a.htm.
7. Sir William Blackstone, *Commentaries on the Laws of England* (Oxford: Clarendon Press, 1765–69), Bk IV, chapter 14, "Of Homicide"; http://avalon.law.yale.edu/18th_century/blackstone_bk4ch14.asp.

8. Sir Algernon West, *Recollections: 1832–1886* (New York & London: Harper & Bros., 1900): 27.
9. Sir Thomas Malory, *Le Morte Darthur the original edition of William Caxton now reprinted and edited with an introduction and glossary by H. Oskar Sommer; with an essay on Malory's prose style by Andrew Lang* (Ann Arbor: University of Michigan Humanities Text Initiative, 1997): 291; http://name.umdl.umich.edu/MaloryWks2.
10. Stewart, *Honor*, 44–47.
11. Hugh Lloyd-Jones, "Honor and Shame in Ancient Greek Culture," in *Greek Comedy, Hellenistic Literature, Greek Religions, and Miscellanea: The Academic Papers of Sir Hugh Lloyd-Jones* (Oxford: Clarendon Press, 1990): 279.
12. For Asante in the nineteenth century, see John Iliffe, *Honor in African History* (Cambridge: Cambridge University Press, 2004): 83–91.
13. Homer, *The Iliad*, trans. Robert Fagles (New York: Viking Penguin, 1990): 523.
14. Kiernan, *The Duel in European History*, 216.
15. *Ibid.*, 102.
16. *Ibid.*, 190.
17. Hamilton, *The Duelling Handbook*, 138. (quoted slightly differently in Robert Baldick, *The Duel: A History of Duelling* [London: Hamlyn, 1970]: 33–34). Cited in Douglass H. Yarn, "The Attorney as Duelist's Friend: Lessons from The Code Duello," 51, *Case W. Res. L. Rev.*, 69 (2000): 75–76, n. 71.
18. Wellington, *Despatches*, V: 539.
19. Tresham Lever, *The Letters of Lady Palmerston: Selected and Edited from the Originals at Broadlands and Elsewhere* (London: John Murray, 1957): 118.
20. Frances Shelley, *The Diary of Frances Lady Shelley*, ed. R. Edgecumbe (London: John Murray, 1913): 74.
21. Hamilton, *The Duelling Handbook*, 140.
22. Wellington, *Despatches*, V: 539.
23. *Ibid.*, V: 544.
24. Lord Broughton (John Cam Hobhouse), *Recollections of a Long Life with Additional Extracts from His Private Diaries*, ed. Lady Dorchester. Vol. 3: *1822–1829* (New York: Charles Scribner's Sons, 1910): 312–13.

25. V. Cathrein, "Duel," in *The Catholic Encyclopedia*, Vol. 5 (New York: Robert Appleton Company, 1909); http://www.newadvent.org/cathen/05184b.htm.
26. Council of Trent, 25th Session, Dec. 3 and 4, 1563, "On Reformation," chapter 19. Available at http://www.intratext.com/IXT/ENG0432/_P2J.HTM.
27. Francis Bacon, *The Letters and the Life of Francis Bacon, Vol. 4*, ed. James Spedding (London: Longmans, Green, Reader & Dyer, 1868): 400.
28. Edward Herbert, *The Autobiography of Edward, Lord Herbert of Cherbury*, ed. Will H. Dircks (London: Walter Scott, 1888): 22.
29. Amelot de Houssaye, cited in Charles Mackay, *Memoirs of Extraordinary Popular Delusions and the Madness of Crowds* (Ware, Herts: Wordsworth Editions, 1995): 668.
30. Bacon, *Letters and Life*, 400. Those "pamphlets" are the duello codes.
31. This is John Chamberlain's description of the situation in the letter of 1613 in which he lists the disputes just mentioned. Spedding (ed.) cites it in Bacon, *op. cit.*, 396.
32. Bacon, *op. cit.*, 409, 399.
33. William Hazlitt, *The Complete Works of William Hazlitt*, ed. P. P. Howe (London & Toronto: J. M. Dent & Sons, 1934), Vol. 19: 368.
34. Jeremy Bentham, *An Introduction to the Principles of Morals and Legislation* (1823) (Oxford: Clarendon Press, 1907), chapter 13, para. 2; http://www.econlib.org/library/Bentham/bnthPML13.html#Chapter%20XIII,%20Cases%20Unmeet%20for%20Punishment.
35. William Robertson, *The History of the Reign of the Emperor Charles V* (New York: Harper & Bros., 1836): 225.
36. David Hume, *Essays, Moral, Political, and Literary*. Library of Economics and Liberty, at http://www.econlib.org/library/LFBooks/Hume/hmMPL50.html.
37. Francis Hutcheson, *Philosophiae moralis institutio compendiaria with A Short Introduction to Moral Philosophy*, ed. Luigi Turco (Indianapolis: Liberty Fund, 2007). Chapter XV: Of Rights Arising from Damage Done, and the Rights of War, http://oll.libertyfund.org/title/2059.
38. Hamilton, *The Duelling Handbook*, 125.

39. Adam Smith, *Lectures on Jurisprudence*, ed. R. L. Meek, D. D. Raphael, and P. G. Stein. Vol. 5 of the Glasgow Edition of the *Works and Correspondence of Adam Smith* (Indianapolis: Liberty Fund, 1982). Chapter: Friday, January 21st, 1763; http://oll.libertyfund.org/title/196.
40. William Godwin, *An Enquiry Concerning Political Justice, and its Influence on General Virtue and Happiness,* Vol. 1 (London: G. G. J. & J. Robinson, 1793). Chapter: Appendix, No. II: Of Duelling; http://oll.libertyfund.org/title/90/40264.
41. Boswell, *The Life of Samuel Johnson, LL.D. Together with the Journal of a Tour to the Hebrides,* ed. Napier, V: 195.
42. Voltaire, *Dictionnaire Philosophique, Oeuvres Complètes de Voltaire* (Paris: De l'Imprimerie de la Société Litteraire-Typographique, 1784), Vol. 36: 400.
43. David Hume, *The History of England from the Invasion of Julius Caesar to the Revolution in 1688* (1778), 6 vols. (Indianapolis: Liberty Fund, 1983), Vol. 3: 169.
44. Boswell, *op. cit.*, 2: 343.
45. From the account offered by King's College London at http://www.kcl.ac.uk/depsta/iss/archives/wellington/duel12.htm.
46. This cartoon is available, with another better known one of the event by William Heath, on the Web site of King's College London at http://www.kcl.ac.uk/depsta/iss/archives/wellington/duel16.htm.
47. I am very grateful to Philip Pettit for this suggestion.
48. Greville, *Memoirs*, 196.
49. *Ibid.*, 198.
50. *Ibid.*, 199.
51. Hibbert, *Wellington: A Personal History*, 275. The *Literary Gazette* is cited by Hamilton (*op. cit.*, xiv).
52. http://www.kcl.ac.uk/depsta/iss/archives/wellington/duel12.htm.
53. Duke of Wellington, *Despatches,* V: 585.
54. Bacon, *op. cit.*, 400.
55. Richard Cobden, *Speeches on Questions of Public Policy by Richard Cobden M.P.,* ed. John Bright and James E. Thorold Rogers (London: Macmillan & Co., 1878): 565.
56. Mill, *Collected Works of John Stuart Mill.* Vol. 18: *Essays on Politics and*

Society Part I, ed. John M. Robson (Toronto: University of Toronto Press; London: Routledge & Kegan Paul, 1977). Chapter: De Tocqueville on Democracy in America [II], 1840, http://oll.libertyfund.org/title/233/16544/799649.

57. Lord Broughton, *op. cit.*, 312.
58. John Henry Cardinal Newman, *The Idea of a University* (London: Longmans, Green & Co., 1919): 208.
59. James Kelly, *That Damn'd Thing Called Honour: Duelling in Ireland 1570–1860* (Cork: Cork University Press, 1995): 267.
60. James Landale, *The Last Duel: A True Story of Death and Honour* (Edinburgh: Canongate, 2005).
61. Kiernan, *The Duel in European History*, 218, says that this "has been called the last duel in England." He makes his case less plausible by putting the affair three years too early, in 1849.
62. Sir Algernon West, *Recollections*, 28, quoting Horace, *Satires*, Bk 2, 1. Line 86 is "Solventur risu tabulae, tu missus abibis," (I've corrected Sir Algernon's "solvuntur," though it is often misquoted that way)—"The charges will be dismissed with laughter; released, you will leave." Horace is pointing out that a libel action—*tabulae* are the elements laid before a judge—will be dismissed with laughter if the scandalous verses complained of are funny enough.
63. Sir William Gregory, *An Autobiography*, ed. Lady Gregory (London: John Murray, 1894): 149–51.
64. Evelyn Waugh, *The Sword of Honour Trilogy* (New York: Knopf, 1994): 449.

CHAPTER 2: FREEING CHINESE FEET

1. Quoted in Howard S. Levy, *Chinese Footbinding: The History of a Curious Erotic Custom* (New York: Walton Rawls, 1966): 72.
2. Robert Hart, *The I.G. in Peking: Letters of Robert Hart, Chinese Maritime Customs (1868–1907)*, ed. John King Fairbank, Katherine Frost Brunner, and Elizabeth MacLeod Matheson (Cambridge, MA: Harvard University Press, 1976) Vol. 2: 1311.

3. Keith Laidler, *The Last Empress: The She-Dragon of China* (Chichester: John Wiley & Sons, 2003): 32.
4. Timothy Richard, *Forty-five Years in China* (New York: Frederick A. Stokes Company, 1916): 253, et seq.
5. John King Fairbank and Merle Goldman, *China: A New History* (Cambridge, MA: Harvard University Press, 2006): 229.
6. Richard, *op. cit.*, 262.
7. Weng Tonghe: tutor of Tongzhi (r. 1861–75) and Guangxu emperors. Kang's friendship with Weng Tonghe dated back to 1895. See Kang, *Kang Nanhai zibian nianpu*, 33–37 (Hsueh-Yi Lin, personal communication, Feb. 17, 2009).
8. Yong Z. Volz, "Going Public Through Writing: Women Journalists and Gendered Journalistic Space in China, 1890s–1920s," *Media Culture Society*, vol., 29, no. 3 (2007): 469–89.
9. Levy, *op. cit.*, 72.
10. *Ibid.* I have amended and extended Levy's translation here on the basis of Hsueh-Yi Lin's translation of the original. Kang Youwei, "Qing jin funü guozu zhe" ("Memorial Pleading to Ban the Footbinding of Women"), in Tang Zhijun, ed., *Kang Youwei zhenglun ji* (Beijing: Zhonghua, 1981): 335. She also informs me that the last sentence here is "a common rhetorical device in a memorial" (Personal communication, Feb. 17, 2009).
11. Brennan and Pettit, *The Economy of Esteem*, 19.
12. Levy *op. cit.*, 39.
13. *Ibid.*
14. Mrs. Archibald Little, *The Land of the Blue Gown* (London: T. Fisher & Unwin, 1902): 363.
15. Gerry Mackie, "Ending Footbinding and Infibulation: A Convention Account," *American Sociological Review*, vol. 61, no. 6 (December, 1996): 1008.
16. Lanling Xiaoxiao Sheng, *The Golden Lotus*, trans. Clement Egerton Vol 1: 101 (my edition has the publication details in Chinese). Levy (*op. cit.*, 51) expresses some doubts as to the reliability of Egerton's translation.
17. Levy, *op. cit.*, 55.

18. *Ibid.*, 60.
19. Chau, MA Thesis, 13–16.
20. Levy, *op. cit.*, 283–84.
21. *Ibid.*, 107.
22. *Ibid.*, 65, 248, 118.
23. Endymion Wilkinson, *Chinese History: A Manual*, rev. edn. (Cambridge, MA: Harvard University Press, 2000): 273–77. The emperor's reign officially ended in 1795, after sixty years on the throne, apparently because piety required him not to rule longer than his predecessor; but he continued as regent until his death in 1799.
24. Patricia Buckley Ebrey, *Cambridge Illustrated History of China* (Cambridge: Cambridge University Press, 1996): 199.
25. Kwang-Ching Liu, Foreword, in *ibid.*, 6.
26. *Ibid.*, 229.
27. Harley Farnsworth MacNair, *Modern Chinese History: Selected Readings* (Shanghai: Commercial Press Ltd., 1923): 2, 4.
28. Arthur Waley, *The Opium War Through Chinese Eyes* (Stanford: Stanford University Press, 1958): 103.
29. Fairbank and Goldman, *op. cit.*, 222.
30. Arthur P. Wolf and Chuang Ying-Chang, "Fertility and Women's Labour: Two Negative (But Instructive) Findings," *Population Studies*, vol. 48, no. 3 (November 1994): 427–33.
31. Hsueh-Yi Lin, personal communication, June 10, 2009.
32. Fairbank and Goldman, *op. cit.*, 218.
33. Chau, *op. cit.*, 19, 20.
34. *Ibid.*, 22.
35. *Ibid.*, 23. Li Ju-Chen (Li Ruzhen), *Flowers in the Mirror*, trans. and ed. Lin Tai-Yi (Berkeley and Los Angeles: University of California Press, 1965): 113.
36. Mrs. Archibald Little, *Intimate China*, cited in Chau, *op. cit.*, 41.
37. Dorothy Ko, *Cinderella's Sisters: A Revisionist History of Footbinding* (Berkeley: University of California Press, 2005): 15.
38. Chau, *op. cit.*, 45, 57.

39. Ko, *op. cit.*, 16.
40. Fan Hong, *Footbinding, Feminism and Freedom: The Liberation of Women's Bodies in Modern China* (London: Cass, 1997).
41. Patrick Hanan, "The Missionary Novels of Nineteenth-Century China," *Harvard Journal of Asiatic Studies*, vol. 60, no. 2 (December 2000): 440. Chau *op. cit.*, 28.
42. Richard, *Forty-five Years in China*, 158.
43. *Ecumenical Mission Conference New York, 1900* (New York: American Tract Society; London: Religious Tract Society, 1900), Vol. 1: 552.
44. Fairbank and Goldman, *op. cit.*, 222.
45. Chau, *op. cit.*, 51.
46. Levy, *op. cit.*, 74.
47. Angela Zito, "Secularizing the Pain of Footbinding in China: Missionary and Medical Stagings of the Universal Body," *Journal of the American Academy of Religion*, vol. 75, no. 1 (March 2007): 4–5.
48. See "Mrs. Archibald Little, About the Author"; http://www.readaroundasia.co.uk/miclittle.html.
49. Fan Hong, *op. cit.*, 57.
50. Little, *The Land of the Blue Gown*, 306–09.
51. Richard, *Forty-five Years in China*, 227–28.
52. Yen-P'ing Hao and Erh-Min Wang, "Changing Chinese Views of Western Relations, 1840–95," in *Cambridge History of Modern China. Vol. 2: The Late Ch'ing 1800–1911*, Part II, ed. Denis Crispin Twitchett and John King Fairbank (Cambridge: Cambridge University Press, 1978): 201.
53. Richard, *Forty-five Years in China*, 265–67.
54. Fairbank and Goldman, *op. cit.*, 231.
55. See the discussion of this period in Seagrove's *Dragon Lady* and also Hens van de Ven, "Robert Hart and Gustav Detring During the Boxer Rebellion," *Modern Asian Studies*, vol. 40, no. 3 (2006): 631–62.
56. Chau, *op. cit.* 121, citing the contemporaneous translation in the *North Chinese Herald*.
57. Levy, *op. cit.*, 278–79.
58. Fan Hong, *op. cit.*, chapters 3 and 4.

59. Chau, *op. cit.*, 104.
60. Cited in *ibid.*, 98.
61. Levy, *op. cit.*, 128, 181, 94.
62. J. M. Coetzee, "On National Shame," *Diary of a Bad Year* (New York: Viking, 2007): 39, 45. This is a novel that reproduces essays written by the protagonist.
63. This is one of the central ideas of Benedict Anderson's *Imagined Communities: Reflections on the Origin and Spread of Nationalism* (London & New York: Verso, 2006).
64. Ernest Renan, *Qu'est-ce qu'une nation?* 2nd edn. (Paris: Calmann-Lévy, 1882): 26.
65. Mackie, *op. cit.*, 1001.
66. Levy, *op. cit.*, 171.

CHAPTER 3: SUPRESSING ATLANTIC SLAVERY

1. Lecky, *History of European Morals*, Vol. 1. Chapter 1: The Natural History of Morals; http://oll.libertyfund.org/title/1839/104744/2224856.
2. Eric Williams, *Capitalism and Slavery* (Chapel Hill: University of North Carolina Press, 1994): 142, 210–11.
3. *Ibid.*, 241.
4. Drescher, *Capitalism and Antislavery*, 5.
5. *Ibid.*, 7.
6. *Ibid.*, 11, citing work by Wrigley and Schofield.
7. Benjamin Disraeli, *Lord George Bentinck: A Political Biography* (London: G. Routledge & Co., 1858): 234.
8. The passage continues: "This was also a Roman characteristic—especially that of Marcus Aurelius," and then ends with the sentence I cited above.
9. *Encyclopédie, ou Dictionnaire raisonné des sciences, des arts et des métiers, par une société de gens de lettres.* Mis en ordre & publié par M. Diderot ... & quant a la partie mathématique, par M. d'Alembert, 28 vols. (Geneva Paris & Neufchastel, 1772; 1754–72). Cited from *The Making of the Modern World* (Farmington Hills, MI: Thomson Gale. 2007), Vol. 16: 532.
10. The "him" here is "conscience." Erasmus Darwin, "The Loves of the

Plants" (1789) in *The Botanic Garden* (London: Jones & Company, 1825): 173.

11. Erasmus Darwin, *Zoonomia; or, The Laws of Organic Life* (Philadelphia: Edward Earle, 1818), Vol. 2: 325.
12. As Thomas Carlyle put it derisively in *Past and Present*, "Methodism with its eye forever turned on its own navel: asking itself with torturing anxiety of Hope and Fear, 'Am I right? Am I wrong? Shall I be saved? shall I not be damned?'—what is this at bottom, but a new phase of Egoism, stretched out into the Infinite; not always the heavenlier for its infinitude"—Carlyle, *Past and Present* (1843) (London: Chapman & Hall, 1872): 101.
13. David Turley, *The Culture of English Antislavery, 1780–1860* (London: Routledge, 1991): 9.
14. Brown, *Human Universals*, 391.
15. *Ibid.*, 429.
16. It's perhaps important to add that the Society's leadership contained many Quakers as well.
17. Drescher, *op. cit.*, 28–29.
18. David Brion Davis, *The Problem of Slavery in the Age of Revolution: 1770–1823* (Ithaca: Cornell University Press, 1975): 435.
19. Brown, *op. cit.*, 437.
20. Laurence Sterne, *A Sentimental Journey* (1768) (London: Penguin Books, 2001): 69–70.
21. William Cowper's "The Negro's Complaint," *The Gentleman's Magazine* (December 1793), ll. 55–56, in *The Complete Poetical Works of William Cowper*, ed. H. S. Milford (London: Henry Frowde, 1905), 371–72.
22. Cited in Brown, *op. cit.*, 166.
23. Cited in *ibid.*, 71, 141–42.
24. *Ibid.*, 371.
25. *Ibid.*, 134.
26. Cited in *ibid.*, 170.
27. Frederick Douglass, *The Life and Writings of Frederick Douglass* (New York: International Publishers, 1950), Vol. 1: 147.
28. The repressions of the late eighteenth century also suppressed many of

the radical organizations that supported abolition—see Thompson *The Making of the English Working Class*.
29. William Wilberforce, *An Appeal to the Religion, Justice, and Humanity of the Inhabitants of the British Empire in Behalf of the Negro Slaves in the West Indies* (London: J. Hatchard & Son, 1823): 1.
30. William Wilberforce, *A Practical View of the Prevailing Religious System of Professed Christians, in the Higher and Middle Classes in This Country Contrasted with Real Christianity* (New York: American Tract Society, 1830): 241, 249–50 (first published in England in 1797).
31. *Ibid.*, 105.
32. Williams, *op. cit.*, 181.
33. *Letters on the Necessity of a Prompt Extinction of British Colonial Slavery; Chiefly Addressed to the More Influential Classes* (Leicester: Thomas Combe & Son, 1826): 104.
34. *Ibid.*, 149, 163, 165, 184, 159.
35. Disraeli, *Lord George Bentinck*, 234.
36. "London Workingmen's Association: Further Papers," in *London Radicalism 1830–1843: A selection of the Papers of Francis Place*, ed. D. J. Rowe (London: London Record Society, 1970): 160–77; http://www.britishhistory.ac.uk/source.aspx?pubid=230.
37. Betty Fladeland, *Abolitionists and Working-Class Problems in the Age of Industrialization* (London: Macmillan, 1984).
38. Thompson, *op. cit.*, 807.
39. See Orlando Patterson, *Slavery and Social Death* (Cambridge, MA: Harvard University Press, 1985).
40. William Cobbett, *Rural Rides* (1830) (London: J. M. Dent & Sons, 1912): 306–07.
41. Catherine Gallagher, *The Industrial Reformation of English Fiction* (Chicago: University of Chicago Press, 1988): 10. The second passage she quotes from Cobbett's *Weekly Political Register*, 7 (1805): 372.
42. *Ibid.*, citing Cobbett's *Weekly Political Register*, 7 (1806): 845.
43. *Ibid.*, 9, citing Cobbett's *Weekly Political Register*, August 27, 1823.
44. *Universal Declaration of Human Rights*; http://www.un.org/en/documents/udhr/.

45. Samuel Johnson LL. D., *A Dictionary of the English Language*, ed. John Walker and R. S. Jameson, 2nd edn. (London: William Pickering Chancery Lane; George Cowie & Co. Poultry Lane, 1828): 204. The same dictionary defines "dignify" as "To advance; to prefer; to exalt; to honor; to adorn; to give luster to," reminding us of the close association between honor and dignity.
46. Edmund Burke, *Reflections on the Revolution in France* (1790) (New York: Oxford University Press, 1999): 49.
47. Thomas Hobbes, *Hobbes's Leviathan reprinted from the edition of 1651 with an Essay by the Late W. G. Pogson Smith* (Oxford: Clarendon Press, 1909). Chap. XVII: Of the Causes, Generation, and Definition of a Common-Wealth, http://oll.libertyfund.org/title/869/208775/3397532.
48. For many people in the Abrahamic religions, of course, one of the grounds of our dignity is that we are all created "in God's image."
49. Seymour Drescher, "Public Opinion and the Destruction of British Colonial Slavery," in James Walvin, ed., *Slavery and British Society 1776–1848* (Baton Rouge: Louisiana State University Press, 1982): 29.
50. James Walvin, "The Propaganda of Anti-Slavery," in Walvin, ed., *op. cit.*, 52–53, 54.
51. *Ibid.*, 53. For the statistics, see *ibid.*, 54–55.
52. Cited in Alan Nevins, *The War for the Union. Vol. 2: War Becomes Revolution: 1862–1863* (New York: Charles Scribner's Sons, 1960): 244.
53. *Ibid.*, 250.
54. "In May 1847, Dr. Bowring chaired the first annual meeting of the debt-ridden and moribund league. That meeting was also its last"—Douglas C. Stange, *British Unitarians Against American Slavery, 1833–65* (Rutherford, NJ: Fairleigh Dickinson University Press, 1984): 88.
55. For Sir Henry Molesworth's comment, see the article on Vincent in Sidney Lee, ed., *Dictionary of National Biography* (London: Smith, Elder, & Co., 1909), Vol. 20: 358. The comment on missed opportunities is from William McFeely, *Frederick Douglass* (New York: W. W. Norton, 1995): 138–39.

CHAPTER 4: WARS AGAINST WOMEN

1. Quoted in Richard Galpin "Woman's 'Honour' Killing Draws Protests in Pakistan," *The Guardian* (London), April 8, 1999; http://www.guardian.co.uk/world/1999/apr/08/14.
2. *Sedotta e Abbandonata* (*Seduced and Abandoned*) (1964), Pietro Germi, director; story and screenplay by Luciano Vincenzoni.
3. John Webber Cook, *Morality and Cultural Differences* (New York: Oxford University Press, 1999): 35.
4. Melodia was murdered in 1978 in a Mafia-style execution two years after being released from jail.
5. "Il consiglio che voglio dare è di stare sempre attenti, ma di prendere ogni decisione seguendo sempre il proprio cuore"—Interview with Riccardo Vescovo, published Jan. 17, 2006, in *Testata giornalistica dell'Università degli Studi di Palermo*; http://www.ateneonline-aol.it/060117ric.php.
6. "State of the World Population," UN Population Fund (UNFPA), 2000; http://www.unfpa.org/swp/2000/english/ch03.html.
7. Salman Masood, "Pakistan Tries to Curb 'Honor Killings,' " *New York Times*, Oct. 27, 2004; http://www.nytimes.com/2004/10/27/international/asia/27stan.html. Islam Online January 11 2007; http://www.islamonline.net/servlet/Satellite?c=Article_C&cid=1168265536796&pagename=Zone-English-News/NWELayout.
8. http://www.scci.org.pk/formerpre.htm.
9. Suzanne Goldberg, "A Question of Honour" *The Guardian*, May 27 1999; http://www.guardian.co.uk/world/1999/may/27/gender.uk1.
10. Amir H. Jafri, *Honour Killing: Dilemma, Ritual, Understanding* (Oxford: Oxford University Press, 2008): 67. *Ghairat* is used for honor in Urdu as well as in Pashto.
11. *Pakistan: Honour Killings of Girls and Women*, Amnesty International, September 1999 (AI Index: ASA 33/18/99). Kalpana Sharma, "Killing for Honour," *The Hindu*, Chennai, India, April 25, 1999, retrieved through Westlaw, June 6, 2009, Ref: 1999 WLNR 4528908.
12. *Pakistan: Honour Killings of Girls and Women*, 5–6.
13. Galpin, "Woman's 'Honour' Killing Draws Protest in Pakistan."

14. Jafri, *op. cit.*, 125.
15. Zaffer Abbas, "Pakistan Fails to Condemn 'Honour' Killings," BBC Online, Aug. 3, 1999; http://news.bbc.co.uk/2/hi/south_asia/410422.stm.
16. Irfan Husain, "Those Without Voices," *Dawn Online Edition*, Karachi, Pakistan, Sept. 6, 2008; http://www.dawn.com/weekly/mazdak/20080609.htm.
17. Rabia Ali, *The Dark Side of "Honour": Women Victims in Pakistan* (Shirkat Gah Women's Resource Centre, Lahore, 2001): 30.
18. "MoC consulting stakeholders on new ATTA," *The Business Recorder*, Nov. 19, 2009; http://www.brecorder.com/index.php?id=988220.
19. See the discussion of Pashtun social structure in Ali Wardak, "Jirga—Power and Traditional Conflict Resolution in Afghanistan," in John Strawson, ed., *Law After Ground Zero* (London: Glasshouse Press, 2002): 191–92, 196. On the Pashtunwali, he cites N. Newell and R. Newell, *The Struggle for Afghanistan* (London: Cornell University Press, 1981): 23.
20. Jafri, *op. cit.*, 76.
21. *Ibid.*, 7.
22. *Ibid.*, 66, 123.
23. http://www.paklinks.com/gs/culture-literature-linguistics/148820-ghairat.html.
24. Jason Bourke, "Teenage Rape Victim Executed for Bringing 'Shame' to Her Tribesmen" *The Guardian*, April 18, 1999; http://www.guardian.co.uk/Archive/Article/0,4273,3855659,00.html.
25. http://www.pakistani.org/pakistan/constitution/preamble.html.
26. *NCSW Report on the Qisas and Diyat Ordinance*, 68. I have not seen this claim reported elsewhere.
27. *Shamoon alias v. The State*, 1995 SCMR 1377, cited in *NCSW Report on Qisas and Diyat Ordinance*, 35.
28. In the case of slavery, too, legal emancipation is only the beginning. See Kwame Anthony Appiah, "What's Wrong with Slavery?" in Martin Bunzl and K. Anthony Appiah, eds. *Buying Freedom* (Princeton: Princeton University Press, 2007): 249–58.
29. Naeem Shakir, "Women and religious minorities under the Hudood Laws

in Pakistan," posted on July 2, 2004, at http://www.article2.org/mainfile.php/0303/144/.
30. David Montero, "Rape Law Reform Roils Pakistan's Islamists," *Christian Science Monitor*, Nov. 17, 2006; http://www.csmonitor.com/2006/1117/p07s02-wosc.html.
31. For examples, see Jafri, *op. cit.*, 115–16.
32. *State of Human Rights in 2008* (Lahore: Human Rights Commission of Pakistan, 2009): 134.
33. Beena Sarwar, "No 'Honour' in Killing," *News International*, Sept. 3, 2008; http://www.thenews.com.pk/daily_detail.asp?id=133499. (Beena Sarwar is not, so far as I know, related to Samia Sarwar.)
34. I know, of course, that when presented with a woman "taken in adultery," Christ says, "He that is without sin among you, let him first cast a stone at her" (John 8:7). But here, as elsewhere, Christ does not explicitly repudiate the laws of Moses; just as the Prophet Muhammad, in raising the required evidence for convictions of adultery, does not reject the traditional Arab view that stoning is the proper penalty.
35. See *Pakistan: Honour Killings of Girls and Women*, 8.
36. See Jafri, *op. cit.*, 115–17.
37. *Ibid.*, 92–93.
38. There is a chain of public women's refuges called *Dar ul-Amans* in Pakistan, of which the first was founded in Lahore many years ago, but they are widely reputed to be very unfriendly places. See Meera Jamal, "Hapless Women Call Darul Aman 'No Less Than Prison,' " *Dawn Internet Edition*, Aug. 13, 2007; http://www.dawn.com/2007/08/13/local1.htm.
39. Galpin, "Woman's 'Honour' Killing Draws Protest in Pakistan."
40. Philip D. Curtin, *The Atlantic Slave Trade: A Census* (Madison: University of Wisconsin Press, 1969): 136.

CHAPTER 5: LESSONS AND LEGACIES

1. Alexis de Tocqueville, *De la démocratie en Amérique*, 5th edn. (Paris: Pagnerre, 1848), Vol. 4: 152–53.

2. Immanuel Kant, *Groundwork of the Metaphysics of Morals*, Cambridge Texts in the History of Philosophy, ed. Mary Gregor (Cambridge: Cambridge University Press, 1997): 7.
3. *Ibid.*, 11.
4. I discuss some of this recent work in moral psychology in my book *Experiments in Ethics* (Cambridge, MA: Harvard University Press, 2008).
5. John Locke, *The Works of John Locke in Nine Volumes*, 12th edn. (London: Rivington, 1824), Vol. 8, Chapter: Some Thoughts Concerning Education; http://oll.libertyfund.org/title/1444/81467/1930382.
6. Horace, *Sermones*, I, 6, ll. 7–8.
7. *Ibid.*, ll. 34–37.
8. Ascriptive identities to which one is assigned by birth, such as family membership, can, I should insist, be relevant bases for partiality. You are entitled (indeed, sometimes required) to treat A better than B solely because A is your sister and B is unrelated to you. But recognizing something as a form of partiality is recognizing that there is nothing intrinsically superior about those to whom one is partial: if there were, one's reasons for favoring them could be impartial. See Appiah, *The Ethics of Identity*, chapter 6.
9. David Hume, *Enquiries Concerning the Human Understanding and Concerning the Principles of Morals by David Hume*, ed. L. A. Selby-Bigge, M.A. 2nd edn. (Oxford: Clarendon Press, 1902), 265.
10. Newman, *The Idea of a University*, 208–11.
11. Rupert Brooke, "The Dead," from *1914: Five Sonnets* (London: Sidgwick & Jackson, 1914): 3.
12. For reasons for thinking this, see Paul Robinson, *Military Honour and Conduct of War: From Ancient Greece to Iraq* (London: Routledge, 2006).
13. Brennan and Pettit, *op. cit.*, 260.
14. This is the reverse of a public good: a public evil.
15. Atul Gawande, "The Cost Conundrum: What a Texas Town Can Teach Us About Health Care," *The New Yorker*, June 1, 2009; http://www.newyorker.com/reporting/2009/06/01/090601fa_fact_gawande.
16. "Rumsfeld Testifies Before Armed Services Committee," Transcript of Senate testimony on Friday, May 7, 2004, at washingtonpost.com, http://www.washingtonpost.com/wp-dyn/articles/A8575-2004May7.html.

17. Ian Fishback, letter to Senator John McCain, printed in *The Washington Post*, September 28, 2005, under the headline "A Matter of Honor"; http://www.washingtonpost.com/wp-dyn/content/article/2005/09/27/AR2005092701527_pf.html. See also Tara McKelvey, *Monstering: Inside America's Policy of Secret Interrogations and Torture in the Terror War* (New York: Basic Books, 2008): 6–7.
18. Coleen Rowley, "Ian Fishback," *Time* magazine, Apr. 30, 2006; http://www.time.com/time/magazine/article/0,9171,1187384,00.html.
19. McKelvey, *op. cit.* 179.
20. Tim Dickinson, "The Solider: Capt. Ian Fishback," *Rolling Stone*, Dec. 15, 2005; http://www.rollingstone.com/news/story/8957325/capt_ian_fishback.
21. McKelvey, *op. cit.*, 179.
22. Nicholas Kristof, Foreword to Mukhtar Mai's *In the Name of Honor: A Memoir*, xiv–xv.

图书在版编目(CIP)数据

荣誉法则:道德革命是如何发生的/(美)阿皮亚(Appiah,K. A.)著;苗华建译.
—北京:中央编译出版社,2011.12
ISBN 978 - 7 - 5117 - 1113 - 7

Ⅰ.①荣…
Ⅱ.①阿… ②苗…
Ⅲ.①荣誉-案例
Ⅳ.①B82

中国版本图书馆 CIP 数据核字(2011)第 231622 号

Originally published under the title *The Honor Code*:
How Moral Revolutions Happen, by Kwame Anthony Appiah
Copyright© 2010 by W. W. Norton & Company, Inc.
本书中文简体字版由 W. W. Norton & Company, Inc.
授权中央编译出版社在中国大陆独家出版发行。
版权所有,侵权必究。

荣誉法则:道德革命是如何发生的

出 版 人	和 龑	
责任编辑	叶 芳　王忠波	
责任印制	尹 珺	
出版发行	中央编译出版社	
地　　址	北京西城区车公庄大街乙 5 号鸿儒大厦 B 座(100044)	
电　　话	(010)52612345(总编室)　(010)52612339(编辑室)	
	(010)66161011(团购部)　(010)52612332(网络销售)	
	(010)66130345(发行部)　(010)66509618(读者服务部)	
网　　址	www.cctphome.com	
经　　销	全国新华书店	
印　　刷	北京金瀑印刷有限责任公司	
开　　本	880 毫米×1230 毫米　1/32	
字　　数	200 千字	
印　　张	8.875	
版　　次	2011 年 12 月第 1 版第 1 次印刷	
定　　价	38.00 元	

本社常年法律顾问:北京大成律师事务所首席顾问律师　鲁哈达
凡有印装质量问题,本社负责调换,电话:(010)66509618